中國史學基本典籍叢刊

宋史全文

九

汪聖鐸 點校

中華書局

宋史全文卷三十三

宋理宗三

丁酉嘉熙元年正月癸丑朔，御大慶殿受朝賀，免天基節上壽大宴。甲寅，初置財用司。詔京西湖北制置使副給犒沿邊戰士有差。丁巳，天基節群臣表賀。是夕，雷。戊午，喬行簡乞免賜文臣宴以答天戒。從之。丙寅，詔以淮襄避地流民饑寒可念，令沿江諸郡委官賑濟之。

二月癸未朔，詔禮部貢舉。以鄭性之知樞密院事兼參知政事，禮部尚書鄒應龍爲端明殿學士、簽書樞密院事兼權參知政事，左諫議大夫李宗勉爲端明殿學士、同簽書樞密院事。甲申，李鳴復罷，以資政殿學士知紹興府。乙酉，葛洪薨。癸巳，詔故參知政事宣繒贈太師，謚忠靖。子璧服闋日與職事官。以嘗預定策元勳。又詔：「繒寶慶初元所進朕即位事始，悉本先帝遺訓，可宣付史館。」丁酉，諸王宮大小學校教授王辰應進對，言：「蜀中宣、制並建，陛下曾考訂否？」上問以舊例，奏云：「乾道初，虞允文以同知樞密爲四川宣撫時，汪應辰歸班；開禧間安丙在沔州，楊輔爲成都制置，旋即召還。今李𡌴宣撫在內，楊恢制置在外，號令未免牽制。」上曰：「適與輔臣言，令楊恢參替安撫矣。」奏云：「聖算及此，全蜀之幸。」己亥，屯田郎官王萬進對。上曰：「卿是淮人，熟知邊事。」奏云：「臣非知兵，陸贄有言，兵法無他，人情而已。但以人情區處，即是兵法。」上問其説，奏云：「一和字沮衆誤國。」上曰：「和亦不可廢。」奏云：「若專立爲題則不可，要當並爲戰守規模。」癸卯，詔以朱熹所著通鑑綱目送國子監刊進。甲辰，知慶元府趙與篡〔一〕、知平江府王遂、知建寧府姚珤、知常州何處信，各以秤提會子進一秩。

三月壬子朔，詔曰：「朕更化厲精，視民如子，固封守以康四海，期臻保定之功，修文德以來遠人〔二〕，每切綏懷之念。然內治之尚闕，致外患之未平。京襄既被於創殘，淮蜀重遭於侵擾，道路流離之衆，慘不聊生，室廬焚燬之餘，茫無所託，骨肉罹其荼毒，丁壯困於轉輸。嗟汝何辜，由吾不德。幸天人猶助於信順，將帥悉力以捍防，雖烽燧之甫停，奈瘡痍之未復。肆頒渙號，用慰群情。發粟以賑貧，蠲租而責己，血戰之士，當議優恩，死事之家，盍加恤典。或乘時而嘯聚，或失律而逋逃，咸與惟新，同歸於治。」丙辰，詔：「別之傑募二萬人屯公安、峽，許晟大募三千人屯岳州，其廩給等費所合科撥，條具以聞。」己未，戶部侍郎兼權兵部尚書、知臨安府趙與懽奏：「端平以來，陛下明詔侍從、臺諫，各舉文武小大之臣，應詔者不謂不多，其間豈無魁傑奇偉之才。欲望陛下申命大臣，集侍從、臺諫於都省以前所薦員僉謀公選，量才授任，不必拘以資格，若夫內之宰執、侍從、三衙、環尹，外之列屯將帥，又擇其才望之相上下者，儲之以備緩急，若費禕之繼諸葛亮，劉濉之代高崇文，庶無乏才之歎。」從之。

四月壬辰，以皇弟、保康軍承宣使貴謙爲保康軍節度使，皇弟、武康軍承宣使、提舉祐神觀與芮爲武康軍節度使、提舉萬壽觀。壬辰，校書郎劉漢弼進對，奏云〔三〕，荊襄制閫當在江陵。上問收復襄陽，奏云：「制使若在江陵，則事權重，收復尚可圖也。」上然之。甲申，左司諫曹豳奏：「陛下以方面付三閫，而和戰之議私自矛盾，憂未艾也。史嵩之在淮西，用清野之説，敵未至而民先罹其禍，用撒花之説，民欲戰而禁其不得生，蓋以和誤國也。趙葵在淮東，定遠之破，近在鄰境，六合之破，政在屬部，葵乃閉城自守，不出一兵援之，是畏怯以辱國也。陳韡在金陵，曠口之衄，天殆少警之，而議者乃謂韡兵之難當，非盜賊之易制。今宜責嵩之以收復襄陽，爲江陵捍蔽，經理上流，爲下流隄防〔四〕。葵則結鄰閫以禦哨騎，備舟師以防海道，韡則以沿江併領淮西，捍淮西以安淮東〔五〕，若秋冬可以遏敵，乃爲報效。」上然之。

五月辛未，有流星出左角〔六〕，大如太白。壬申，行都大火。癸酉，詔：「蠲臨安府城内外征一月，仍覈焚室之數上於朝，議行賑贍。其救焚將佐優與遷秩，有傷没者厚恤之，如軍功。諸禁衛營栅之遭燬者，下所隸措置，毋令暴露。」甲戌，詔避正殿，減常膳。主管殿前司韓昱、馬步軍司田慶宗、知臨安府趙與懽並上章俟罪。詔釋之。丙子，出内庫緡錢二十萬，給被災之家。熒惑犯太微垣上將星。辛巳，詔曰：「朕應天以實，每懷嚴恭寅畏之思，視民如傷，敢替撫奄矜憐之意。雖夙夜靡遑於安逸，而精神莫致於感通；外焉多壘之未平，内則群生之寡遂，豈期京邑闤闠之地，復延融風鬱攸之災。稚耋震驚，奔馳靡定，室廬焚燬，蕩析離居，痛貫予心。禍非汝咎，不明不類，皆由朕德之愆，何飾何修，可宣上天之譴。減膳，徹樂，發粟，散財已曲示於哀矜，恐未蘇於凋瘵，求民之瘼，尤當公聽以並觀。悉意以陳，尚賴直言而極諫，共圖銷弭，永底輯寧。」辛巳，趙與懽奏乞竄削〔七〕。詔貶秩一等。

〔六月〕壬辰〔八〕，喬行簡等以輔政無狀，乞罷免。甲午，詔以盛暑，録臨安府繫囚，常所不原者俟約法〔九〕，餘隨輕重裁決。大理寺、三衙、二赤縣亦如之，著爲令。乙未，太白、填星合於井。丙午，御筆：「新知黄州、淮西安撫李壽朋被命已三閲月，不即便道之官，乃還家安坐。秋防在近，不知體國，人皆若此，緩急何賴。可奪三官，建昌軍居住。」詔：「朕欲建内小學，令宗司選宗子十歲以下資質之美者以聞。」

七月己未，詔淮西制參李曾伯等十一人各進秩一等。以去冬棄國諸兵犯合淝〔一〇〕、浮光，遣援者有勞故也。

〔八月〕甲申〔一一〕，追封太師、秦國公趙汝愚爲福王。癸巳，以李鳴復參知政事，李宗勉簽書樞密院事。

九月壬子，刑部侍郎兼侍講李大同奏：「陛下念祖宗付託之重，肆頒御筆，令宗司參酌彝典，建置内學，選育宗賢。臣謂取之屬籍，必其家庭之習尚、父兄之教詔薰然有和平之氣，藹然有禮義之風。師保之官，所以養成其器業，必耆德靖重，有可象之儀，經學通貫，有開明之益。若宫嬪之爲保姆，内臣之爲承直，亦必年齒老成、稟資純厚之人。蓋内學之建，非王邸講授比，當置教授三四員，日輪一人，晨入暮出，不許無故輟講，庶宗賢與正人居而德性成矣。」從之。淳祐二年六月丁巳〔一二〕，詔建内小學，置教授二員，選宗室子俾就學。戊午，太常丞兼僉部郎官陳韡進對，曰：「内學教導之職，當重其選。」上曰：「難其人。」韡奏：「師儒之官，不但講誦，當隨事規益，養成德器。」八月辛未，詔小學開講。庚午，詔令淮東制置使趙葵計度邊事已，措置奏聞。

十月乙巳，經筵講讀三朝寶訓終篇〔一三〕，詔宣付史館，賜輔臣宴於秘書省。

十一月丙辰，詔湖南帥臣趙師恕進兩秩。以平衡州酃縣寇故也。甲子，樞密副都承旨趙以夫直前奏云：「臣嘗歷考春秋與歷代志紀，日食爲咎，食淺者禍淺，食深者禍深，大要在修德政以弭之。乃季冬朔日，曆家預言日食將既。夫日食猶曰古所有之異也，然日與金木水火四星俱纏於斗，食將既則四星俱見，又曰日中見斗，此則古之所無之異也。斗分屬吴，禍福有歸。伏惟陛下亟側身而修行，則太陽當爲之不虧。不然果如占者言，咎已著明，禍必隨應，宗社事重，生靈事重，可不念哉。」上從之。丙寅，詔權免明年正旦朝會。辛未，御筆：「太史豫言嘉平月朔，當有日食、星聚之失，朕當損膳、避朝，庶圖銷弭。其令有司檢會故實以聞。仍令學士院降詔。」乙亥，詔曰：「時懋厥德〔一四〕，斯全裁成輔相之宜〔一五〕，謫見於天，當謹寅畏嚴恭之念。朕自慚涼菲，適值艱虞，外焉疆場之未寧，内則政事之多闕。日食、星聚既垂儆戒之機，夕慮朝思，期盡感通之實。避殿、減膳，正事飭躬，謂有過在予一人。尚賴交修之益，而推恩足保四海。盍頒肆赦之書，庶幾和氣之致祥，自格乾文之順軌，與爾有衆，永孚於休。」

十二月戊寅朔，日有食之。庚辰，御正殿。詔曰：「季冬之朔，日食、星聚，皇天示戒，朕心惕然。雖值雲霧，益當修省。其令百官勿稱賀，仍宣付史館。」丁酉，詔嘉熙三年放行士人混補，令於逐路漕司引試。己亥，詔曰：「朕念淮、蜀未靖，民不聊生，將士乘邊，戰攻良苦。其天基節上壽、大宴並免，以副朕顧憂之意。」壬寅，詔衡州置雄楚軍五百人。丙午，出豐儲倉米一十萬石，賑贍臨安府貧民。

戊戌嘉熙二年正月戊申朔，御大慶殿，受朝賀。詔曰：「朕親攬權綱，厲精庶政，實賴爾有位之臣，相與圖維〔一六〕，宜無待訓飭爲也。詔書屢下，故習靡悛，繼自今其滌慮飭躬，首公體國，率作興事，洪濟時艱，毋違訓言以干邦憲。」詔令侍從、臺諫、卿監、郎官、帥臣、監司及前宰執、侍從，舉曉暢兵機通練財計者各二人；三衙及諸軍都副統制舉堪充將才者二人，咸以其實來上。以吏部尚書兼給事中余天錫爲端明殿學士、同簽書樞密院事。己未，詔：「淮西被兵日久，近令京湖制置使史嵩之應援黄州，淮東制置使趙葵應援安豐，俱能命將出師，捷書上聞，朕深嘉歎，可令學士院降詔獎諭。其立功將士姓名，令制司等第具上推賞。光州、信陽二城，並當乘勝共圖尅復。」辛酉，以華文閣學士史嵩之爲端明殿學士，視執政恩數；寶章閣學士趙葵爲刑部尚書，制置並如舊；孟珙而下遷轉各有差。賞卻敵之功也。辛未，以禮部尚書兼給事中游似知貢舉〔一七〕，權兵部尚書兼直學士院許應龍、權兵部侍郎范鍾同知。

二月甲申，知蘄州張可大伏誅。知安慶府李士達除名，編管雷州。以棄城宵遁也。丁亥，以大理少卿朱揚祖爲蒙古國押伴使。庚寅，以史嵩之爲參知政事、督視京西荆湖南北江西路軍馬，仍命内侍宣付都堂治事。戊戌，蒙古國使見。詔：「近覽李皇奏，知蜀漸次收復。然創殘之餘，綏靖爲急。宜施蕩宥之澤，以示顧憂之懷。可令學士院降德音。淮西被兵，近已獲捷，亦合一體施行。」

三月丁未朔，詔安集淮、蜀軍民。戊申，以將作監周次説爲蒙古國通好使，濠州團練使、右武衛將軍張勝副之。己未，以著作郎兼權工部郎官李心傳爲祕書少監、史館修撰，專一修高宗、孝宗、光宗、寧宗四朝國史、實録。辛酉，以史嵩之兼督視光、蘄、黄、夔、施州軍馬。甲子，史嵩之帶職入見。乙丑，詔賜福王趙汝愚「宗老元勳」四字，游似撰記文。

四月庚寅，都省言：「國計軍需，多仰鹽課。乾道以來，歲額六十五萬有奇。自鈔法變而請買稀少，亭户失業。乞飭江淮諸司、諸屯，毋得私買浮鹽。令提舉司復亭場，委官屬依直收買，則利歸公上。或猶以贍軍爲辭，令覈實以聞。」從之。戊戌，詔户部及財用司應折帛、沙田、酒息、鹽袋、租穀、絲絹錢、團田〔一八〕、没官田米未催者，悉行拘催，歲終較其數而殿最之。乙未，以户部尚書趙與懽、吏部侍郎王極、起居郎牛大年爲殿試詳定官。

閏四月丙辰，御集英殿策進士。御筆付趙與懽以下曰：「朕以渺躬，纂紹洪業〔一九〕，適時多故，深懼無以拯危，難致安强。故悉取内外修攘之事，疇咨多士，冀陳忠益，以裨闕遺〔一〇〕。其有識治憂時敢言無隱者，乃朕所欲急聞。卿等宜加精選，置之前列，使真材得以自見，士氣可伸，以副朕親策之意。」戊午，御幄殿，閱武舉進士射。丁卯，右司郎官傅康奏：「陛下更化之初，嘗置局會計財賦，當時版曹以合發上供之數置籍應詔，今殿最法是也。凡州郡之出納，則不與知焉。乞朝廷給降印册，别其窠名，頒之漕司，下之州郡，每季以册上於朝，會以爲書〔一一〕，藏之計簿房，命近臣董其事。」從之。壬申，御集英殿，賜進士周坦等敕四百二十三人。甲戌，賜特奏名王宗令等敕凡六百四十人。

五月辛巳，太白晝見。癸未，以李鳴復知樞密院事兼參知政事，李宗勉參知政事，余天錫僉書樞密院事。甲申，喬行簡奏：「兵、財二端，尤今急務。欲以兵事委之鳴復，財用委之宗勉，楮幣委之天錫。凡有利病，各務討論。有當聚議者，容臣參酌然後施行。」詔：「丞相有疏，欲以兵、財、楮幣分任二三執政，深得協恭和衷之意，朕爲嘉歎。卿等宜一乃心，以副朕意。」以布衣錢時、成忠郎吴如愚講道著書，隱居不仕，足勸後學，時特補迪功郎，如愚换授從事郎，並充祕閣校勘。乙酉，賜故太府寺丞吕祖儉、故承事郎陳亮謚。尋以太常寺議，謚祖儉曰忠亮，亮曰文達。遣兩浙、江、閩五路憲臣於朝，以秤提楮幣而出也。

七月甲戌朔，詔曰：「霖雨不已，恐害秋成，烈風大作，民用震驚。天變不虛，朕心憂懼。今當避殿、減膳、撤樂，令中外之臣各上封章，凡朕躬之闕違，時政之舛失，極言無隱，庶幾修省以實應天。」乙酉，以久雨、烈風，禱於天地、宗廟、社稷。庚寅，釋中外杖以下囚，仍蠲贓賞錢。辛卯，有流星大如太白。壬寅，熒惑犯輿鬼。

八月癸亥，詔：「朕嘗親覽中外臣僚所上封事，多有可采，令後省看詳，有切朕躬、關時政者節録奏聞，當議施行，仍與旌賞。」

九月庚辰，經筵進講毛詩。甲申，皇子生。丁亥，詔：「故龍圖閣待制趙希言〔二二〕，忠存宗社，功繼前修，可特贈資政殿大學士〔二三〕，與執政恩數，仍賜謚曰忠憲。」己丑，雷。己未，有流星大如太白。

十月己巳，詔權免冬至大朝會。己酉，户部尚書趙與懽奏：「今日者暴風淫雨害於粢盛，浙江東西室廬漂蕩，願下哀痛之詔，遣賙恤之使，遍行諸道，許以便宜施惠。」從之。丁卯，監察御史曹豳奏：「蒙韃之興〔二四〕，勞聖慮者五年矣。聘使往來，謂息兵有期。秋風未高，合淝已受重圍，和安在哉！願陛下移畏敵者而畏天〔二五〕，易信和者而信守，則天祐人助矣。」又奏：「淮東總領吴潛申，宗子時晅部集淮東西流民約十萬餘口〔二六〕，團結十七砦，内强壯二萬可籍爲兵，近調千百人爲合淝之援〔二七〕，真可嘉尚，乞與補官。」從之。

十一月己卯，日南至。御筆戒飭百官。甲申，皇子薨，賜名維，追封祁王，謚沖昭。

十二月壬寅朔，詔並淮東西湖廣總所、四川茶馬制置司犒賞諸擺鋪兵。丙午，光州守臣董堯臣伏誅〔二八〕，司户柳具舉配海外，以其棄城從僞也。甲寅，兵部郎官范應鈴面對。上問廣中諸郡，應鈴奏云：「雖不及昔，然亦可爲，但去天萬里，人不守法，二十五郡各得一廉太守，民自受惠。且如宜州卒莫通等叛，提刑張琮親往招安，通等聞是宜州舊守，即叩頭出降。此太守得人之效。」上然之。御札獎諭安豐守杜杲：「朕聞安豐被兵，不遑寢食，知卿守禦勞苦，措置有方，朕爲之少寬。今趙東、夏皋之兵已集招信，余玠之援亦來，軍聲不爲不壯。卿其鼓帥諸將〔二九〕，同力一心，掃蕩寇攘〔三〇〕，以安淮右，雋功來上，厚有褒寵。今賜卿銀器等，諸將各賜金椀一隻。其在城一行戰守將士及淮東所遣援兵，當此天寒，深爲不易，遣去官會三十萬貫，可等第支犒一次。卿宜諭朕旨意，俾各知悉。」乙丑，詔：「以誕日稱壽，朕嘉與海內同此宴樂，屬時多故，淮、蜀繹騷，人民流移，將士暴露，朕舉此觴何樂之有？其天基節上壽及大宴並勿講。」嘉熙二年正月丙申，群臣以天基節三表請詣文德殿上壽，至是乃從。戊辰，詔諸道和糴去處，給時直平概量，毋得科抑，乃申嚴秋苗苛取之禁。

己亥嘉熙三年正月癸酉，以喬行簡爲少傅、平章軍國重事，進封益國公；李宗勉爲左丞相兼樞密使；史嵩之爲右丞相兼樞密使、督視兩淮四川京湖軍馬；余天錫參知政事；吏部尚書兼給事中游似爲端明殿學士、同簽書樞密院事。丙戌，詔曰：「朕以渺躬，凛居人上，臨御十有六載，願治徒勤，責成二三大臣課效，猶邈弊端叢積，氛祲蔓滋，内焉政令之未孚，外焉邊陲之未靖，撫事機而興慨，尚歲月之可爲。爰體詒謀，聿新圖任，法元祐尊大老之典，特諮重事於平章，遵紹興並二相之規，蓋欲相應於表裏。毋狃舊習，毋玩細娱，使紀綱法度焕然維新，而華夏蠻貊罔不率俾〔三一〕，故兹札示，其體朕懷。」戊戌，詔：「四川連年擾攘，州縣闕官。其赴銓人年二十已上者，免試，發還漕司，籛引放行注授一次。」〔三二〕

二月壬寅，以余天錫兼同知樞密院事。丙午，以史嵩之依舊兼都督江西湖南軍馬。癸丑，詔：「朕比命相臣往開督府，兩淮、西蜀相距迢遥，要須脉絡貫通，易於運掉。其諸制閫、監司、帥守、戎帥等宜皆同心協力，共濟時艱，毋徇己私，致誤國事，令學士院降詔。」丁卯，以史嵩之都督江淮京湖四川軍馬。

三月癸未，出豐儲米二十萬石，賑糶臨安貧民。辛卯，雨土。壬辰，決中外繫囚。癸巳，雨雹。甲午，詔：「春事已深，膏澤未洽，深慮旱暵爲虐，靡神不宗，一雨應期，方慰農望，風雹爲沴，朕甚懼焉。自三月二十四日避正殿、損常膳，仍令中外臣僚講求闕政〔三三〕，引用正人，招集流民，捍禦外侮，弭災召和，以稱朕意。」

四月庚子朔，再決中外繫囚，杖以下釋之。辛丑，知臨安府趙與懃奏：「潮齧江岸，近蒙宣諭改作石堤，臣與漕臣條具，乞備材石，役軍兵，庶可修築。」上曰：「卿宜更留意。」尋詔：「適覽所圖江面，坍損尤多，可劄下兩司募人夫併力修築，責以限期，嚴立賞罰，如王延世之法，疾速施行，毋更弛慢。」詔以今年九月大享於明堂。以不雨，復詔州縣賑流民，決繫囚，蠲贓賞錢。庚戌，以雨未通濟，復詔決中外繫囚，原減有差。庚申，詔流民艱食，令逐路漕司、常平司下州縣，多方存恤，其經戰陣處，有遺骸能掩藏者，量與給賜，仍覈其實以聞。

五月丁丑，上問：「蜀事聞四月哨騎未已？」宰執奏云：「所傳果如此，夔門重地，尤當加意。」又奏：「戰功冒濫，有一年遽轉八九官者〔三四〕，人多假此忝躐科第，乞檢會游似之請，應軍功補官人，須令依舊從軍。」上然之。庚辰，以久不雨，再決中外繫囚。丙戌，吏部郎中侯子震進對。詔蠲端平三年民畸零租。

五月己亥朔〔三五〕。詔：「朕以江潮爲沴，宵旰靡寧，雖令修築隄防以遏其勢，迄今未睹成效。治水之法，不可與水爭地，使民之道，毋至民不堪役，斯爲盡善。趙與懽可爲端明殿學士、知臨安府、浙西安撫使，專一任責措置修築塘岸，以防衝決，仍令兩浙運副曾穎秀極力協助，用底厥成，以紓民患，以寬朕憂。」

六月庚子，詔以崔與之力辭相位，必欲掛冠，特授觀文殿大學士致仕，恩數視宰臣例。丙寅，詔：「秋防將近，邊燧日聞。朕既命宰臣以督師，正藉諸閫之叶濟，所宜一乃心力，同應事機。四川急則荆閫援之，和、濡急則江閫援之〔三六〕，真、泰急則浙閫援之，務要脉絡貫通，毋或秦、越相視，共建殊績，嗣有褒寵。」

七月戊辰朔，詔諸路提舉常平司下所部州縣，募人捕蝗，給米易之。庚寅，詔户部申嚴州縣受租苛取之禁，諸路轉運司察其違者劾之。

八月戊戌，以潮患告於天地、宗廟、社稷、宫觀。以游似爲參知政事，禮部尚書許應龍爲端明殿學士、簽書樞密院，諫議大夫林略爲端明殿學士、同簽書樞密院事。辛卯，以楮輕，詔户部下諸路州軍，應税賦征榷，其一半見錢聽民間以全會折納，嚴戢欺抑等弊。令監司、御史臺察其違者劾之。

九月己卯，朝獻景靈宫。庚辰，朝饗太廟。辛巳，大饗明堂，赦天下。戊子，詔川、廣監司以十一月按部理囚徒。辛卯，以江、湖、浙東、建劍汀邵旱傷，詔諸路提舉常平司覈所部州縣常平義倉之儲，以備賑濟。仍敕制、總司，今後毋輒移用，違者坐之。從左司諫徐榮叟請也。陳韡斬殿司崔福，以其不從本司調遣也。初，福從趙葵收李全有功，名重江淮，時論以良將難得，而韡以私忿殺之。

十月庚申，許應龍、林略罷。詔出封樁庫祠牒三百道〔三七〕，下江東憲司賑饒、信、南康三郡旱傷之民。乙丑，虹見。

十一月丙子，以兵部尚書范鍾爲端明殿學士、簽書樞密院事。戊寅，給諸軍薪炭錢，出戍者倍之。

十二月戊申，以敵犯夔門〔三八〕，上流警急，詔都督府、淮東西沿江制司命兵進援。

庚子嘉熙四年正月辛未，彗星出於營室。己卯，御筆：「乃正月辛未，有星出於室宿。朕俯察人事，仰觀天文，殆必有因，益深震懼。朕將避殿、減膳，令學士院降詔。」庚辰，詔曰：「朕以眇身，託於天下士民公卿之上，顧德不類，不能上全三光之明，下遂群生之和，變異頻仍，咎徵彰灼〔三九〕，夙夜祗懼，不遑康寧。乃正月辛未，有流星見於營室。太史氏占厥名曰彗，災孰大焉。天道不遠，譴告匪虛，萬姓有過，在余一人〔四〇〕。今朕痛自克責，豈聲利未遠而讒諛乘間歟？舉錯未公而賢否雜進歟？賞罰失當而真僞無別歟？抑牧守非良而獄犴多興歟？封人弛備而暴客肆志歟？道殣相望而流離無歸歟？四方多警而朕不悟、群黎有苦而朕不知歟？謫見上帝，象甚著明，爰避正殿、減常膳，以示側身修行之意。一二三大臣吾道揆也，其叶恭以輔朕；百爾執事吾法守也，其竭忠以告朕。使朕得以導和銷異，不亦善乎。布告中外，咸知朕意。」丙戌，詔知無爲軍萬文勝、知安豐軍王福，賜金帶，許服繫。旌戰禦之勞也。甲午，彗星犯王良西南第二星。

二月丙申朔，詔禮部貢舉，其務崇長學殖，嚅嚌道真。戊戌，詔曰：「朕紹膺駿命，德不能遠致外夷之有干，而仁弗克周使黎元之寡遂。昊穹垂譴，彗象示妖，起於營室之躔，迫於王良之次。固已避殿、減膳，亦嘗下詔責躬，惟是蝒蜎高拱，過失何由自知。鰥寡至微，疾苦豈能上達。伊欲遵敢言之路，必也開勿諱之門。凡在臣民，許陳章奏，忠忱者悉加獎納，峭直者亦務優容，尚慮閭閻之間，怨氣滿腹，囹圄之際，憤聲徹霄，是用加惠群方，蕩宥多辟，庶銷災異，立召沖和。可大赦天下。」辛丑，有流星晝隕，白虹貫日。癸丑，進知漣水軍蕭均官一等〔四一〕。以其修舉郡政、葺治城壁故也。甲辰，詔史嵩之暫赴行在奏事。戊申，詔督府、制置司、沿江南北郡舉行便安流民之政，凡十一條。癸丑，臨安府守臣言獄空。詔獎之。以京西湖北路制置使兼知鄂州孟珙爲武寧軍節度使、四川宣撫使兼知夔州，節制歸峽鼎澧州軍馬。丙辰，白氣亘天。

三月壬辰，詔：「邊塵未靖，備禦方嚴，必藉人才相與叶濟。令內而侍從、臺諫、兩省、卿監、郎官，外而監司、帥守，舉文武之臣曉暢兵機、練習邊事、才略卓然可用者，各二人。或陸沈常調，或負累家居，著其實狀，亟以名聞，以待擢用。」右正言郭磊卿除起居舍人，監察御史謝方叔除宗正少卿。以論史嵩之故也。壬辰，史嵩之入國門。癸巳，嵩之奏事。

四月己亥，叙復鄭損元官。尋以直舍人院程公許奏：「損撤關外五州重屯，移之内郡，則丁酉蜀禍損實爲之。使損官可復，不知千億萬之赤子死者可復生乎？乞收成命。」從之。壬寅，前潼川路運判吴甲入奏〔四二〕，抗言蜀事，上感惻久之〔四三〕。上曰：「蜀從前亦委寄非人。」奏云：「棄邊郡不守，鄭損也；啓潰卒爲亂，桂如淵也；忌忠勇不救，趙彦呐也。今彭大雅又險譎變詐，費防閑。宜進孟珙於夔門，夔事力固乏，東南能助之。夔足以自立。」上皆是之。癸卯，特轉史嵩之官三等，令歸班。甲辰，監察御史王萬除大理少卿，以嘗論嵩之故也。詔：「祖宗盛時，宰執有輪日當筆者。今二相並命，合倣舊規，而平章總提其綱。一應軍國重事參酌施行。其三省、樞密院印，並令平章掌之。」丙午，嵩之奏：「督府日下結局，已劄諸制閫宣司並四川總領所，一應邊機軍須等事〔四四〕，具申朝廷施行，其督府錢糧器械，乞劄别之傑攢結來上。」詔從之。辛卯，以紹興府薦饑，詔蠲今年夏税。

六月戊戌，詔兩淮經寇州郡已舉未該免人，與比京襄例，令赴來年省試一次。辛丑，初置國用房。命近臣禱雨於天地、宗廟、社稷、宮觀。壬子，録行在繫囚。詔：「六月亢陽，日事禱祈，邈無報應，且聞飛蝗爲孽，朕心惕然。自七月一日避正殿，減常膳，應中外臣僚並許直言朝廷闕失。」

七月甲子，出封樁庫緡錢三十萬貫，賑臨安府貧民。乙丑，詔曰：「朕德不肅，天示常暘，以戒不德。入夏以來，膏澤闕少，遍走群望，穆卜雩祀，神聽愈邈。豈積行多媿，無以對越神明歟？施政多舛，無以感召和氣歟？抑優游牽拘，法制日玩而威令浸弛歟？將陽微陰盛，直不勝枉歟？貪殘相師而元氣益削，巽懦成習而邊禍浸迫歟？不然何其不雨至此極也。朕苦不自覺，群公卿士大夫未有極口爲朕告者，三復雲漢之詩而流涕焉。且朕自親政以來，未嘗罪一言者。今人情皇皇，大命近止，上下猶顧望蓄縮，隱情惜己，是未諒朕之衷也。令至，無問中外臣庶，凡朕躬之失、朝政之疵，關於時務之鉅、民瘼之切者，其丐以啓朕，朕且采擇施行之。悉意以陳，毋有所諱。」詔令中外決繫囚，杖以下釋之，仍蠲贓賞錢。癸酉，主管官告院方來進對，言及諸閫官販。上曰：「諸司欲之。」奏云：「正不當如此。」因及科降事，上曰：「不如明與之錢。」奏云：「正要明白，諸司但説能自措置爲朝廷備邊，不顧科降，世豈有是理，徒使不廉者得以罔利耳。」上是之。戊寅，以岳珂權户部尚書、淮南江浙荆湖制置茶鹽使。壬午，右諫議大夫徐榮叟奏：「北使王檝之來，恐三邊將士意和議將成或弛秋防，有誤國事，雖朝廷劄令宣司館之江外，又恐辭必欲入見，宜敕孟珙思破其奸。」上然之。己丑，熒惑、太白會於鬼。庚寅，詔：「秋成在望，雨澤愆期，令諸道憲臣按部，將番異駁勘之獄酌情決遣以聞，其失當官吏特免推結。」客星見於尾。

八月壬辰，詔諸路苗米毋得多量斛面及過數增收。

九月壬戌朔，沂王夫人俞氏薨，輟視朝五日，令禮部太常寺討論典故。尋檢點國朝會要以聞。太常寺議奏，宜用孝宗爲皇伯母秀王夫人張氏舉哀成服故事。詔從之。癸亥，以喬行簡爲少師、保寧軍節度使、醴泉觀使，進封魯國公。乙丑，詔知招信軍余玠進官三等。以邊報，敵造船於汴〔四五〕，玠提師泝淮入河連獲捷故也〔四六〕。丙戌，都省言：「比奉御筆，楮幣折閱雖自於民，奸倖多生於守令。今措置十八界會子收換十六界，將十七界以五準十八界一券行用，如民間輒行減落，或官司自有違戾，許經臺省越訴，必置於罰。」上從之。

十月辛卯朔，贈入內內侍省陳洵益昭慶軍節度使。癸巳，詔以明年正月一日爲淳祐元年。丙申，詔平江嘉興府、安吉州禁販米下海，其販至臨安府者，毋得遏糴。尋詔趙與懽提領其事，應浙東州縣併許浦、金山水軍一體遵守，違者權聽按刺。丁酉，詔曰：「朕惟我朝以仁厚待士大夫，惟於贓吏罰未嘗少貸。比歲以來，貪濁成風，椎剥滋甚。民窮而谿壑不饜，國匱而囊橐自豐。今茲新楮之行，未必不爲罔利之地。其令内而臺諫，外而監司，常切覺察，其有贓狀著者，必加鞫勘，悉遵建隆、淳熙典刑，斷在必行，毋貽後悔。」

十一月甲子，熒惑入太微垣。

十二月己未，詔曰：「迺者丙辰之夕，京城地震。地道貴静，動則有變。豈朕不德而致歟？今民生不遂，邊戍未休，變不虚生，必有其證。可令中外臣寮各上封章，凡朕躬之闕失、朝政之愆違，極言無隱，將見之施行，以爲消弭之道。」

閏十二月乙丑，宰執乞罷政。不許。詔賞京湖將士有差。以制司奏，去冬寇由忠、萬透渡南岸〔四七〕，守險而捷故。丙寅，以李宗勉薨，輟視朝三日。尋贈少師，賜謚曰文清。以游似知樞密院事兼參知政事，范鍾參知政事權吏部尚書，徐榮叟爲端明殿學士、簽書樞密院事。乙亥，詔民間賦輸舊用錢會中半者，其會半以十八界直納，半以十七界紐納〔四八〕。詔淮東西京湖沿江制置使副並兼本路屯田使。壬午，閱軍頭司武伎。

辛丑淳祐元年正月庚寅朔，御大慶殿受朝賀。詔曰：「朕寤寐雋髦，圖惟康乂，屢飭中外各舉所知。間者，諸大夫多具文以應令，所舉非所用，故臨事有乏使之憂。厥今肇更新化，作興庶政，將孜孜而責實，可泛泛以求材。宜令內而侍從、兩省、卿監、郎官，外而前宰執、侍從、帥臣、監司，各舉三人，悉疏其能，委堪某用。又有堪充將帥之人，混迹偏裨，墮身邊遠，無由自達，並令三衙、諸衛、外閫、戎帥，各舉三人，孰爲智將，孰爲勇將，孰能簡精鋭、覈虚冒以體國，孰能明紀律、禁侵暴以安民，亦各詣實來上。朕將甄別器使，庶文武小大各當其用，以稱朕興起治功之意。」甲辰，御筆：「朕惟孔子之道，自孟軻後不得其傳。至我朝周惇頤〔四九〕、張載、程頤，真見力踐，深探聖域，千載絶學始有指歸。中興以來，又得朱熹精思明辯，表裏渾融，使中庸大學語孟之書，本末洞徹，孔子之道，益以大明於世。朕每觀五臣論著，啓沃良多，詔令學宫列諸從祀，以示崇奬之意。」尋以王安石謂天命不足畏、祖宗不足法、人言不足信，爲萬世罪人，豈宜從祀孔子廟庭，合與削去，於正人心、息邪説關係不少。詔黜之。

龜鑑曰：尊事黄耇，周家所以師賢；分祀聖哲，唐家所以崇道。此則耆德之儒，名教所師，有不可以不重也。蓋儒先重則吾道重，儒學輕則吾道亦輕。理宗之褒儒，先其審諸此歟。五君子從祀，肇於淳祐祗謁先聖之春，天札一頒，吾道增氣，使萬世而下皆知儒先道義之尊，非周、唐尊祀之意歟。

戊申，車駕幸太學大成殿，遂御崇化堂，命祭酒曹觱講禮記大學篇，監學官各進秩一等，諸生推恩賜帛有差，並以紹定三年御製伏羲、堯、舜、禹、湯、文王、武王、周公、孔子、顔子、曾子、子思、孟子道統十三贊就賜國子監，宣示諸生。癸丑，御後殿，引見吏部奏舉改官三十八人、捕盜酬賞六人。以吏部侍郎兼侍講杜範知貢舉，吏部侍郎兼給事中錢相、刑部侍郎兼祭酒曹觱同知，侍御史兼侍講彭方監試。

二月己未朔，御筆付知舉杜範以下曰：「朕爰簡儒彦，俾典文衡，凡爾攸司，宜鑒舊弊。一取一舍，惟公惟明。經學欲其深純〔五〇〕，詞章欲其典則，言惟合理，策必濟時，毋以穿鑿綴緝爲能，毋以浮薄險怪爲尚，參稽互考，優劣自分，庶使賢俊畢登，以副朕新美治功之意。」〔五一〕甲子，詔忠順軍副統制孫棟陞都統制，仍賜金帶。賞重慶之功也。其餘將士第賞有差。庚午，給事中錢相繳太中大夫致仕易祓贈官之命，以其草蘇師旦節鉞之麻也。詔以孟珙爲京西湖北路安撫制置大使兼夔路制置大使兼本路屯田大使，峽州置司。己亥，詔：「宰臣具慶，前此罕聞。史嵩之父彌忠年踰八秩，宜示恩褒，可除端明殿學士，仍致仕。母益國夫人孫氏進封魏國夫人，令赴行在就養。」壬子，喬行簡薨，輟視朝。行簡在相位，專以商販爲急務，温、台鹽商數百群，有士子爲詩曰：「知君果是調羹手，傅説當年無許多。」丁亥，詔權禮部尚書高定子修四朝國史、寧宗實録。

三月乙巳，新知廬州吕文德朝辭，上曰：「近淮西諸軍冒濫，虚名甚多，惟遊擊三萬尤甚須當揀選，兼邊頭事須與別之傑商量，遵從制閫便是遵依朝廷。」奏云：「恭領聖諭。」

四月丙寅，吏部侍郎杜範等奏，省試考到取應宗子弟一名崇袍〔五二〕，附正奏名廷試。從之。庚午，以經筵進讀仁皇訓典終篇，詔講讀修注官各進一秩。辛未，詔沂王、榮王合遵典故襲封，尋以皇弟與芮爲開府儀同三司，充萬壽觀使，襲封嗣榮王，仍赴朝參；皇弟貴謙爲開府儀同三司，襲封嗣沂王。甲申，經筵進講毛詩。

五月庚寅，以皇叔祖、少師、保寧軍節度使〔五三〕、判大宗正事、嗣秀王師彌爲太保，皇叔祖、少保、奉國軍節度使、充萬壽觀使師貢爲少師。己亥，詔：「沿江制置使兼淮西制置使別之傑任責措置邊面戰禦，如遇緩急調度，權聽便宜施行。」甲辰，詔：「與芮當日親端士，留意問學，昨已增置教授，合更添一員，擇清修直諒之士輪日講授，朝夕規正，徹章推恩。餘依諸邸體例行。」壬辰，以禮部尚書兼直學士院高定子、侍御史金淵、左司諫方來爲御試詳定編排官。癸巳，御集英殿策進士。甲午，御射殿，閱武舉進士射。御筆付高定子以下：「公選精擇，各既乃心，以副朕詳延多士之意。」甲辰，行秘書郎梅杞奏：「內廷晝降，或夤緣可得。」上曰：「亦是有例者。」奏云：「昔我仁祖手詔，謂背理覬恩、負罪希貸求內降者，中書、密院執奏毋得行。此仁祖仁中勇也。願陛下以爲法。」上曰：「政欲法此。」戊申，賜正奏名徐儼夫等敕，凡三百六十七人。己酉，賜特奏名吴必達等敕，凡六百三十七人。

六月丙寅，以久雨，録行在繫囚。乙亥，御射殿閲正奏名進士射。丙子，閲特奏名進士射。丁丑，詔喬幼聞追三官，送撫州居住。以蔑國憲存留新楮轉易取贏也。戊寅，詔曰：「朕曩出親札，申嚴贓吏之禁，踰半歲矣。然諸路監司有務大體而不問者，有摭細故以塞責者，其申飭諸路監司，遍察所部州縣，其有貪殘掊尅者，廉其實迹悉以名聞，朕將重置於罰。如監司庸懦不能舉職，令臺諫彈劾聞奏。」

七月甲辰，以知婺州趙與懃、常州宋慈、江陰軍尹焕、廣德軍康植濟糴有勞，各進一秩。乙巳，詔皇城司申嚴宫禁敕去失之令。乙酉，詔敕令所修僞造新會、揩改舊會、盜賣會低之令〔五四〕。庚戌，詔以宗學博士、諸王宫大小學教授輪日赴榮邸講授。乙卯，詔自今宰執、臺諫、侍從不許發私書求舉削，諸路監司、帥守宜體國薦賢，毋徇權要。

八月丁巳，詔求遺書於天下。己巳，詔玉牒所、國史實録院長官會粹史稿，删潤歸一，秘書省長官點對日曆、會要，並期以十一月終成書。徽州火。詔削守臣鄭崇官一秩。甲申，詔馬軍司選子弟强壯者一百人，補龍衛雲衛武衛三指揮闕額。

十月壬申，詔舊制兩任通判人，與内郡一任，注廣郡，改官年及免作縣人不得入倅闕，並宜禁制。其令吏部及制闔監司常切遵守，仍闕辟差窠。己卯，詔提舉司毋得以常平折變侵移，其義倉令項樁收，仍措置上於尚書省。

十一月己酉，詔内地州縣官闕，以見任官兼，毋得以待次及白帖人攝職。

十二月丙寅，太學博士劉應起進對，言：「大有爲之君，常使近倖畏宰相，今宰相畏近倖；使宰相畏臺諫，今臺諫畏宰相。願陛下官府事一以付之中書，而言官勿專用大臣所引，則權一歸於公上矣。」上然之。丁丑，左司諫方來奏：「岳珂比以罷斥，乃卜第吴門，蔑棄君命，乞勿予祠，令歸江州。」監察御史謝公旦又奏：「珂創增鹽額，國課益虧，況作俑言利，乞重鐫削。」詔更鐫一秩。侍御史金淵奏：「彭大雅貪黷殘忍，蜀人銜怨，罪大罰輕。乞更竄。」詔除名、贛州居住。

壬寅淳祐二年正月甲申朔，御大慶殿，群臣朝賀。詔曰：「朕惟省刑薄斂，我朝家法，屢飭有司，務行寬大。比年以來，吏習滋蔓，關市之征求無藝，錢楮之出納多欺。今歲事更端，盍作新吏治，以蘇民瘼。申飭郡邑小大之臣，洗心滌慮，盡革舊習，以毋負朕愛養欽恤之意。倘或不悛，必罰毋貸。」詔趙葵、别之傑帶職赴闕奏事。戊戌，右丞相史嵩之等進呈中興四朝史、孝宗皇帝經武要略、寧宗皇帝玉牒、日曆、會要、實録、今上皇帝玉牒。庚戌，上淳祐重修敕令格式申明。詔嵩之等進秩有差。壬戌，别之傑入覲，上問：「邊頭曾無加備？」之傑言：「當修復壽春。」又言：「上流之勢全在於蜀。」上又問金陵兵糧及居巢屯兵幾何。之傑奏：「金陵見屯三萬，錢糧僅給。居巢所係甚重，見屯不過二千。遇秋增戍至二萬方足用。」上並然之。甲子，軍器監兼尚左郎官范應鈴進對〔五五〕，言宗社大計，舉嘉祐、紹興事。上曰：「兩朝自有典故，非不知之。但難得其人。」應鈴奏：「與賢與子天實爲之。天若祐宋，必有其人以俟採擇。」以游似爲資政殿大學士、知紹興府、浙東安撫使。尋差提舉洞霄宮。從所請也。

〔二月〕甲戌，以范鍾知樞密院事兼參知政事，徐榮叟參知政事，趙葵賜出身、同知樞密院事，別之傑爲端明殿學士、簽書樞密院事。己卯，權兵部侍郎、淮東安撫制置使兼知揚州李曾伯朝辭，言：「今若主必守之規，乞諭大臣明示意嚮。」上曰：「當爲必守之規。趙葵久任淮東，且有規畫。」曾伯奏：「敢不循其成規，申固封守。」

三月甲申，詔在外諸軍請給內楮幣，權以十八界三分增給。楮賤故也。戊子，詔：「沿江、兩淮，脣齒相依，其令和州、無爲軍、安慶府聽沿江制司節制。」丙申，詔刑部戒飭諸道帥閫、沿邊戍司，今後州縣官犯罪，毋加杖責。癸卯，經筵進讀孝宗聖政終篇，講讀、修注、說書官各進一秩，餘補轉賞犒有差。侍御史兼侍講金淵奏：「近嘗面奉玉音：『國本大計朕豈不知，已命籍近且尊者，俾任選養之責，特外未知耳。』願發自宸衷，明諭宰輔近臣，謹選宗姓之賢德，參稽仁宗、孝宗之典故，次第舉行。」上嘉納。

四月癸丑朔，詔以今年九月有事於明堂。癸亥，倉部郎官趙希塈進對，言：「蜀自易帥之外未有他策。」上曰：「今日救蜀爲急，朕與二三大臣無一日不議蜀事。孟珙亦欲竭力向前。」希塈奏：「當擇威望素著之人，於夔、峽要害處建一大閫。」上曰：「重慶城堅，恐自可守。」希塈奏云：「重慶在夔、峽之上，寇若長驅南下〔五六〕，雖城堅如鐵，何救東南之危。」上然之。詔明堂大禮，惟祀神儀物、諸軍賞給依舊制外，其乘輿服御、中外大費並從省約。壬申，雨雹。丙子，考功郎官劉漢弼言吏部考功條法十六事。上曰：「當付外施行。」

五月甲午，新知梧州趙時學陛辭，言：「吴玠守蜀三關，今胥失之，固宜成都難守。」上曰：「嘉定可守否？」時學奏：「若論形勢，當守重慶。」上曰：「若守重慶，成都一路便虛。」時學奏：「重慶亦重地，可以上接利、閬，下應歸、峽。」己亥，淮東安撫制置副使余玠入奏，言：「事無大小，須是務實。」又奏：「一視文武之士，勿令偏重。偏則必激，非國之福也。」上曰：「卿人物議論皆不尋常，可獨當一面，少留，當有擢用。」乙巳，尚右郎官龔基先入對，言上流事。上曰：「上流可憂。」基先奏：「施、夔，國之門户，蕩無關防，存亡所繫，豈可不慮。」上曰：「屯田今歲如何？」基先奏：「屯田有名無實，牛種既貴，軍耕又惰，所收不償所費。」丁未，右正言劉晉之言：「蜀禍五六年間，歷三四制臣，無地屯駐，獨彭太雅城渝，爲蜀根本，不然蜀事去矣。今宜於重慶立閫，庶可運掉諸戎，願早定至計，料簡邊臣，俾往經理，則蜀可爲也。」上然之。己酉，以趙葵爲資政殿學士、知潭州、湖南安撫使。

六月甲寅，倉部郎官李鎔進對，乞廣求備禦之方。上曰：「秋風已近，去歲蜀事大壞，今當如何爲策？」鎔奏：「陳隆之因成都城故基增築，未爲非是，第功力苟且，識者逆知其難守。臣嘗問其方略，但云誓與城存亡而已，未幾爲田世顯所賣，城門夜開，隆之衂焉。」上顰蹙久之。丁巳，詔建內小學，置教授二員，選宗室子俾就學。以余玠權工部侍郎、四川宣諭使，應事干機速，許同制臣公共措置，先行後奏。尋詔敕四川官吏軍民等悉條陳大計以聞。以久雨，詔決中外繫囚。太常丞兼金部郎官陳煒進對，曰：「內學教導之職，當重選。」上曰：「難其人。」煒奏：「師儒之官，不但講誦，當隨事規益，養成德器。」癸亥，參知政事徐榮叟罷資政殿大學士，提舉臨安府洞霄宮。丙寅，録行在繫囚。尋以別之傑同知樞密院事兼權參知政事，翰林學士、知制誥高定子爲端明殿學士、簽書樞密院事，權禮部尚書兼中書舍人杜範爲端明殿學士、同簽書樞密院事。戊寅，詔淮西制置大使司出十七界楮幣十萬、米二萬斛，令安豐軍修武備。

七月丙申，余玠陛辭，言外攘本於内修。上曰：「今日之事不必問胡運衰與不衰〔五七〕，但自靠實理會治内規摹。」玠奏云：「聖諭及此，宗社生靈之福。」上曰：「卿前所言，靠實工夫，玩之有味，此去必能見之行事。卿宜務忠實以革欺誕，施威信以戢潰屻，廣惠愛以撫流移，當爲四蜀經久之謀，勿爲一時支吾之計。」

八月辛巳朔，詔户部申嚴州縣增收苗米斛面之弊。甲寅，以史嵩之爲明堂大禮使，范鍾禮儀使，别之傑儀仗使，高定子鹵簿使，杜範橋道頓遞使。丁巳，以秘書省正字陳南一、國子正胡良並兼内小學教授。辛酉，進知夔州趙武官二秩，將佐王信等各轉一資。酬夔城版築之勞也。丁卯，詔出封樁庫十七界楮幣十萬，賑贍紹興、處、婺水潦之民。辛未，詔小學開講。丁丑，殿中侍御史濮斗南言：「夏秋霖雨，浙東四郡民生蕩析，乞委之畿漕，擇愛民之吏，行拯溺之策〔五八〕，撫集流離，蠲減秋賦。」從之。

九月庚辰朔，日有食之。癸未，詔進納入官犯贓人永不許注授。辛卯，大饗於明堂，大赦天下。丙申，詔令六曹、館學、寺監、院轄倉庫務場長官，將所管錢穀、貨幣、器用、圖書覈實載籍上之於朝，副在有司，長闕則次官任責，遷擢報罷，並如外官交承例，聯銜具數申省，仍令御史臺覺察。

十月癸丑，敕令所言：「臣寮世賞不許奏異姓，著爲令。」甲寅，進史嵩之永國公。

丙子，詔：「淮東西制置使李曾伯，應軍行賞罰，許便宜施行。」

十一月甲申，詔軍功補授人願就鄉舉者，聽。辛卯，詔實録院修孝宗、光宗、寧宗御集。戊戌，雷。己亥，日南至，免朝賀。癸卯，詔決中外繫囚。甲辰，先給諸軍雪寒錢，出戍者倍之。乙巳，蠲三衙、大理寺、臨安府及屬縣點檢贍軍犒賞酒庫所贓賞錢。丁未，詔曰：「比者，陰陽失和，冬令常燠日至之日，雷乃發聲，朕甚懼焉。變不虚生，緣證而起。朕避殿、減膳，思答譴告，内而卿士師尹，外而牧監伍參，其各罄忠嘉，無有所隱，輔朕不逮，俾得尊聞行知，導和銷異，保我子孫黎庶〔五九〕，亦職有利哉。布告中外，明聽朕指。」

十二月己未，詔杜霆追納出身文字，羈管南雄州。以通州士庶訴其誤民棄土之罪也。辛酉，以儒林郎鍾宏辭除太學博士，乞致仕養母，詔特改京官秩，奉祠，以獎孝行。丙寅，以寧武軍節度使、京湖安撫制置大使兼夔路策應大使孟珙爲檢校少保，端明殿學士別之傑爲資政殿大學士、湖南安撫大使兼知潭州，同知樞密院事兼權參知政事趙葵福建安撫使兼知福州，資政殿學士趙與懽知温州，權工部侍郎、四川宣諭使余玠權兵部侍郎、四川安撫制置使兼知重慶府。丁卯，詔余玠任責全蜀，應軍行調度權許便宜施行。庚午，詔以許浦水軍都統制劉虎爲和州防禦使。旌五河捍禦之勞也。

癸卯淳祐三年正月戊寅朔，御大慶殿，群臣朝賀。詔大臣、百執、監司、將帥、守令同心叶力，以圖實政。高定子兼權參知政事。癸未，起居郎兼秘書監項容孫言：「迺者求言，願如建隆故事，集官參詳，書於方册，關君德者上之禁中，關時政者置之都省，關民事者頒之郡國。」詔令類送後省看詳來上。癸巳，以湖南安撫司奏東安寇平，詔永州通判鄧均進一秩，餘官補轉贈恤及官其子各有差。甲午，詔開府儀同三司、嗣榮王與芮恩數視嗣秀王師彌。丙午，以吕文德爲福州觀察使、侍衛馬軍副都指揮使，總統兩淮出戰軍馬捍邊面。

二月戊申朔，詔禮部貢舉。己酉，詔淮西提舉制司參謀官趙希瀞、淮西總管聶斌等各進一秩。以淮東西制置司言其兩淮戰守之勞也。丙辰，雪。皇女進封延昌公主。甲子，詔進安豐軍守臣王福二秩，廬州路鈐轄吴仁等一秩。旌修築城壁之勞也。

三月丁丑，日有食之。庚寅，同簽書樞密院事杜範乞歸田里。詔不許。丁酉，詔進池州都統制何舜臣一秩。旌部領舟師策應通、泰之勞也。辛丑，詔知招信軍趙東奪三秩，罷。以淮東制司言其撫馭失宜也。

四月癸丑，以左武衛中郎將時暫濠州同共措置扞禦王烈、閤門宣贊舍人兼淮西路鈐王杰〔六〇〕、閤門祗候前江東路鈐李秀實往馬帥王鑑軍前議事〔六一〕，遇敵戰死〔六二〕，贈官有差，仍各官其二子。乙卯，詔進嘉定守臣程立之一官。以成都提刑宇文峒言其守城之勞也。丁巳，詔以經筵進講尚書終篇，講讀、説書、修注官各進一秩。甲戌，殿中侍御史項容孫言：「前嚴州太守李彌高、趙與汶侵取酒息〔八三〕，獨衛湜一無所私。」有旨：「奬廉黜貪，今日先務。彌高、與汶各奪官二秩，湜進職二等。」甲申，以御前軍器所隸於軍器監。丙戌，詔贈閤門宣贊舍人楊大全武節大夫、眉州防禦使，仍官其二子。以四川制司言其力戰而死也。

六月丙午朔。庚戌，大理少卿蔡仲龍言：「創建小學，須早爲權宜之計，以繫天下之心。」又奏：「本朝用刑平恕，而未享繼嗣之慶，意者宦官太多。仁宗嘉祐中詔内臣權罷進養子。乞取法行之。」戊午，資政殿學士、知温州趙與懽乞廢併諸寨，增置鎮海寨兵以備倉猝。從之。戊辰，太白晝見。庚午，大理寺鞫前嘉定知縣旨枹、尉趙與夰等贓狀，獄成，旨枹、與夰除名勒停，枹一千里羈管，與夰五百里居住。甲戌，録行在繫囚。流星出氐，大如太白。令知濠州兼淮西提刑徐敏子經理亳州。

七月甲申，詔進無爲軍守臣戴埴一秩。以沿江制置使杜杲言其守邊固圉之功也。丁亥，太白入井。癸巳，詔摘京湖沿江制司兵置殿司策應軍，屯京口。

八月辛亥，詔户部申嚴州縣納苗多取之禁。戊午，令福建安撫司照沿海例，團結福泉漳興化民船，以備分番遣戍。從帥臣項寅孫請也。癸亥，又以寅孫言，併福州延祥、荻蘆二寨，置武濟水軍，摘本州厢禁習水者補充凡一千五百人。庚午，詔申嚴胄闈泛牒之禁。壬申，詔申嚴郡國社倉科配之禁。景獻太子府乞改講尚書。從之。莊文太子府乞改講春秋。從之。

九月丁未，工部郎官兼樞密院編修官趙希瀞對，言：「安豐、廬、濠風寒最甚，三州安則淮甸無虞，江面奠枕。」上曰：「安豐最緊。」希瀞云：「欲固安豐，須復壽春。」上然之。命淮東西總所餉軍券錢並給芝楮四分。以制臣李曾伯言楮賤卒貧故也。癸未，從京湖制置大使孟珙之請，令淮東制置使李曾伯蠲高郵軍及其屬部州縣創收牛租。

十月甲午，先是，知婺州陳康熙奏事〔六四〕，乞舉嚴父配天之典。久未決。將作少監韓祥進講復言之。至是，禮寺議，乞恭奉寧宗陞陪太祖、太宗，將來明堂三后並侑，旨令條具一行禮制以聞。

十一月乙巳，日南至，御大慶殿，群臣朝賀。詔直寶文閣王定素履平實，直顯謨閣葉武子雅志恬退，皆掛冠日久，年德俱高，其以定爲祕閣修撰、武子直龍圖閣。乙卯，令潮州守臣節制摧鋒軍，分屯軍馬。己未，蠲大理寺、三衙、臨安府縣點檢贍軍犒賞酒庫所贓賞錢。令廣東提刑節制韶州摧鋒軍。壬戌，雪。給行在諸軍錢，出戍者倍之。

甲子，樞密院編修官兼權都官郎官何式進對，言蜀事。上曰：「正好乘暇作工夫。」又問曰：「今潰劫如何？」式言：「須用東南軍陰制蜀軍。」上是之。詔以雪寒，出封樁庫十八界楮幣二十萬賑臨安細民。

十二月丁丑，以沿江制置副使司言，所管屯田穀麥增收，官屬文慶洪以下推賞有差〔六五〕。丙申，以嚴寒，再給諸軍薪炭錢。辛丑，樞密院言侍衛馬軍副都指揮使〔六六〕、總制兩淮出戰軍馬吕文德等汴濠膠淄勞績，有旨文德進秩四等，餘補轉有差。

甲辰淳祐四年正月壬寅朔，御大慶殿，群臣朝賀。詔曰：「朕惟晉羊祜之禦邊，綏懷遠近，開布大信，得江漢之心，境外刈糧獵獸悉皆償所侵獲。朕甚嘉之。間者，頗聞邊將貪小利以爲功，甚者殺越人於貨〔六七〕，豈朕兼愛赤子之意哉。今上天助順，敵兵乖離〔六八〕，正當廣恩信以繫人心，厚根本以俟機會。咨爾專閫之臣、分麾總戎之將，繼自今必安集流民，俾得復舊，招收逋將，俾得自新，毋擅興〔六九〕，毋殺無辜，使中原遺黎聞之，舉欣欣然有更生之望。宜昭德意，濟我修攘，爾亦有無窮之聞。」

龜鑑曰：兵擇所養，則挾纊而士氣伸；兵强其備，則投醪而軍心一〔七〇〕，此非得邊防之大計歟。兵法莫難於用將，而亦莫難於馭將。書兵法以賜諸閫，正欲厲將帥之忠勇也。蓋以孝宗志在規恢，虎臣王彦討論孫武兵法，付之閫事，使將士皆曉暢古今成敗之機。帝則即成書而分賜諸閫，而諸閫各厲乃心，莫不知上有孝宗規恢之志，舉羊祜大信以戒邊臣，正欲以懲士卒之貪暴也。蓋晉人得羊祜善禦邊，綏懷遠近；得江漢心，境外割糧獵獸之事悉皆償之，帝則嘉尚其事，取之而戒飭將士。而將士聞斯言者，悉得以自新，而毋擅興暴殺之事，莫不知慕羊祜禦邊之善。此馭將之道也。

御製訓廉謹刑二銘戒飭中外，曰：「周典六計，吏治條陳，以廉爲本，乃良而循。彼肆貪虐，與豺虎均，肥於其家，多瘠吾民，縱逭於法，愧其冠紳。貨悖而入，災及後人。我朝忠厚，黜貪爲仁，咨爾群辟，是訓是遵。」又曰：「民吾同胞，疾痛猶己，報虐以威，刑非得已。仰惟祖宗，若保赤子，明謹庶獄，惻怛温旨。金科玉條，毫析銖累。夫何大吏，蔑棄法理，逮於郡邑〔七〕，濫用笞箠。典聽朕言，式克欽止。」

謚議曰：宋之得天下也，以仁。孰增而高，孰浚而深。銘謹刑、銘訓廉、論仁厚，皆仁言之發也。下明詔以戢貪吏，立良法以蠲斛面，因赦令以減田租，改官親民者必使書字民箴於歷首，以示鑒戒，皆仁政之施也。

以李鳴復參知政事，杜範同知樞密院事，以權刑部尚書兼給事中劉伯正爲端明殿學士、簽書樞密院事。庚戌，内小學孟𤩽、孟茱並特補太子右内率府副率。丁巳，侍御史劉晉之、右正言王瓚、監察御史趙倫吕午言李鳴復，罷，以資政殿大學士知福州。杜範罷，以資政殿學士知婺州。己未，朝獻景靈宮。以劉伯正兼權參知政事。尋兼同提舉編修敕令。丙寅，以吏部尚書兼給事中金淵知貢舉，吏部侍郎兼中書舍人濮斗南、禮部侍郎兼直學士院鄭起潛同知，侍御史劉晉之監試。

二月壬申朔，御筆：「朕妙簡儒英，俾司文柄，冀得髦俊，以亮天工，學術必究其淵源，毋以涉獵爲能，詞章必主於典實，毋以浮靡爲尚，毋滋蹈襲，毋取雷同。昔人典貢，多能以程文占器識，卿等其精意考校〔七二〕，以副朕側席之意。」付金淵以下。癸酉，出封椿庫十七界楮幣各十萬，付京湖、四川、兩淮制置司，收瘞頻年交兵遺骸。壬午，采石水軍統制關寶、太平州防江軍統轄陳致各進一秩，餘推賞有差。旌其造戰船軍器之勞也。乙酉，始雷。丁酉，壽昌飛虎軍統制鄭大成追三官。以其出戍涪州不至，以致棄城故也。

三月壬寅，詔以杜範辭免新除，依舊職提舉臨安府洞霄宮。甲寅，經筵進講論語終篇。己未，賜宰執、講讀侍立官燕于祕書省，仍進講讀侍立官一秩。以吏部尚書兼給事中金淵爲端明殿學士、同簽書樞密院事。尋差同提舉編修經武要略。

四月，流星大如太白，出尾距昴。壬午，詔兩浙漕司下屬部郡邑，將今年夏稅折帛之半，令民間以楮幣準錢供輸。詔壽春受圍將士勤勞，各補轉三官資。出封椿庫十七界楮幣百萬給犒，俟圍解日，仍與優賞。又令江東漕司撥寄樁十七界楮幣二十萬，犒安豐策應將士。丁亥，以淮東制司言權總管王德等隨王鑑撫定山城有勞〔七三〕，詔進德二秩，餘補轉給犒有差。

五月乙巳，以淮東制臣言副總管兼知海州周岊、左武衛大將軍湯孝信直擣山東膠密之功，並於遥郡上進一秩。庚戌，詔知瀘州曹致大帶行遥郡刺史。以四川制臣余玠言其包砌神臂山城之功也。壬子，詔浙西兵鈐、鎮江府駐劄殿司策應軍軍統制萬選進一秩，制領將佐徐勝等補轉、減年有差。以沿江制置副使司言其招遊擊軍之勞也。乙卯，詔以權吏部侍郎兼國子祭酒項容孫、權兵部侍郎兼直學士院曾宏迪、殿中侍御史王瓚爲殿試詳定官。丙辰，御集英殿策進士。丁巳，御後殿閱武舉進士射。戊午，以吕文德解圍壽春，令赴密院稟議。又詔江東漕司撥寄樁十七界楮幣百萬，付淮東西制置司犒水陸應援立功將士。癸亥，以鄒應龍薨，特輟視朝一日。尋贈少保。

六月庚午朔，以余玠言沔州都統制、權遂寧府雲拱因成都之擾，殺奪民財，襲劫龍〔七四〕、石泉郡印，權知潼川府張涓馭軍無紀，殺掠平民，詔並追毁、勒停，拱竄瓊州，涓昭州。以吕文德兼淮西招撫使兼知濠州，節制濠、豐、壽、亳州軍〔七五〕。癸酉，詔王福暫屯揚州，同共指置秋防。乙亥，御集英殿，賜進士留夢炎等敕，凡四百二十四人。丙子，賜特奏名進士魏汝賢等敕，凡六百二十一人。詔安豐軍策應解壽春圍將士補轉官資有差。又詔壽春受圍將士有全城卻敵之功，先立賞格，令淮東西制司從實保明，補轉。又以淮東制司言，先來海道立功將士亦補轉有差。丙戌，知樞密院事范鍾乞歸田里。詔不許。庚寅，御射殿，閱正奏名進士射。辛卯，閱特奏名進士射。

七月辛丑〔七六〕，分命刑部尚書、監察御史、卿監、郎官録臨安並屬縣、三衙兩廂繫囚。壬寅，詔夏皋叙復元官，令制司申辟差遣；羊洪帶行遥郡刺史，鄧淳、鍾實、邢得〔七七〕、高勝並帶行閤職，實添差淮西鈐轄。賞壽春解圍之功也。癸卯，初命監察御史一人監銓闈試〔七八〕。仍添差檢點雷同官一員。庚戌，詔知安吉州楊瑾奪一官罷。以監察御史胡清獻言其妄以平民爲盜，用刑失當也。壬子，詔其將來明堂大禮，恭奉寧宗皇帝升陪太祖皇帝、太宗皇帝，參配天地。詔沿淮失業强壯之人置武勝軍五千人。從淮西安撫副使王鑑請也。庚申，詔揚州精鋭軍統制李旺進二秩。以其整辦舟師解圍壽春也。甲子，詔項安世正學直節，先朝名儒，可特贈集英殿修撰。

八月癸未，詔户部申嚴州縣受租苛取之禁，令諸路漕臣察其違者劾之。

九月癸卯，右丞相史嵩之以父彌忠病告假，有旨范鍾、劉伯正時暫當筆。乙巳，史彌忠薨。丙午，制起復史嵩之。太學生黄愷伯、金九萬、孫翼鳳等百四十四人上書曰：

「臣等恭睹御筆，起復右丞相史嵩之，令學士院擇日降制。臣等有以見陛下念時事之多艱，重大臣之去也。臣等竊謂，君親等天地，忠孝無古今，事親孝故忠可移於君，自古求忠臣必於孝子之門，未有不孝而可望其忠也。宰我問三年之喪於夫子，而曰期可已矣。其意欲以期年之近而易三年之喪。夫子曰：予之不仁也。子生三年然後免於父母之懷，夫三年之喪，天下之通喪也，予也有三年之愛於父母乎。夫宰予期年之請，夫子猶以不仁斥之，未聞有聞父母垂亡之病而不之問、聞父母已亡之訃而不之奔，有人心天理者固如是乎！是不特無三年之愛於其父母，且無一日之愛於其父母矣。宰予得罪於聖門，而若人者則又宰予之罪人也。此天地所不覆載，日月所不照臨，鬼神之所共殛，天下萬世公論之所共誅，其與禽獸相去不遠矣。且起復之説，聖經所無，而權宜變禮，衰世始有之。我朝大臣若富弼，一身佩社稷安危，進退繫天下重輕，所謂國家重臣、不可一日無者也。起復之詔凡五遣使，弼以金革變禮，不可用於平世，卒不從命。天下至今稱焉。至若鄭居中、王黼輩，頑忍無恥，固持禄位，甘心起復，絶滅天理，卒以釀成靖康之禍，往事可覆也。彼嵩之何人哉？心術曲邪，蹤迹詭祕，曩者開督府，以和議隳將士心，以厚貲竊宰相位，羅天下之小人爲之私黨，奪天下之利權歸之私室，蓄謀積累，險不可測，在朝廷一日則貽一日之禍，在朝廷一歲則貽一歲之憂，萬口一辭，惟恐其去之不亟也。嵩之亡父，以速嵩之之去，中外方以爲快，而陛下起復之命已下矣。陛下姑曰：大臣之去不可不留也。嵩之不能聞訃即行，乃徘徊數日，牽引姦邪，布置要地，彌縫貴戚，買囑貂璫〔七九〕，轉移上心，私求御筆〔八〇〕，必得起復之禮，然後徐徐引去。大臣居天子之下，位百官之上，佐天子以孝治天下者也。孝不行於大臣，是率天下而爲無父之國矣。鼎鐺尚有耳，嵩之豈不聞富公不受起復之事乎，而乃忍爲鄭居中、王黼輩之所爲耶。臣謹按古禮，親有疾飲藥，子先嘗之。嵩之於其父之病也，盍涕泣以告陛下曰：臣父年八十餘矣，恐朝夕不相見，矧陛下春秋鼎盛，臣事陛下之日長，而事父之日短，願陛下哀而賜之歸，使臣一見老父，終天何憾。陛下以孝教天下，未必不可其請也。今嵩之視父病如路人，方峨冠整佩洋洋入政事堂，鼎食談笑，無異平日。昔李密有言：臣無祖母無以至今日，祖母無臣無以終餘年，烏鳥私情，願乞終養。密之於祖母猶爾〔八一〕，嵩之於父獨不然乎。臣又按禮經，父母之喪，見星而行，見星而舍。嵩之於父之死也，盍號泣於昊天曰：某不孝，父病不及藥，是罪大矣。今又死不及殮，欲與俱殯不可得也，星馳奔赴，雖日行百里可也。今嵩之視父死如路人，方經營內引，搖尾乞憐，作飛鳥依人之態。又擺布私人，以爲去後之地，暨姦謀已遂，乃始從容就道，初不見其有憂戚之容也。晉顧和喪母，其君欲起之，和曰：古者固有釋衰絰從王事者，以其才足濟時也。如和不才，祇以傷孝道、壞風俗爾。時人高之。和在衰世，猶能盡其孝道以厲風俗，嵩之身爲台輔，曾一顧和之不若乎。且陛下所以起復嵩之者，爲其有折衝萬里之才歟〔六三〕？嵩之本無捍衛封疆之能，徒有劫制朝廷之術。彼國內亂，骨肉相殘，天使之也。嵩之貪天之功，以欺陛下，其意以爲三邊雲擾，非我不足以制彼也。殊不知敵情叵測，非嵩之之所能制，嵩之徒欲以制敵之名以制陛下爾。陛下所以起復嵩之者，謂其有經理財用之才歟？嵩之本無足國裕民之能，徒有私自豐殖之計。且國之利源，鹽策爲重，今鈔法屢更，利之歸於國者十無一二，而聚之於私帑者已無遺算。國家之土壤日削，而嵩之之田宅益廣。國家之帑藏日虛，而嵩之之囊橐日厚。陛下眷留嵩之，將以利吾國也，殊不知適以貽吾國無窮之害爾。嵩之敢於無忌憚而經營起復，爲有彌遠故智可以效尤，然彌遠所喪者，庶母也，嵩之所喪者父也，彌遠奔喪而後起復，嵩之起復之後而後奔喪，以彌遠貪黷固位猶有顧藉，丁艱於嘉定改元十一月之戊午，起復於次年五月之丙申，未有如嵩之匿喪罔上、殄滅天常如此其慘也。且嵩之之爲計亦姦矣，自入相以來，固知二親耄矣，爲有不測，旦夕以思，無一事不爲起復張本，當其父未死之前，已預爲必死之地。近畿總餉，本不乏人，而起復未卒哭之馬光祖，京口守臣豈無勝任，而起復未經喪之許堪，故里巷爲十七字之謠也，曰：『光祖做總領，許堪爲節制，丞相要起復，援例。』

夫以里巷之小民猶知其姦，陛下獨不知之乎。臺諫不敢言，臺諫，嵩之爪牙也；給舍不敢言，給舍，嵩之腹心也；侍從不敢言，侍從，嵩之肘腋也；執政不敢言，執政，嵩之羽翼也。嵩之當五内分裂之時，方且擢姦臣以司喉舌，謂其必無陽城毁麻之事也。植私黨以據要津，謂其必無惠卿反噬之虞也。自古大臣不出忠孝之門，席寵怙勢至於三世，未有不亡人之國者。漢之王氏、魏之司馬是也。史氏秉鈞，今三世矣。軍旅將校惟知有史氏，天下士大夫惟知有史氏，而陛下之左右前後，亦惟知有史氏，陛下之勢孤立於上，甚可懼也。天欲去之而陛下留之，堂堂中國，豈無君子。獨信一小人而不悟，是陛下欲藝祖三百年之天下，壞於史氏之手而後已。臣方涕泣裁書，適觀麻制有曰：趙普當乾德開創之初，勝非在紹興艱難之際，皆從變禮，迄定武功。夫擬人必於其倫，曾於姦深之嵩之而可與趙普諸賢同日語耶。趙普、勝非在相位也，忠肝貫日，一德享天，生靈倚之以爲命，宗社賴之以爲安。我太祖、高宗奪其孝思，俾之勉承王事，所以爲生靈宗社計也。嵩之自視器局何如勝非，且不能企其萬一，況可匹休趙普耶！臣愚所謂擢姦臣以司喉舌者，此其驗也。臣又讀麻制有曰：諜諗僨兵之聚〔八三〕，邊傳哨騎之馳，況秋高而馬肥，近冬寒而地凛。方嵩之虎踞相位之時，諱言邊事。通川失守，至逾月而後聞，壽春有警，至危急而後告。今圖起復，乃密諭詞臣，昌言邊警，張皇事勢，以恐陛下。蓋欲行其劫制之謀也。臣愚所謂擢姦臣以司喉舌者，又其驗也。竊觀嵩之自爲宰相，動欲守法，至於身乃跌蕩於禮法之外。五刑之屬三千，其罪莫大於不孝，若以法繩之，雖置之鈇鉞，猶不足謝天下，況復置諸巖。巖，具瞻之位，其何以訓天下後世耶。臣等於嵩之，本無宿怨私忿，所以争進闕下爲陛下言者，亦欲挈綱常於日月，重名教於泰山，使天下後世爲人臣、爲人子者死忠死孝，以全立身之大節而已。孟軻有言：學則三代共之，皆所以明人倫也。臣等久被教育，此而不言，則人倫掃地，將與嵩之胥爲夷矣。惟陛下幸裁。」己未，將作監徐元杰奏：「史嵩之起復，士論紛然，乞許其舉執政自代。」上曰：「起復之命，以邊事稍急爾。」元杰云：「學校之書不可泯。」上曰：「學校雖是正論，但言之太甚。」元杰云：「正論是國家元氣，今正論猶在學校，要當保養一綫之脉。」元杰又乞引去。上曰：「經筵正賴卿規益，以何事而引去。」乙丑，雷。

十月辛未，詔曰：「朕德弗類，無以格陰陽之和。迺秋冬之交，雷電交至，天威震動，咎證非虚，甚可畏也。今朕避正殿，減常膳，方將反觀内省，回皇天之怒，可不廣覽兼聽，盡群下之心。應中外臣寮各指陳闕失，毋有所隱，朕將親覽，博采忠讜，見之施行，以昭應天之實。」壬申，以范鍾參知政事，劉伯正簽書樞密院事。金淵乞罷，詔不許。以强再興添差成都府路馬步軍副總管兼知懷安軍，節制戍兵。甲戌，令慶元府守臣趙倫勉、史嵩之赴闕。己丑，出右諫議大夫劉晉之、殿中侍御史王瓚、監察御史龔基先胡清獻，除劉漢弼爲右司諫。上欲更新庶政，故有是命。庚寅，漢弼遷侍御史。壬辰，詔起杜範、游似提舉萬壽觀兼侍讀，自此群賢率被録用。甲午，詔：「臺諫耳目之寄，若稽舊章，悉由親擢。自今不許大臣薦進。」殿中侍御史鄭寀言：「宰相非百官比，豈容久虛。竊恐中書之地預没隄防〔八四〕，搢紳之徒各懷向背。」御筆：「詳卿所奏，雖切事情，進退大臣，豈容輕易。」侍御史劉漢弼言金淵尸位妨賢，罷政；馬光祖貪榮忘親，罷江西運判新命，勒令追服。又言臺諫彈擊論列乞非時入奏。從之。

十一月辛丑，詔趣游似、杜範赴闕。壬寅，召王伯大、趙以夫、徐鹿卿。癸卯，詔奪前禮部侍郎劉晉之一官，罷祠。以監察御史孫起予言其懷利志失也。乙巳，以劉漢弼言，罷主管侍衛步軍司公事王德明，以王福代之。丙午，以程公許爲起居郎兼直學士院。丁未，再趣游似、杜範供職。戊申，雷。庚戌，日南至，御大慶殿，群臣朝賀。召陳韡、李性傳。丁巳，以陳韡爲兵部尚書，李性傳權刑、禮部尚書兼給事中〔八五〕，王伯大權吏部侍郎兼中書舍人，趙以夫權刑部侍郎。戊午，以禱雪，出封樁庫十八界楮幣二十萬，賑臨安細民，犒三衙諸軍亦如之。庚申，詔釋大理寺、三衙、臨安府並兩浙路州縣杖以下繫囚。辛酉，以雪寒，給諸軍錢。出戍者倍之。

十二月庚午，以范鍾爲左丞相，杜範爲右丞相，並帶樞密使，游似知樞密院事兼參知政事，劉伯正參知政事〔八六〕。壬申，以趙葵同知樞密院事。癸酉，詔曰：「蓋聞以公滅私，周王所以治官，後義先利，軻書所以垂戒。朕望道未見，閔時多艱，與予共治之。臣錮於謀身之習，有官守者以謀身而失其守，有言責者以謀身而失其言，各懷患得患失之私，安有立政立事之志。致天工之多曠，宜國步之未夷。今朕躬攬權綱，首嚴訓迪。凡聯事而合治，各滌慮以洗心。毋懷私恩，毋萌私念，毋植私計，毋締私交。三事暨，大夫則以朝廷未尊爲己愆、士氣未振爲己恥，守令以民俗未裕爲己責，將帥以邊疆未謐爲己憂。主爾忘身，國爾忘家，以共圖内安外寧之效，則予汝嘉。其或不恭，邦有常憲，非我一人以薄待下，乃惟爾自速辜。欽哉，毋替朕命。」上一新吏治，故有是詔。

校　證

〔一〕慶元府　李校：原作「應元府」，據寶慶四明志卷一守臣題名改。汪按：再造本作「慶元府」不誤，可作校改依據。文海本作「應元府」，同誤。

〔二〕來遠人　「來」原作「求」，據再造本、文海本校改。

〔三〕奏云　李校：原作「云奏」，據文意改。汪按：再造本、文海本均作「云奏」，然李校是，今從之。

〔四〕隄防　再造本、文海本均作「防拓」。

〔五〕捍淮西　三字原脱，據再造本、文海本補。

〔六〕有　原誤「春」，文海本同，五月不當言「春」，據再造本校改。

〔七〕奏乞　再造本、文海本均作「再乞」，作「再乞」似是。

〔八〕六月　李校：二字原闕，據宋史理宗紀二補。汪按：再造本、文海本均脱，李補是，今從之。

〔九〕常所不原　「常」原作「當」，據再造本、文海本校改。

〔一〇〕棄國諸兵　再造本、文海本均作「葉國諸酋」，「葉」當爲「蒙」之訛，宋史卷四二理宗紀作「大元兵」可證。

〔一一〕八月　李校：二字原闕，據宋史理宗紀二補。汪按：再造本、文海本均脱，李補是，今從之。

〔一二〕李校：自本句至「措置奏聞」凡一百三字，其年月標注及内容均與上下文意無法貫通，疑爲衍入之文。汪按：這段文字再造本、文海本均有。自本句至「養成德器」，在本書本卷淳祐二年六月丁巳條重出，又「詔小學開講」在本書本卷淳祐二年八月辛未條重出（個別字有出入），故此二則文字或係衍文，或原係注文。自「庚午」至「措置奏聞」則較大可能是本卷九月條的原文，既非衍文亦非注文。

〔一三〕講讀　再造本、文海本均作「進讀」。

〔一四〕時　原作「朕」，文海本同，據再造本、許應龍東澗集卷一嘉平朔日蝕星聚避朝損膳廣宥多辟降詔校改。

〔一五〕裁成　「裁」，原作「財」，再造本、文海本均同，作「財」句不通，據東澗集卷一嘉平朔日蝕星聚避朝損膳廣宥多辟降詔校改。

〔一六〕圖維　再造本、文海本均作「圖回」。

〔一七〕游似　本書「游似」、「游侶」互出，現依宋史卷四一七游似傳統一作「游似」，下不復出校。

〔一八〕團田　文海本同，再造本作「圍田」。似作「圍田」是。

〔一九〕洪業　再造本、文海本均同，潛説友咸淳臨安志卷一二行在所録貢院「御札御製石刻」作「鴻業」。

〔二〇〕以禆　再造本、文海本均同，咸淳臨安志卷一二行在所録貢院「御札御製石刻」作「禆補」。

〔二一〕會以　再造本、文海本均作「會稡」。

〔二二〕待制　原作「侍制」，據再造本、文海本校改。

〔二三〕贈　原作「賞」，據再造本、文海本校改。

〔二四〕蒙韃　原作「蒙古」，據再造本、文海本回改。

〔二五〕畏敵　「敵」，再造本爲空鉛，文海本作「虜」。

〔二六〕時哽　宋史卷四二理宗紀同，再造本、文海本均作「時硬」。

〔二七〕千百　文海本同，再造本作「五百」，似作「五百」是。

〔二八〕董堯臣　「堯」，再造本、文海本、宋史卷四二理宗紀均作「垚」。

〔二九〕鼓帥　再造本、文海本均作「賈帥」。

〔三〇〕寇攘　文海本同，「寇」，再造本爲空鉛。

〔三一〕蠻貊　原作「蠻陌」，據再造本、文海本校改。

〔三二〕放行　原作「故行」，文海本同，據再造本校改。

〔三三〕闕政　原作「時政」，據再造本、文海本校改。

〔三四〕遽轉　再造本、文海本均作「喝轉」。

〔三五〕五月己亥朔　李校：按：前文已言「五月丁丑」，茲文云「五月己亥朔」，此必有誤。然以「丁丑」下推，五月確有「己亥」日，唯不是朔日，疑「朔」字衍。汪按：李校似可成一說。

〔三六〕濡　李校：原作「儒」，誤。按，「濡須」即宋之無爲軍，與和州相接。茲改正。汪按：再造本、文海本均作「濡」，應作校改依據。

〔三七〕三百道　「道」，原作「通」，祠牒稱道不稱通，據再造本、文海本校改。

〔三八〕敵　「敵」，再造本爲空鉛，文海本作「虜」。

〔三九〕咎徵　再造本、文海本均作「咎證」。

〔四〇〕余　再造本、文海本均作「予」。

〔四一〕漣水軍　「漣」原誤「連」，據宋史卷八八地理志淮南東路校改，另本書卷三四有「左武大夫福州觀察使知漣水軍蕭均」，可爲佐證。

〔四二〕吴甲　李校改「吴甲」爲「吴申」，謂：原作「吴甲」，據宋史理宗紀二改。汪按：再造本、文海本均作「吴甲」。佚名南宋館閣續録卷七官聯載吴甲情況，李校證據不足，今不從。

〔四三〕感惻　再造本、文海本均作「感惻」。

〔四四〕一應　再造本、文海本均無「一」字，似衍。

〔四五〕敵　再造本爲空鉛，文海本作「虜」。

〔四六〕泝淮　「泝」，原作「沂」，據再造本、文海本校改。

〔四七〕寇　再造本爲空鉛，文海本作「虜」。

〔四八〕十七界　原作「十八界」，再造本、文海本同。據宋史卷四二理宗紀校改。

〔四九〕周惇頤　再造本、文海本均無「惇」字，應爲避宋諱，四庫本「惇」應爲新加。

〔五〇〕純　再造本、文海本均同，咸淳臨安志卷一二行在所録貢院「御札御製石刻」作「醇」。

〔五一〕新美　再造本、文海本均同，咸淳臨安志卷一二行在所録貢院「御札御製石刻」作「期美」。

〔五二〕取應宗子第一名　「第」原作「弟」，再造本、文海本均同，本書「弟」、「第」常混用。此宜用「第」，故校改。參卷三二紹定五年四月壬子條校。

〔五三〕少師保寧軍節度使　原作「少保奉國軍節度使」，據再造本、文海本校改。又東澗集卷一少師保寧軍節度使判大宗正事嗣秀王師彌乞解職畀祠不允詔可爲佐證。

〔五四〕盜賣會低　「會低」不文，再造本、文海本均同，疑爲「會紙」之形近訛。南宋禁私人販賣會子用紙。

〔五五〕范應鈴　李校：原作「范應齡」，據宋史卷四一〇本傳改。汪按：再造本、文海本亦作「范應齡」，李校是，今從之。下文「應齡」順改。

〔五六〕寇　「寇」，再造本爲空鉛。文海本作「虜」。

〔五七〕胡運　原作「彼運」，據再造本、文海本回改。

〔五八〕拯溺　原作「拯弱」，文海本後一字模糊不辨，據再造本校改。

〔五九〕子孫黎庶　再造本、文海本均無「孫」字。

〔六〇〕路鈐　此「路鈐」與下文「江東路鈐」之「路鈐」，原均作「鈐轄」，據再造本、文海本、宋史卷四二理宗紀校改。

〔六一〕江東路鈐李秀實往馬帥王鑑軍前　「李秀實」，再造本、文海本均同，宋史卷四二理宗紀作「李季實」。「馬帥」，原作「馬師」，文海本同，據再造本、宋史卷四二理宗紀校改。

〔六二〕「敵」　再造本爲空鉛，文海本作「虜」。

〔六三〕趙與汶　李校：原作「趙與文」，據下文改。按：景定嚴州續志卷二守臣題名作「趙與汶」。

汪按：再造本、文海本均作「趙與汶」，應作校改依據。

〔六四〕陳康熙　李校：金華府志卷一一守臣題名作「陳庸熙」。汪按：本書卷三二載端平三年六月戊申知婺州陳庸熙言配享事，可參。再造本、文海本均作「陳康熙」，清浙江通志卷一一五職官載宋代知婺州者也作「陳康熙」。

〔六五〕文慶洪　文海本同，再造本作「艾慶洪」。

〔六六〕侍衛馬軍　「侍」原誤「待」，文海本同，據再造本校改。

〔六七〕殺越人於貨　「於」原誤作「以」，「殺越人於貨」爲當時成語，據再造本校改。

〔六八〕敵兵　二字再造本爲空鉛，文海本作「敵虜」。

〔六九〕毋擅興　李校於「興」後加「暴」字，謂：原脱「暴」字，據此段所附龜鑑補。汪按：李校理由不能成立，再造本、文海本均無「暴」字，今不從李校。

〔七〇〕投醪　原作「投袂」，據再造本、文海本校改。

〔七一〕郡邑　原作「都邑」，據再造本、文海本、周應合景定建康志卷四留都録御製御書、咸淳臨安志卷四行在所録、王應麟玉海卷三一聖文淳祐訓廉謹刑銘校改。

〔七二〕考校　再造本、文海本均同，咸淳臨安志卷一二行在所録貢院「御札御製石刻」作「考拔」。

〔七三〕權總管　「權」原作「榷」，再造本、文海本同，宋無「榷總管」官職，宋代文獻中「榷」、「權」因形近而致誤較多見，故據文意校改。

〔七四〕龍　李校在「龍」後加「州」，謂：原脱「州」字，據文意補。汪按：再造本、文海本均無「州」字，李校理由不充分，今不從。

〔七五〕李校改「豐」爲「安豐」，謂：原脱「安」字，據宋史理宗紀三補。汪按：再造本、文海本均無「安」字，李校理由不充分，下文及當時其他文獻頗有以「豐」代指「安豐」者，今不從。

〔七六〕七月　李校：原作「十月」，據文意補。汪按：再造本作「七月」不誤，應作校改依據。文海本亦誤作「十月」。

〔七七〕邢得　文海本同，再造本作「邢德」。

〔七八〕銓闈　原作「鈐闈」，「銓闈」乃南宋慣用術語，「鈐闈」則不文，文海本字模糊，據再造本校改。

〔七九〕買囑貂璫　原作「賈鬻中璫」，再造本作「買囑貂璫」，據文海本、宋季三朝政要卷二校改。

〔八〇〕私求　再造本、文海本、宋季三朝政要卷二均作「衷私」。

〔八一〕祖母　「母」字原脱，再造本作「祖父」，紅筆改「父」爲「母」，據文海本、宋季三朝政要卷二補。

〔八二〕其　此字原脱，據再造本、文海本、宋季三朝政要卷二補。

〔八三〕債兵　再造本、文海本均作「慣兵」，宋季三朝政要卷二、明馮琦、陳邦瞻宋史紀事本末卷二五史嵩之起復均作「憤兵」。

〔八四〕 隄防 再造本、文海本均作「猜防」。

〔八五〕 李性傳權刑禮部尚書 再造本、文海本均同，宋史卷四一九李性傳傳作「權禮部尚書」，無「刑」字，疑是。

〔八六〕 游似知樞密院事兼參知政事劉伯正參知政事 再造本、文海本均同，宋史卷四三理宗紀作：「游似知樞密院事，劉伯正參知政事兼簽書樞密院事」。

宋史全文卷三十四

宋理宗四

乙巳淳祐五年正月丁酉朔，御大慶殿，群臣朝賀，詔：「國家以仁立國，其待士大夫尤過於厚，臺諫乃因得言而釋私憾，摭細微而遺巨奸，遷謫降黜，或出非辜。其令三省將見在謫籍人斟酌放令自便，追奪停罷亦與酌情牽復。其貪酷害民、公議弗容者不拘此旨。」上更新庶政，恐人才淹屈，故有是詔。又詔：「邊將興師，河南之境鋒鏑所接，寧免瘡痍。中原遺民，皆祖宗赤子，朕甚痛之。自今邊臣各謹守封疆，毋先事首戎，益務綏懷，大布恩信，以副朕愛養南北之意。」己酉，雷。庚戌，御筆：「方春半月，雷發非時，朕心祗懼。當避殿、減膳，仍詔中外臣庶指陳闕失。」乙卯，劉伯正罷。以監察御史孫起予言其隱默充位也。詔以權禮部尚書兼給事中李性傳爲端明殿學士、簽書樞密院事兼參知政事、同提舉編修敕令及經武要略。辛酉，趙與懽加資政殿大學士。

二月戊辰，詔：「昨罷科糴，但令依時收買，毋得抑勒，用革吏奸〔一〕，使民樂輸。此後仰常切遵守，永毋科糴，違者以違制論。」甲戌，吕文德進三秩，羊洪進二秩。旌其五河捍禦功也〔二〕。壬辰，太白晝見經天。

三月庚子，以殿中侍御史鄭寀上進故事，施行彭大雅等罪〔三〕，仍降詔申警中外。詔曰：「時方多事，念未能蠲租減賦，而吏之不良，乃肆貪虐，或有前期預借，或抑配重催，或斛面取贏，或厚價抑納，朘毒吾民，朕深憫焉。可令監司常切覺察，務蘇疾苦而銷愁歎。倘隱而不問，公論所指，必罰無赦。」甲辰，右曹郎中吴子良進對，言鹽、楮事。上曰：「鹽、楮是今日急務。」子良云：「舊相行官販，商賈坐廢。近日罷官販還客販，然尚恐貼納太多，商賈未便。願與大臣熟議之。」出十七界楮幣百萬，下淮東犒水陸戰守諸軍。壬子，禁淫祀。癸丑，殿中侍御史鄭寀乞括淳祐初所創糴本鹽，可以資糴，又省造楮。從之。丁巳，刑部侍郎趙以夫見，言國本事。上曰：「此事實不可緩。」以夫云：「臣編類仁宗、高宗兩朝定儲本末，具載諸臣諫疏及舉行次第，庶幾成憲昭然，可以早定大計。」已未，駕部郎官江萬里對，言端平更新，因及元祐更役法事。上曰：「只因太驟了。」萬里云：「君子只知有是非，不知有利害。」上曰：「元祐君子，亦自相攻。」萬里云：「此小人所以得乘間而入。今收召未多，恐元氣不壯，無以勝邪氣，全在陛下把捉耳。前者端平把捉不定，改更不過，如紹聖第二番把捉不定，更無復新之日矣。」上首肯。萬里又言：「二相退遜太過，中外皆無精采。」上復肯之。辛酉，詔陳畏、葉武子年高德粹，靜退可嘉〔四〕，其以畏爲集英殿修撰，武子秘閣修撰。以劉伯正爲資政殿學士〔五〕、提舉臨安府洞霄宮。癸亥，御後殿引見吏部奏舉改官二十一人。權吏部侍郎王伯大奏事，言及嵩之獨相時，鄭起潛、濮斗南專失人心。上曰：「數人做盡刻薄事。」伯大又言國本。上曰：「朕置小學，正是爲此。」伯大乞早定大計，以慰天下之心。

四月己卯，詔以今年九月有事於明堂。癸未，以吕文德爲樞密副都承旨，依舊淮西招撫使、知濠州。甲申，鎮星犯太微垣上相星。丙戌，詔劉虎、蕭均、趙邦求、夏皋各進一秩。賞清河、漣、泗、招信捍禦之勞也。詔吕文德依舊節制濠、豐、壽、宿、亳等郡軍馬。詔以杜範爲觀文殿學士、光禄大夫致仕。丁亥，以杜範薨，輟視朝二日。尋贈少傅。戊子，詔李曾伯、余玠、董槐、孟珙、王鑑職事修舉，加曾伯天章閣直學士〔六〕，槐進秩，珙、鑑進二秩，並因其任。

五月丁未，趙葵言：「諸沙江防極爲疏陋，乞下沿江制司及副司、湖南江西帥司、湖廣總所、兩浙漕司、許浦水軍司共造輕捷戰船一千隻〔七〕。創遊擊軍强壯三萬人，分布新船，以備緩急。」從之。詔：「太常少卿王萬立朝謇諤，古之遺直，爲郡廉平，古之遺清，家貧母老，朕甚念之。特贈集英殿修撰〔八〕，仍撥賜官田五百畝、封椿庫十八界楮幣五千貫以贍其家。」丁巳，詔知鎮江府許堪職事修舉，進一秩。庚申，詔特賜杜範謚曰清獻。

六月丙寅，以闕雨，詔決中外繫囚，杖以下釋之。命臨安府守臣禱雨於天竺、霍山。甲申，左司諫謝方叔乞早定國本，仍録仁宗朝司馬光、范鎮建議始末以進。上嘉納之。以兵部侍郎徐元傑暴卒〔九〕，置獄。丙戌，徐元傑特增四官〔一〇〕。

七月癸巳朔，日有食之。甲午，御筆：「屬茲閔雨之時，乃遇日食之異，天變示儆，惕然靡寧。朕當避殿、減膳，以答譴告。凡爾近臣，更宜竭忠以輔不逮。」辛丑，以湯中言常、潤大旱，恐流民不安，令監司郡守措置儲畜，明示振恤之意，沿江諸郡亦如之。命有司舉行寬恤十事。甲辰，以禱雨，奏告天地、宗廟、社稷、宫觀。乙巳，出封樁庫十八界楮幣二十萬賑臨安細民，給散三衙諸軍亦如之。戊申，命從臣日一人禱雨於天竺山。己酉，詔劉伯玉、金淵落職罷祠〔一一〕。行監察御史劉應起之言也。庚戌，進鄭清之爲少傅。乙卯，詔：「徐元傑鳴陽之鳳，劉漢弼觸邪之豸。天不憖遺，奪我忠臣。漢弼母老，元傑子弱，一貧皆同，朕甚憫之。可各賜官田五百畝、新楮五千緡，以見懷賢不已之意。」

龜鑑曰：或撥田楮以旌遺直，或賜田畝以厲忠臣，或賜筆札以諭臺諫，其導人使諫有如此者。

或康色以伸直言，或賜爵以旌序對，或增秩以表封章，其忘勢樂善有如此者。謂非得舜、禹達聽聽諫之盛心而何。

八月戊辰，以河南諸郡秦琳等八人連年在邊，戰守宣勞，各進一秩，添差淮東西兵職有差。詔求通天文曆筭之人。壬申，以范鍾爲明堂大禮使，游似禮儀使，趙葵儀仗使，李性傳鹵簿使，趙與懽橋道頓遞使。丙申，詔申嚴預借、重催、取贏、抑配之禁，令監司覺察，毋害吾民。

九月癸巳朔，詔濮斗南更降兩官，文虎、葉賁各降一官，項容孫落職、罷祠。以右正言鄭寀言其附麗權相也。己酉，朝獻景靈宮。庚戌，朝獻太廟。辛亥，大饗於明堂，奉太祖、太宗、寧宗，並大赦天下。

十月壬午，主管官告院莊同孫對進洪範五事箴。上曰：「五事當於敬字上用工夫。」讀至思箴，上曰：「五事以思爲本。」〔一二〕

十一月乙未，鄭清之乞歸田，詔不許。丙申，以皇叔祖、太保、保寧軍節度使〔一三〕、判大宗正事嗣秀王師彌職事修舉，進一秩。壬寅，詔更奪林光謙三秩，徙居衡州；奪袁立儒〔一四〕、宣璧、王至一秩，劉棫、施逢辰、劉鮒兩秩〔一五〕。以監察御史江萬里言其貪贓及依憑權門也。甲辰，范鍾請老，詔不許。以禮部尚書陳韡爲端明殿學士、同簽書樞密院事。尋差同提舉編修經武要略。

十二月壬戌朔，以祈雪，詔大理寺、三衙、臨安府、兩浙州軍並建康府繫囚杖以下釋之。丙寅，詔：「昨據太史奏，來歲元旦日有食之。方歲序之更端，值太陽之交蝕，凜然譴告，震於朕心。嘗觀祖宗盛時，或有此異，上下之間，益相儆懼。今宜講求實政，凡可以銷弭災異者，次第行之，毋爲具文，以稱朕祇畏天戒之意。」戊寅，詔：「太史奏，來歲正旦太陽當蝕，天示儆戒，不同他時，朕心惕焉，益思恐懼修省。自今月二十一日避正殿，減常膳，求直言，朝廷百司講求闕政，寬民力，恤軍旅，緩刑獄，問疾苦，輯流民，凡可以銷菑變者毋匿厥指，共圖應天之實。元旦百官免稱賀。」同日，又詔：「兵財繫乎國命，强兵之事，爾葵主之；裕財之計，爾韡理之；二相則總大綱而中持其衡，以共濟國事。」從監察御史江萬里之言也。己卯，以游似爲右丞相兼樞密使，李性傳同知樞密院事，鄭清之爲少師、奉國軍節度使，依前醴泉觀使兼侍讀，仍奉朝請，賜玉帶許服繫〔一六〕，賜第行在。資政殿大學士、提舉萬壽觀兼侍讀與懽換授皇兄、安德軍節度使、開府儀同三司、萬壽觀，仍奉朝請；皇弟、保康軍節度使嗣榮王貴謙、武康軍節度使嗣榮王與芮，並加少保。癸未，詔李性傳除職予郡。

丙午淳祐六年正月辛卯朔，日有食之。上不視朝。詔天基節紫宸殿上壽、集英殿大宴並免。辛卯朔〔一七〕，以陳韡言，置國用所，仍命趙與䈤爲提領官〔一八〕。辛丑，宰執以日食乞解機政。詔不許。甲辰，以群臣上表，請御正殿、復常膳，從之。辛亥，范鍾再乞解機政。不許。

二月辛酉朔，詔禮部貢舉。壬戌，金部郎官王佖對，言：「人主論相，當取其格心，不可取其阿意。」上然之。戊辰，范鍾再乞歸田。詔進三秩，除觀文殿大學士、醴泉觀使。辛未，以范鍾提舉洞霄宮，任便居住。從所乞也。壬申，雪。蠲大理寺、三衙、臨安府並屬縣點檢贍軍酒庫所臟賞錢。以雪寒，出封樁庫十八界楮幣十萬，給三衙諸軍。乙酉，宗正少卿張磻對，言治兵、理財當爲一事。上誦范鎮「財已竭而密院調兵無窮」之語，曰：「兵、財豈可分爲兩事。」磻又奏先朝蘇頌、傅堯俞皆不受宣諭事。上悚聽，然之曰〔一九〕：詔三衙諸軍月支銀並倍給。

四月辛酉，太白晝見。壬戌，月犯太白。戊寅，殿中侍御史謝方叔、左司諫湯中〔二〇〕，乞旌異朱熹門人胡安之〔二一〕、呂燾、蔡模，以勸後學。並詔補迪功郎、添差本州教授，仍令所屬給札録其著述，並訪以所欲言。甲申，詔曰：「朕臨朝願治，每念乏才，有意作成，既親書扁題，分賜諸學，並賜諸生束帛以示激勵。其令三學官於前廊長、諭及齋生中，公舉經明行修、氣節之士，別議旌賞。京學如之。」

閏四月乙未，以資政殿大學士徐榮叟薨，輟視朝一日。己酉，秘書丞王璞進對，言杜衍封還内降事。上曰：「朕嘗説與大臣聽其執奏矣。」庚戌，刑部侍郎兼中書門下省檢正諸房公事魏峻對，言：「人主震服天下曰斷而已。」上曰：「謀之欲同，斷之欲獨。若以大公至正行之，則斷在其中矣。」

五月庚申，詔賈似道任責措置淮西山寨城築。丙寅，吏部員外郎李昴英對〔三〕，言内小學事。上曰：「朕於小學之教甚留心。」昴英又言漢末宦官之禍。上曰：「固當防微杜漸。」庚午，詔：「學校明倫之地，諸生講明，不負教育。朕用嘉之。爰命有司，舉其高第，而合詞控免，陳義凜然。朕重違其本心，姑徇所請，以成其美。所有束帛不必控辭。」己卯，臣寮言〔三〕：「趙葵昨陳招兵造船買馬事，悉已施行。乞嚴飭閫臣，激勸將士，盡東南之長，用長江之險。」從之。甲申，詔權知高郵軍兼淮西提刑蕭逢辰進一秩。旌其買馬、修城、留意戰守也。詔決繫囚。

六月戊子朔，詔從事郎傅實之、迪功郎林公遇，並特改京秩，仍給札詢所欲言。以都省言其杜門樂道，搢紳高之也。壬辰，詔以秋闈在近，文弊未革。令監學及諸路郡學精加考校，崇實黜浮，以俟薦送。戊戌，著作佐郎兼權禮部郎官高斯得對，言奸邪有復出之憂。上曰：「必無此事。」斯得又言學校以小過觸霆威。上曰：「此本是小事，但不當率衆出見宰執。」斯得云：「學校固不爲無過，但恐奸人因此動摇局面，關係卻不細。」上然之。丙午，以禱雨，詔中外決繫囚，杖以下釋之。臣僚言：「旱勢可慮。乞分命臣僚遍禱群望，仍令有司疏決淹獄，及下諸路勸諭富家接濟細民，以弭盗賊。」從之。詔以淮東西制置司申五河、淮安、射陽湖立功將士劉全、路旻等補轉給犒有差。壬子，以陳韡參知政事兼同知樞密院事。

八月庚寅，起居郎兼權中書舍人暫兼權侍郎趙汝騰奏事，言北司專横。上曰：「近日已頗戢之矣。」汝騰又言不當調護言官。上曰：「近日少有調護者。」辛酉，月犯房。己酉，以太府少卿劉克莊文名久著，史學尤精，可特賜同進士出身，爲祕書少卿。尋兼國史院編修官、實録院檢討官。辛亥，校書郎兼樞密院編修官兼諸王宫教授蔡抗奏對，言正心事。上曰：「紀綱萬化，實出於心。」抗又言内降斜封之弊。上曰：「近日此等事卻少，若有違礙，已許大臣執奏矣。」抗又言宗社大計。上曰：「今内置小學，正是此意。祖宗朝亦是晚年方定。」抗言：「祖宗時定名號雖在晚年，而定計乃在一二十年之前。此事最怕因循。」上然之。

九月丙辰朔，祕書省正字林希逸對，乞信任給諫。上曰：「朕於臺諫給舍之言，無有不行。」希逸又乞早决大計，以慰人望。上開納之。丁巳，檢校少保、寧武軍節度使、京湖安撫制置大使、夔路策應大使兼江陵府孟珙薨〔二四〕，賜檢校少師。戊辰，以賈似道爲京湖制置使兼知江陵府兼夔路策應使，仍暫兼權沿江制置副使、湖廣總領。尋兼京湖屯田使。

〔十月〕庚寅，詔以皇弟、少保、武康軍節度使充萬壽觀使、嗣榮王與芮子孟啓爲貴州刺史，令入内學。又詔内小學宗子孟奎、孟蘇爲右千牛衛大將軍〔二五〕。尋令並赴朝參。壬子，榮王府講學乞改講禮記，景獻太子府乞改講毛詩，並從之。

十一月庚申〔二六〕，日南至，御大慶殿，群臣朝賀。詔：「昨令三學各舉經明行修、氣節之士，而諸生合辭控免，陳義甚高。其令在籍諸生並赴來年省試一次。臨安府學長、諭亦如之。以稱搜羅之意。」丁丑，以雪寒，出封樁庫楮幣賑臨安細民。辛巳，以前四川制置陳隆之殉國忘家，抗敵死難〔二七〕，可特贈徽猷閣待制，於合得延賞外更官其二子。癸未，以左武大夫、福州觀察使、知漣水軍蕭均久戍邊城，忠赤可嘉，進二秩。

十二月癸巳，詔侍從、臺諫各舉堪閫寄及餉事者，述其才器、勞績以聞。乙未，詔史嵩之依所乞，守本官職致仕。丙申，諸司糧料院章鑑對，言納諫事〔二八〕。上曰：「朕於臣僚論未嘗不見之施行。」鑑又言儲才。上曰：「人才須是養之於平時，臨事方得其用。」癸丑，御筆：「昨以史嵩之用舍未決，紛紛兩年，比既施行，朕意已白，士大夫可一志慮以就事功矣。二三大臣，其爲朕就實以用人材，而以振紀綱、飭邊備、通財用爲急。中外有位之士，亦務就實以舉職業，而以體國事、克己私、遂民生爲本。是任賢望治之意。若坐虚歲月，浮於事，則朕將誰用。可於元日降詔戒諭。」

丁未淳祐七年正月乙卯朔，御大慶殿，受朝賀，以將祈穀上帝，預行天基節上壽禮。詔皇姪孟啓特授宜州觀察使。建資善堂，於内小學置直講、贊讀二員。以年稚，權就王邸習訓。詔曰：「朕宵旰求治，有年於兹，若涉淵冰，未知攸濟。間者任用非人，不能秉禮懷義以輔朕，顧乃陷於匪彝，敗俗傷教，朋淫肆欺，群議坌涌，由朕不德，朕甚愧焉。天誘之衷，豁然大悟，亦既絀去其黨類，取其尤者屏之遐方，收召衆正，是崇是信。而史嵩之已俾致其事，以示朕決不復用之意，其於正邪忠佞之分，豈不明白。搢紳士大夫交奏迭諫，悃悃款款以陳於前，忠愛備至。抑朕聞正脉充、本根固，則外邪客氣始不能入於今之時。思所以爲自强之計，百爾執事，亦宜相戒，以實克去己私，以自公體國存心，謹乃身，率乃職，裕乃民，用輯寧我邦家。今以月正元日誕告於在位，尚祗若明訓。」丁卯，詔戒敕州軍縣鎮，不許因誕節賜宴多殺物命，一遵景祐三年詔書，仍刻石所在放生池。戊寅，詔淮浙發運司給米二萬石，濟建寧、邵武諸郡被水之民。以兵部尚書兼侍讀吴潛知貢舉，權兵部侍郎兼直學士院應𦈉〔二九〕、起居舍人兼國子司業黄自然同知，殿中侍御史周坦監試。

二月乙酉朔，御筆付吴潛以下：「崇雅黜浮，俾得士用。」庚寅，都省言：「淮安縣主簿周子鎔遭逆全之變〔二〇〕，陷北十有六年，數以外謀密聞邊閫〔二一〕，拔身來歸，志行可尚。」詔特改朝奉郎，與陞擢差遣。壬辰，詔十七、十八界會子更不立限，永遠行用。丙申，詔四川沿邊州縣官任滿日，轉循官資有差。從制臣請也。己亥，以貴妃賈氏薨，輟視朝二日。乙巳，詔翰林學士李韶屢疏請老，特授端明殿學士、提舉隆興府玉隆萬壽宫。丁未，詔令封樁下庫支十七界會子十二萬貫，付淮西安撫司造舭艖船。壬子，詔出封樁庫十八界會子五萬貫，付臨安府津遣三邊請學士人歸里〔二二〕。以所乞省試難從，故有是命。

三月甲子〔二三〕，知大宗正丞兼權金部郎官姚希得進對，奏：「李韶老成有德望，宜留奉内祠，侍經幄。」戊辰，詔李韶依舊端明殿學士、提舉萬壽觀兼侍讀。庚午，命從臣一人禱雨於天竺山。

四月庚寅，詔：「昨以理財分任，正欲責成，歲三易官〔二四〕，未見成效。檢正都司專務經理，詎宜付之悠悠。可諭朕意，使協力自公共濟國事。」辛卯，詔雨澤愆期，决中外繫囚，杖以下釋之。詔：「潭州縣令魏夢極棄邑避寇，司户參軍吴焱違帥臣指授，致攸縣令黄端卿輕舉而死，各鐫兩資。」丁酉，廣西經略司劾知廣州張公明貪暴不法。詔削官三等，南安軍居住。庚子，以刑部尚書王伯大爲端明殿學士、簽書樞密院事，翰林學士知制誥吴潛端明殿學士、同簽書樞密院事。

四月辛丑〔三五〕，以鄭清之爲太傅、右丞相兼樞密使，封越國公〔三六〕；游似罷相，爲觀文殿大學士、醴泉觀使兼侍讀，趙葵樞密使兼參知政事、督視江淮京西湖北軍馬，陳韡知樞密院事、湖南安撫大使。庚戌，以禱雨未應，詔録中外繫囚，並減一等，杖以下釋之。蠲大理寺、三衙、臨安府屬縣見監贓賞錢。壬子，廣西漕臣劾貴州守臣陳鑑迫脅考試官私取士人，壞科舉法。詔再鐫一秩勒致仕。

五月甲寅，詔武功郎、揚州寧淮軍統制張忠戍守浮山，手搏寇兵〔三七〕，俱死於水。特贈武略大夫，更官其一子。乙卯，以禱雨未應，詔諸路提刑司及州縣見拘罪囚非情理巨蠹者並釋之。丙辰，詔參部人因礙小節久淹逆旅者，令吏、兵部權與注授。己未，禱雨於天地、宗廟、社稷。戊辰，以遂寧府觀察支使趙希湄監試鬻舉，詔削一資。己巳，詔賜兩淮、京、蜀曾經兵入之地田税三年〔三八〕，其宿逋悉除之。壬申，吴潛兼權參知政事。乙亥，以權吏部侍郎兼中書舍人趙汝騰充殿試詳定官，權工部侍郎兼直學士院尤焴、左司郎中尹焕同詳定。丙子，御集英殿策進士。

六月癸巳，御集英殿，賜正奏名進士張淵微等及第、出身，凡五百二十七人。乙未，賜特奏名進士敕，凡七百五十人。丙申，詔曰：「朕德弗類，無以自媚於上下神祇。災變薦臻，以戒不治。迺者冬無霜雪，土膏弗滋，穡事方興，雨不時若，背春涉夏，漸成暵乾，農疇蓋有以種不入土聞者。其將何以格歲穰、續民食，並走群望，敬恭明神，非不吁嗟有求，嘉應罔答。至於庚伏，旱勢益張，切迹災異之來，端不虛發，朕不勝憂懼。其避正殿，減常膳，側身修省，匪曰具文。二三大臣盍相與盡忠竭力，圖所以銷變救災之宜。朕躬有過，及時政闕失，應中外文武臣僚暨於士民，皆得悉意指陳，毋有所諱。布告天下，咸體朕懷。」甲辰，出豐儲倉米三十萬石，以平糴價。己酉，詔：「旱勢日甚，恒於朕懷。變不虛生，厥有攸致。兩淮、襄、蜀嘗經賊入〔三九〕，江、閩內郡間因寇作，遺骸暴露，感傷和氣，令所屬州縣收瘞之。」詔京湖北路副總管王英，赤心歸順，進官二等。

七月甲寅，進士及第張淵微等言：「天久不雨，乞免瓊林錫宴禮。」上從之。丙辰，詔荆鄂都統司聽京湖制帥司節制，池州、建康府、鎮江都統司並聽沿江制司節制，許浦都統司仍聽平江府並浙西都大提舉兵船司節制，江州都統司改聽興國、蘄、黄、安慶四郡節制。從督視趙葵之請。己未，月入心。庚申，安慶守臣歐陽頤以改差輒之任，詔削官二等，令憲臣謝獻子領郡事。壬戌，御射殿，閱正奏名進士射。詔：「辭免除授，實爲繁文。除侍從、臺諫、給舍、兩省左右史以上許辭免，餘官不許。」癸亥，閱特奏名進士射。乙丑，吴潛罷，以端明殿學士知福州。丁卯，以别之傑爲參知政事，諫議大夫鄭宷爲端明殿學士、同簽書樞密院事。癸酉，詔賞浙東西、福建路監司州郡所申官士之家濟糴者，凡九人，補轉官資有差。

八月甲申，鄭宷罷。丙戌，詔令户部嚴革諸路州縣增收多量苗米之弊。辛卯，詔石鈞、陳大任、王方烈各鐫一秩。以誣平民爲重辟。謝思乂、張懋各進一秩。旌其平反之功。從湖北憲臣之請。己亥，以秋風已勁，邊備當嚴，浙右四郡密邇行都，魏村、福山、柴墟一帶宜預爲之備，詔守臣條具措置。辛丑，詔前通判彭州宇文景訥罵賊而死〔四〇〕，特贈官二等，仍與一子下州文學。壬寅，詔監司守臣宜亟講荒政以賑乏絶，税租有合蠲減者具實以聞。甲辰，以高定子薨，輟視朝一日，贈少保。

九月丙辰，詔命官該赦陳乞改正，不拘期限，今後赦條删去「限一年内」四字。從左司程元鳳之請也。丁巳，詔改尚書省提領鹽事所爲提領茶鹽所。甲戌，太傅、右丞相、越國公鄭清之奏，將回授太保一秩追贈四世祖詥。詔從之。

十月辛巳，太白晝見。詔荆湖副都統李得討桂東峒寇有功，進官一等。癸未，朝獻景靈宫。以嚴州旱，詔豐儲倉給米萬石賑糶。丙戌，京湖安撫司調兵平辰、沅蠻猺有功，總轄張謙、統制高天祐等賞賜有差。己酉，臣僚言：「格法日壞，天下視聽益不美。」因條陳添差、抽差[四一]、攝局、須入、奏辟、改任、薦舉、借補、曠職、匿過十弊，乞風示中外。從之。甲寅，以鎮江府旱，詔兩浙轉運司檢覈糴租七萬四千石有奇。

十二月壬午，以趙與懽爲端明殿學士、提領户部財用。庚寅，以近畿旱，詔正歲天基節大宴權免，其州郡錫宴務從省約，毋得科擾，以副朕敬天愛民之意。辛卯，以李鳴復薨，輟視朝一日。壬辰，詔程九方陷北十一年[四二]，脱身來歸，條陳邊地事宜[四三]，有益備禦，特補迪功郎。

戊申淳祐八年正月甲戌，嗣榮王與芮奏：「男孟啓蒙恩建資善堂，以私家未便，乞寬開講之期。」從之。丙子，太常寺言：「檢照中興禮書四孟朝獻景靈宮分三日行禮，自淳熙十五年後分作兩日。近年諸後殿多命宰執分詣。如遇車駕次日親臨，每位三上香、一跪奠，俯伏，興，再拜，得禮之宜。」詔依。丁丑，侍御史周坦言：「春秋釋奠，於先聖禮典至重。比年樂奏未終，徹俎紛紛，大不肅。目今乞令監祭官糾察以聞。」從之。

二月戊子，月生黃白暈。癸巳，雹。乙未，雷。辛丑，荆湖帥臣陳韡奏：「國家以火德王，於火德之祀合加欽崇。炎帝陵在衡州茶陵縣，廟久弗治，乞相度興修，以稱崇奉之意。」從之。丙午，周坦奏：「乞申明十七、十八界會子並永行用，以堅民信。左司趙汝堅請更造十九界，太傅黄洪請不用會子、停賣鹽鈔，狂言惑衆，乞正妄誕之罪。」詔各免所居官。丁未，監察御史陳垓奏：「乞宣諭輔臣，申飭吏部，未歷郡者不許爲郎，已爲郎者更迭補外。未歷縣者必令須入，已作縣者須及任滿，闕次必依先後，毋或改差。庶幾抑僥倖，以重名器。」從之。

[三月]（二月）甲寅〔四四〕，督視趙葵上將士泗州解圍之功。詔奇功特與補轉四官，其餘補轉有差。其淮西招撫司應援立功將士，並與比類推賞。己未，嗣榮王與芮奏：「男孟啓尚幼，乞就臣家訓習。」詔令權就王邸教導，所有資善堂禮例並依舊典。乙亥，陳垓言：「民命與國脉相維，獄訟不當、刑罰不中，則無以保斯民之命脉，尚何以保吾國之命脉。」因極言檢覆、決獄、疏決、推勘、拘鎖、刺環、奏裁、詳覆、重勘、追證十弊。從之。

四月戊寅朔，臣寮言：「兩界會子既永行用，宜立殿最之法，以爲稱提之助。」從之。己未，詔宜州觀察使孟啓用四月十五日就資善堂講。癸未，詔：「督視趙葵累奏結局，朕閔勞念功，深有勸歸之意。但北兵雖退，邊備當嚴，更宜勉留，以副隆委。」戊子，詔以今年九月有事於明堂。辛卯，權禮部侍郎兼國子祭酒徐鹿卿言：「生員李寧先飲酒爭競，見害市人，辱文教〔四五〕，玷士類，由臣誨飭無狀，乞行罷斥。」詔：「覽卿所陳，痛自引咎，此固師儒之責。但學校規矩玩弛，今當申嚴，宜自安職。」壬辰，詔：「今歲明堂，惟事神儀物、諸軍賞給悉循舊制，其乘輿服御、中外用度並從省約。令有司條具以聞。」甲午，以太常寺奏，請景靈宮行事日，乞更定後殿饗禮拜跪之數，詔：「朕祇承宗廟，何敢憚勞，可一依舊式。」乙未，朝獻景靈宮。丙申，亦如之。己亥，詔三省、樞密院、六部、寺監，各遵守自來條法，不得引援弊例，違當重罰。庚子，詔臨安守臣趙與𥲅充明堂大禮提點事務。

五月庚戌，以闕雨，詔録行在繫囚。壬戌，諸王宮大小學教授李桂高進對，言淮、蜀之險。上曰：「及此閒暇之時，當作規模備禦督視。」樞密使趙葵奏乞結局，詔候來春入奏。癸亥，詔：「趙葵視師於外，今已期年，忠力具宣，威聲綽著，既成卻敵之效，復宏預備之規。肯爲朕留，尤見體國。可無恩典少示襃崇！特進三秩，依前樞密院事兼知參知政事、督視江淮京湖軍馬兼知建康府、江東安撫使、行宮留守，仍加恩。」「御書學牌，接近廛市，非所以肅觀瞻、示崇教，可移揭中門。其外門及裏偏門出入之制，倣秘書省施行。」乙丑，詔陳韡出鎮南服，備殫忠勤，軍民安平，蠻猺綏輯。特進一秩，依前知樞密院事、湖南安撫大使兼知潭州，節制廣西。余玠除兵部尚書，依舊四川安撫制置使兼知重慶府，仍兼四川總領、夔路轉運使。賈似道除刑部尚書，依舊京湖安撫制置使兼知江陵府兼夔路策應使，仍兼湖廣總領。丘岳除兵部侍郎，依舊淮東安撫制置使兼知揚州，兼淮西制置使。吕文德除侍衛馬軍都指揮使，依前保康軍承宣使、右領衛上將軍、樞密院副都承旨兼知濠州。辛未，詔西湖北山護國寺後龍洞泉源澄深，靈異感格，可賜「護國龍祠」爲額，永充祈禱。

［六月］（八月）丁亥[四六]，詔督府官屬各特進一秩，令具名銜聞奏。詔知建昌軍南豐縣黄端亮奪官一等，放罷。以其增收苗賦科罰多私也[四七]。

［七月］辛亥，以王伯大爲參知政事，應繇同知樞密院事，給事中謝方叔爲端明殿學士、簽書樞密院事，吏部尚書史宅之爲端明殿學士、同簽書樞密院事，趙與簒資政殿學士，與執政恩例，提領户部財用，仍知臨安府。詔頒將士邢德等補轉，犒給有差。以淮西制臣言其克復正陽兩圃、攻劫蘄、濠二縣及解圍壽春之功也。丙寅，詔監都進奏院王疇削官二等。以臺臣言其爲田事所官操縱，作威交通爲市，誤國害民，故有是命。丁卯，太常議，故端明殿學士洪咨夔謚曰忠文。癸酉，詔王伯大除職予郡。以監察御史陳垓論之也。

八月甲申，以鄭清之爲明堂大禮使，别之傑爲禮儀使，應繇儀仗使，謝方叔鹵簿使，史宅之橋道頓遞使。丙戌，觀文殿學士、光禄大夫范鍾乞免祠禄。詔不許。丁亥，督視趙葵辭轉三官，凡六上奏。詔：「卿出提督鉞，久懋忠勞，方倚成治外之功，遂寵錫師中之命。制麻播告，陳誼固辭，褒賞大臣，事關群聽，其祇朕命，式竚遄歸。」戊子，以雷州所屯經略司水軍頗横，詔守臣節制。乙未，詔王疇更削官一等，正其括田擾民之罪。丙申，詔大理寺丞林炎對疏狂妄，動揺國本，奪官三等，押出國門。庚子，上諭輔臣曰：「所在監司、帥守，輕行括籍，多因細事，中以深文，甚而置之死地，往往利其財耳。真所謂殺越人於貨。至於用刑，自有成法，今有司率意任情，更不遵守條令。凡此皆當禁止。可因明禋肆赦，益加申嚴，如有非辜越訴，究證得實，必論如律。」壬寅，侍御史周坦言：「明堂肆赦，州郡奉行不虔，有稽違、隱匿、文具三弊，乞行革去，以廣溥博之仁。」從之。甲辰，詔令户部嚴革諸路州縣增收多量苗米之弊。

九月己未，朝獻景靈宫。庚申，朝享大廟。辛酉，大饗於明堂，赦天下。是夕，雷。辛未，以秋霖，命從臣日一人禱於天竺山，卿監、郎官於霍山。

十月甲戌朔，參知政事別之傑三奏乞歸田里。詔除資政殿大學士、知紹興府。乙亥，以應𦈡、謝方叔並權參知政事。

十一月丙午，太傅、右丞相兼樞密使鄭清之乞歸田里。詔不許。丁未，沂靖惠王府乞改授尚書，從之。壬子，莊文太子府乞改講周易，從之。甲寅，監察御史陳垓言：「祀者，國之大事，三歲明禋，胙蠁多非本物，皆是自科市户。仰尹臣監督，各備正色，毋以他物充代，仍令奉常一體精虔，庶幾神祇祖考昭格。」從之。

十二月辛巳，詔以隆冬嚴寒，軍人不易，出封樁庫十八界官楮二十萬，令三衙賑之。

己酉淳祐九年正月乙巳，制以皇姪、宜州觀察使孟啓可特授慶遠軍節度使，進封益國公。庚申，詔周世宗八世孫柴彦穎特補承務郎，襲封崇義公。〔辛酉〕〔四八〕詔：「兩淮、京湖沿江制帥司行下所隸，勸諭軍民從便耕種，秋成日官司不得分收。」癸亥，知臨安府趙與篙奏〔四九〕：「乞給没官田五百畝有奇，付本府創慈幼局，以養遺棄嬰兒；置施藥局，以療閭閻疾病。」從之。丁卯，許應龍薨。己巳，范鍾薨。並輟視朝一日。辛未，詔給臨安府官田三百畝付表忠觀，以旌錢氏之功德。

二月癸卯朔，詔禮部貢舉。丁亥，詔刑部及諸路監司：「刑獄案卷速與理決，仍差屬官往州縣獄審斷，毋令姦胥作弊，濫及非辜。」庚子，鄭清之再乞歸田里。詔不許。辛丑，監察御史朱景彝奏：「刑獄，民命所繫，乞諭所司刷諸處已奏文案，立爲限日，處分行之。」從之。

閏二月癸卯朔，詔安南國王陳日煚特賜「效忠順化保節守義懷德歸仁功臣〔五〇〕」，依前静海軍節度觀察處置等使、特進、檢校太尉兼御史大夫、上柱國、安南國王，仍加恩。甲辰，以鄭清之爲太師、左丞相兼樞密使，進封魏國公；趙葵爲右丞相兼樞密使；應䌓、謝方叔兼參知政事；陳韡觀文殿學士、福建安撫大使、知福州；吴淵端明殿學士、沿江制置使、江東安撫使兼知建康府行宫留守；趙希塈端明殿學士、知建寧府。乙卯，鄭清之辭免太師，奏凡五上。詔：「朕延登上相，顯拜維垣，所以重巖石之瞻，尊道揆之體。周公爲師而居左，圖任方隆，考父聞命而循墻，陳情彌確，成爾一謙之美。姑惟舊品之仍，益賴熙良，深可嘉尚。」

三月癸酉朔，以衢、信州旱，詔給豐儲倉米五千石賑之。癸未，以賈似道爲寶文閣學士、京湖安撫制置大使、知江陵府。丁亥，詔：「正陽之月，日有食之，史官先期以告，朕祗畏天戒，不遑寧處。可自二十一日爲始，避殿、減膳、徹樂，益加内省。凡爾在列，各務交修，以輔不逮。」癸巳，詔決中外繫囚，杖以下釋之。己亥，詔增通、泰、揚、真、和州、安慶府解額。

四月壬寅朔，日有食之。丙午，詔：「丘岳閫職修舉，除寶章閣直學士，依舊淮東安撫制置使兼知揚州、淮西制置使。」辛亥，以福州應天啓運宫寅奉祖宗神御，事體至重，可令西外宗司兼領〔五二〕，免差内侍，永爲定式。己未，群臣三上表請御正殿、復常膳。從之。己巳，鄭清之屢疏乞骸，因奏時事十難：曰重相權，曰凝國是，曰用人才，曰足兵食，曰守法度，曰革弊蠹，曰布公道，曰去貪贓，曰理財用，曰節冗費。詔獎留之。

五月甲戌，浙西帥臣趙與𥲅言：「本司措置鹽課，乞自淳祐九年爲始，歲舉職司常員及職令狀各一，以勵官屬。」從之。己丑，右丞相趙葵奏乞收回成涣，退伏田里。詔：「朕以卿宣力之勤，延登右揆，告廷已久，避寵益堅。比遣内侍往諭至意，申命漕臣式遄其歸，胡爲來章，又以疾諗。夫知不俟駕之義，是即教事君之禮，豈不忠孝兼盡、家國俱榮哉。其亟造朝，副朕欽佇。」甲午，鄭寀薨。丁酉，雨雹。

六月丙寅，都省言：「沿邊將士有歿於王事者，雖已褒贈，官其子孫，猶當旌表以顯忠節。」詔令邊郡各立一廟，以褒忠爲額，凡前後歿於王事忠節顯著之人，並祠焉。郡官春秋致祀。

七月庚午朔，臣僚言，吉州守臣李義山嗜賄亡恥。詔奪官二等，令江西漕司追索銀、會，解安邊所。

八月庚子朔，同知樞密院事史宅之辭免兼提舉財用。詔不許，仍趣條具以聞。丁未，詔步軍司支遣匱乏，每年可於豐儲倉給米三千石、封樁庫給官會二萬貫，助其贍軍。辛亥，詔：「趙葵除拜已久，告假將滿。今聞欲還長沙，可令沿江制臣疾速差官邀止，不許般挈爲歸計。仍令吴淵宣諭赴闕。」乙卯，廣東提舉司言，知潮州海陽縣陳純仁築堤，護田甚廣。詔進官一等。丙辰，趙與𥲅辭免措置户部財用。詔不許。戊午，詔：「今春北師犯邊，呂文德指授將士，累策奇功，進官二等。」庚申，知安豐軍邢德、知壽春府劉雄飛有謝步之捷，詔各進官一等。

九月丙子，提領户部財用趙與𥲤創置新倉三百七十餘間，貯米一百二十萬石，欲以淳祐爲名，及照豐儲倉例，辟官四員。從之。乙未，婉容閻氏進封貴妃。丙申，太常少卿、暫權給事中盧壯父繳回内降所除吴泝直祕閣、王國壽軍器所幹官録黄。從之。戊午〔五二〕，以知澧州李寬民力〔五三〕行惠政，一意裕民，特進一秩。庚申，參知政事應傜屢疏乞歸山林以便養痾，詔不許。尋除資政殿學士、知平江府。詔令臨安府、諸路提刑司嚴軍民銷鑿見錢、私鑄銅器之禁，仍下殿、步司一體施行。癸亥，賜宰臣、執政、講讀修注官宴於秘書省。甲子，四川制臣余玠請交引以十年爲界。詔從之。丙寅，肇慶府高要縣令李元潰貪酷顯著〔五四〕，詔削官三等，勒停。壬午，詔隆冬嚴寒，軍人不易，出封樁庫錢十八界會子二十萬貫賑之。癸未，詔決中外繫囚，杖以下釋之。甲申，躅大理寺、三衙、臨安府屬縣見監贓賞錢。丁亥〔五五〕，浙西帥臣言金山水軍統制陳霆貪酷激變。詔追毁出身文字，拘鎖沿江制司，籍其家。戊子，婺州權守臣鄭士懿言：「承務郎趙希褥及其子與忞、與塹，同惡相濟，窩藏盜賊，騙奪民財，抉弟希禪目睛，碎叔祖彦[王旱]寶貝〔五六〕，棄叔祖母骨殖，搥叔枚夫手指，威使惡黨殞姪崇縤之命，絶滅綱常，傷殘骨肉。」詔希褥追毁出身文字，押送西外宗司拘鎖；與悳、與塹分移千里外州軍居住。丙申，詔令都省，風厲中外，應今後士庶上書，其言真有益於國者，必加精採，倘涉私邪，朋奸罔上，妄肆雌黄，當嚴加究問。以諫臣言，譁徒吻士，結黨叩閽，簧鼓是非，爲攫利之計故也。

十二月乙巳，詔吴潛除同知樞密院事兼參知政事，禮部尚書徐清叟爲端明殿學士、簽書樞密院事。己酉，詔皇后親兄謝奕昌特除開府儀同三司，依前保寧軍節度、充萬壽觀使，奉朝請。壬子，史宅之薨，輟視朝一日。詔：「朕深念厥紹，建資善堂，令孟啓就學。朕志已定，以其年幼，未遠姆傅，尚留王邸。今先欲賜名，可討論紹興二年典例聞奏。」

庚戌淳祐十年正月辛未，天基節。群臣上壽。詔刑部及大理寺奏報罪案各守條限。申嚴諸路憲司，凡獄訟毋得淹留，致連年拘繫，違令，臺諫覺察以聞。乙亥，詔：「淮東制臣丘岳，自能撙節軍用，乞將朝廷例合支一千萬貫免科，委見體國，特進一秩。」辛卯，以朝議大夫、試給事中兼侍講董槐知貢舉，權禮部侍郎兼侍讀張磻、殿中侍御史葉大有同知兼監試。

二月丁酉朔，雪。御筆賜董槐以下曰：「卿等老於文學，秉司衡鑑，以賦而得仲淹，以論而拔蘇軾，顧不偉歟。貢舉成法〔五七〕，最爲嚴重，宜加申儆，以取實才。」詔榮文恭王府講通鑑綱目，莊文府講朱熹論語集解。甲辰，上諭輔臣鄭清之曰：「丘迪嘉今早登對，朕以廣寇詢之，其言皆有始末，峒寇既平，當加優擢。向來寇作之初，或者張皇以甚其事，及其平定，又言多殺，以妬其功。若以浮議而抑之，他日何以使人。宜以正卿處之。」清之奏：「謹遵聖諭。」乙巳，都省言：「銅錢泄漏，僞會充斥，奸民無所懲畏。」詔令沿海州縣，山陝海島結爲保甲，互相糾察。如有犯者及停藏家，許告推賞，不告連坐。乙卯，雨土。

〔三月〕癸未〔五八〕，趙葵乞收還成涣，徑畀祠官。詔：「趙葵懇辭相位，始終弗渝，使命趣召，亦既屢矣。奏陳確苦，殆渝一期。朕眷倚雖切，而不能强其從也。姑畀内祠，以便咨訪。除觀文殿大學士、醴泉觀使兼侍讀，仍奉朝請。令學士院擇日降制。」戊子，趙葵罷右丞相兼樞密使，特授觀文殿大學士、醴泉觀使兼侍讀，奉朝請。庚寅，以賈似道爲端明殿學士、兩淮制置大使、淮東安撫使，知重慶府李曾伯爲徽猷閣學士、京湖安撫制置使、知江陵府。

四月辛丑，右司諫陳垓言：「改官班引之人，先令赴都堂或御史臺，各試書判，合理法者許集注，如不通，且令爲丞，再試中方與入。」從之。癸卯，朝獻景靈宮，次幸龍翔宫。

五月丙寅朔，以皇叔祖、福州觀察使、提舉祐神觀善珦爲保康軍節度使、提舉萬壽觀，襲封嗣濮王。詔：「吴淵久歷從班，屢更事任，兹領江閫，備竭忠勤，山寨耕屯，俱就規畫，除資政殿學士，依舊職任，與執政恩數。」

六月丁酉，龍翔宫奉安感生帝及從祀聖像，仍備祭器，比附太一宫禮例祈祝。上命輔臣申嚴百司用例廢法。丁未，詔冒濫權攝之人，日下住罷。丙辰，知籐州楊墐奪官三等〔五九〕。以經略司劾其在任椎剥貪刻〔六〇〕、虧公營私，故有是命。

七月癸酉，左司諫陳垓言：「祖宗治贓吏之法，具載國史。今州縣官吏贓敗，或營求脱免，是致廢法。乞下諸路制、總、監司遵守，仍許臺臣覺察。」從之。丙子，上諭輔臣曰：「在法，詞訴須經次第官司，其臺部受詞所當參酌兩造，豈宜遽憑單詞剖决，致使所屬觀望，曲直倒置。可令御史臺、户刑部遵守。」庚辰，詔殿試改用八月十五日。戊子，詔兩淮極邊作邑人照川、廣例令監司引試書判。

八月甲午朔，詔令户部嚴革諸路州縣增收多量苗米之弊。戊申，御集英殿策進士。己酉，御射殿閲武舉進士射。甲寅，上諭輔臣曰：「和糴本非朝廷之得已，若官司奉行無擾，則人户自樂與官爲市。訪聞近年所在和糴，未得朝廷拋數〔六一〕，預行多敷，富室大家臨期率以賂免，而中産下户反被均敷之害，以至散錢則吏胥減剋，納米則斛面取贏，專計誅求，費用尤夥。是致民間所得糴本每石幾耗其半，其何以堪。可申嚴約束。」

九月己巳，御集英殿，賜正奏名進士方夢魁等及第、出身、同出身，凡五百一十三人。辛未，賜特奏名進士敕，凡六百一十五人。甲戌，詔進士第一名方夢魁改賜名逢辰。戊寅，詔去歲嚴州水患，田租其悉蠲之。

十月丁酉，詔：「訪聞郡邑間有水患，細民流移，恐致失所。可令逐處出義倉米，量輕重多寡賑之，務在實惠均及。」癸卯〔六二〕，御集英殿，閲進士射。丙午，詔：「賈似道乘邊給餉，服勤八稔，凡備禦修築之費，自爲調度，尚有餘蓄，殊可嘉獎。可進官一等。」詔：「國家以儒立國，士習孅惡，世道所關。端平初，增諸郡解額，寖漕闈牒試，正欲四方之士安鄉井，修孝悌，以厚風俗。比歲殊失初意，可令逐州於每舉待補人數内分額之半，先就郡庠校以課試，取分數及格者，同待補生給據赴上庠補試。其天府一體施行。」辛酉，詔戒兩淮都統司主兵官，今後行罰，不許輕用脊棍，以傷人命。

〔十一月〕壬申〔六三〕，詔：「新除右丞相趙葵，謙退靜恬，力辭相位〔六四〕，至内祠經幄，懇避如初，勉諭不回，迄虛倚注之意。朕甚念之，特畀鄉郡以示光寵，以旌眷意。可授特進、觀文殿大學士、判潭州、湖南安撫大使。」詔給度牒千道，下臨安府，易民間兩界破會。癸酉，詔：「淮西疆場〔六五〕，延袤八百餘里，近令沿江制司團結耕屯〔六六〕，漸已就緒。但制閫置司江南，相去差遠，可令淮西提舉李士達就司空山創司，提舉本路山寨。」甲戌，太傅、左丞相鄭清之再乞歸閒。詔：「卿以舊學元勳，再登輔弼，精神密契，魚水相須，當與宗社同休，詎可輕爲去就。及將閒暇，正藉經綸，更宜堅定宏規，力持公是，體承眷意，勉爲朕留，庶幾黄髮之詢，是亦蒼生之福。所祈閒退，毋復重陳。」辛巳，日南至。詔：「余玠任四蜀安危之寄，著八年經理之功，敵不近邊〔六七〕，歲則大稔。既寖還於舊觀，將益懋於遠圖，疇其忠勤，足以褒勉。可進官二等。」壬午，雷。癸未，詔避殿、減膳，以示恐懼修省之意。令諸路漕臣、守臣體訪民間疾苦，當議優恤。丁亥，詔曰：「朕以涼菲，受天明命，夙夜祇敬，不敢荒寧。迺長至後一夕，雷聲非時，震於朕衷，罔知攸措。夫乖氣致異，變繇證起，皆朕不德。朕方避正殿、減常膳，以恐懼修省。惟爾公卿、大夫、群牧、百執事，各殫乃心，揚乃職，裨朕不逮，昭答譴告，用永孚於休。布告中外，明知朕意。」參知政事謝方叔、吴潛，簽書樞密院事徐清叟並乞解機政，詔不許。

十二月壬辰朔，太傅、左丞相鄭清之乞去。詔不許。丁巳，虹。監察御史程元鳳言：「臺諫所以植立紀綱，不可使臺諫之體輕。」從之。詔監司、郡守被劾斥者，令以次官隨即拘権財物，量給送還之費，庶絶吏席卷，亦愛惜民力之一助。從臺臣程元鳳請也。

辛亥，淳祐十一年正月丁卯，制以皇姪、慶遠軍節度使、益國公孟啓可改賜名孜〔六八〕，進封建安郡王，依前慶遠軍節度使。丁亥，詔江浙沿流郡縣刷具流民口數，於朝廷椿管錢米內賑濟，仍許於寺觀及空閒官舍居止。己丑，監察御史程元鳳奏：「陛下以神聖之資，接帝王之統，思祖宗付託之重，爲社稷久長之圖。元正謹始，宸筆涣頒，懋嘉宗英之賢，誕舉錫名之典，爰即公社，用進王封，於以隆萬世之基，於以繫四海之望，溥天率土，雷動驩聲，甚盛舉也。然資善有堂，講讀有官，所願博選端方純謹之士，增置輔導贊翊之員，下至給使服役之人，皆有重厚篤實之行。使之出入起居，無有不正，動静語默，無有不善，此實千萬世無疆之休。」從之。詔經筵進講周易終篇，講讀、記注官各進一秩，餘補轉賞犒有差。

二月壬辰，詔：「故同知樞密院事李𡌴，早從諸老，歷事三朝，史學優長，風節堅正，已久謝事，猶未易名。賜謚文肅。」乙未，御垂拱殿，左丞相鄭清之等上光宗皇帝寧宗皇帝寶訓、今上皇帝玉牒日曆會要。丁酉，詔鄭清之等進秩有差。

三月丙寅，詔添銓試點檢雷同試卷官一員〔六九〕。壬申，詔：「諸道制總監司州郡，不得以堂除部注之闕，攙越申辟，縱元係辟闕，若見任有人，亦不許預辟下次，仰常切遵守，違，將求辟人降罷。」乙亥，雨土。（三月）戊寅〔七〇〕，以謝方叔知樞密院、參知政事，吳潛參知政事，徐清叟同知樞密院事。戊子，臣寮言：「刑獄追逮，鞫訊慘酷，囚禁淹延，請戒飭中外，用敬五刑，及申儆百司庶府監司守倅〔七一〕，不許以私怒，寄收者不許過三日，違者彈奏。」從之。

四月壬辰，詔賜殿前司十七界會子十萬貫、絹千匹，步軍司五萬貫、絹五百匹，令樁留，濟給貧乏及累重官兵。己亥，以潭州林符三世孝行，一門義居，福州陳氏笄年守志，壽逾九袠，詔並特與旌表門閭。鄭清之等上勅令所淳祐條法事類四百三十卷。上諭輔臣曰：「昨覽京湖報，程璡盧氏縣之捷差强人意〔七二〕。朕以寡昧，服祖宗之令緒，兢業不敢荒寧。適值十六七年應酬不暇。」臣清之奏：「自古事業專在立志。」臣方叔奏：「今日實有機會。」臣潛奏：「今日事體，漢中爲四蜀之首，襄陽爲京湖之首，浮光爲兩淮之首，此當在陛下運量中。」臣清叟奏：「願陛下益厲自强之志。」上曰：「内修之事又當結人心，貪官污吏爲民害者，不可不嚴加懲戢。」壬寅，上諭輔臣曰：「邊事他無聞否，遷避之民已復業否？」方叔奏：「近來三邊幸無他警，淮民之遷避者皆已歸耕，其貧甚者聞制司亦少資給之矣。」癸卯，詔以今年九月有事於明堂。乙巳，上諭輔臣曰：「積雨於二麥無害否？」清之奏：「目前雖不爲過，然得晴則佳。」臣方叔奏：「二麥似無害，蠶事惡寒，恐少減分數。」上曰：「淮上諸城，惟合淝濠塹差淺，可諭許堪令其開浚。」丙午，詔資善堂已及滿歲，贊讀袁商、直講陳顯伯、檢閱劉昕祖曾黓、提點內侍王椿、幹辦鄧惟聰，各進一秩，餘減磨勘支犒有差。戊申，上諭輔臣曰：「近日內引丞相，朕因及祖宗家法之懿者數條，如敬天愛民、克己節儉、不罪言者，皆漢、唐所不及。朕謂不必遠稽前代〔七三〕，只近法祖宗足矣。」己酉，上諭輔臣曰：「祖宗時，遇親邸恩禮隆厚，如歲時賜予甚優。然訓迪範防之制尤嚴，賓接有禁，內外有限。近聞有媵妾外館者，有干預他事者，殊戾家法，所當申嚴。」清之等遵禀而退。詔敕令所進呈淳祐條法事類。禮畢，鄭清之、謝方叔、吳潛各進二秩。庚戌，樞密都承旨兼權吏部侍郎陳昉奏：「今尚書省、樞密院應劄子非降旨者必先繳進，俟降而後施行〔七四〕，可謂盡善。然樞密院之法與尚書省不同，或邊事正急，或盜賊忽熾，機變倏聞，酬應宜速，小有需俟，關係匪輕。乞令樞密院，自今邊防及盜賊急務，且奏且行，勿拘常程。」從之。

五月丁卯，詔趙以夫、劉克莊同共任責修纂國史志傳，以全大典，日下條具以聞。癸酉，以久雨，蠲大理寺、三衙、臨安府屬縣見監贓賞錢。辛巳，詔出封樁庫十八界會子十萬貫給諸軍。壬午，詔決中外繫囚，杖以下釋之，復蠲贓賞錢。

六月甲午，詔：「余玠整頓蜀閫，守禦飭備，農戰修舉，蓄力俟時，期於恢拓，茲以便宜，自爲調度，親帥諸將，行邊擣壘，捷奏之來，深用嘉歎。勉規雋功，以遂初志，圖上全蜀，以歸職方，嗣膺殊封〔七五〕，式副隆倚。立功一行將士，速與具奏推賞。」乙卯，秘書省言：「乞辟校勘檢閲等官，仍行下諸路漕司，於所部州縣應有印本書籍，解赴册府，以補四庫之闕，及故家巨族必有遺書，山林名儒豈無著述，許令投進，照格推賞。」從之。

七月甲戌，上諭輔臣曰：「近聞外間多扇闘節之説，關係風俗不小，若不禁戢，蠹壞世道。詔令御史臺覺察，仍下帥、漕兩司訪緝，置立稟局，安營闘節之人，究治如律。」壬午，太白晝見經天。癸未，上諭輔臣曰：「去歲罷京學類申，欲令四方之士各歸鄉校，以課試理校定，稍復鄉舉里選之意。近覽土著士人投匭之書〔七六〕，謂猶有未還鄉井者，科舉在近，可令臨安守臣曉諭士子，早還本鄉。所有土著人，自依此制行歲校之法。其游士出學年久不能赴鄉舉者，與赴浙漕試，令行考校，仍取待補，以示優恤。」丙戌，上諭輔臣曰：「諸州間多水旱，皆由人事未盡。如省刑罰、薄税斂、蠲逋負、禁科抑、懲官吏之奸、察民情之枉，可令諸路監司下之郡邑，有關涉六事者日下遵行。」

八月甲午，以鄭清之爲明堂大禮使，謝方叔禮儀使，吴潛儀仗使，徐清叟鹵簿使，趙與籌橋道頓遞使。丁酉，熒惑入井。甲寅，沂靖惠王府乞改講周禮，從之。

九月己未，詔皇弟、少保、保康軍節度使、嗣沂王貴謙讀周易終篇〔七七〕，其教授官官屬可依昨來皇弟思正體例推恩。甲子，景獻太子府乞改講尚書，從之。丙寅，詔昭慈、永祐、永思、永阜、永崇、永茂六陵並成穆、成恭、慈懿、恭淑四攢宮，遇有修奉，告遷神御，合行事務令檢察宮陵所關太常寺，一面請降香表，擇日依例排辦。己巳，朝獻景靈宮。庚午，朝饗太廟。辛未，饗於明堂，大赦天下。己卯，觀文殿大學士、宣奉大夫游似凡五疏乞歸田里。詔不許。庚辰，榮王府乞改講周易，從之。鄭清之力辭扶掖，凡五奏，詔從之。丙戌，詔：「鄭清之禮展宗禋，慶成縟典，回一晴於俄頃，實資燮理之能，相大祀以肅雍，尤見感通之妙，爰特頒於瑶帶，庸示眷於鈞衡，以荅忠勤，宜膺榮渥，所賜玉帶可便服繫。」

十月壬子，知樞密院事兼參知政事謝方叔累乞解罷機政。詔不許。

閏十月丁巳朔，侍御史陳垓奏：「朱熹近世大儒，有功斯道，曾任浙東常平使者，適值旱歉，講荒政，立義倉，流風善政，逮今未泯。帥臣馬天驥固已規創書堂，今乞廣其未備，招延名儒，以重教育。」詔從之。庚申，太常議故户部侍郎劉漢弼謚曰忠。

十一月丙申，京湖制臣言：「調遣都統高達、晉德入襄樊，措置經理漢江南北，並已肅清，積年委棄一旦收復。」詔立功將士官兵各進官一等，特支官會三百五十萬貫，等第充賞。御筆：「襄陽要區，積年未曾經理，每關憂顧。李曾伯受任邊閫，抗志遠圖，俾襄、樊二城一日復舊，計慮密而用力多矣。且按兵毆敵，觀聽無譁，繕城峙糧，規略素定，必耕屯之並舉，與守備以俱全，載嘉忠勤，宜示褒勸。可除寶謨閣學士、京湖制置大使，兼職依舊。」壬寅，詔隆冬凝寒，都民不易，出封樁庫十八界官會子二十萬貫賑之。癸卯，蠲大理寺、三衙、臨安府屬縣見監贓賞錢。丁未，决中外繫囚，杖以下釋之。乙酉，詔：「江東西、湖南北、福建、二廣有災傷瘴癘去處，雖已賑恤，猶慮州縣奉行不虔，可令監司、守臣體認德意，多方拯救。」〔七八〕庚戌，鄭清之薨，贈尚書令，追封魏國，謚曰忠定。甲寅，以謝方叔爲左丞相，吴潛爲右丞相，並兼樞密使。乙卯，以徐清叟爲參知政事兼同知樞密院事，新知福州董槐爲端明殿學士、簽書樞密院事。

十二月丙辰朔，輔臣謝方叔等謝新命，上降御筆曰：「朕觀比年以來，朝綱浸弛，時事日乖，所以並命二相，夾輔王室。正賴開明公道，振起治功，肅紀綱以尊朝廷，用正人以强國勢，救楮幣以紓邦計〔七九〕，郤哨騎以固邊陲，清吏道使無貪黷之風，淑士氣使無囂浮之習〔八〇〕，軍馬當足則飭戒閫帥以去虛挂之籍，人心當結則戒守令以行寬恤之恩〔八一〕。此皆今日切要之務。昨來並命，往往各分朋黨，互持己見，交相擺闔，陰肆傾排，是以猜忌成風，衆弊膠轕。今朕用搢紳之公言，從中外之人望，登庸碩輔，參運化權，繼自今勿牽人情，勿徇私意，以元（玄）齡、如晦爲法，以趙鼎、張浚爲戒，務爲正大之規，以副倚毗之意。」上又曰：「自來並命二相，本欲協濟，緣各任己見，且因賓客交鬭，遂成黨與，不可不戒。卿等宜同心輔政，深矯前人之失。」清叟奏：「蕭規曹隨，房謀杜斷，必如是而後可。」方叔等奏：「惟知盡忠竭力，上答聖恩，當佩服勉所未至。」上然之。丙寅，詔令吏部四選以下刷具應干淹滯名件，並要了絶，違當重懲。詔游似依舊觀文殿大學士，進官二等致仕。戊辰，詔殿步司軍兵應殁故累重之家，特許以子弟填刺。辛未，詔襄、蜀、兩淮極邊並新復州郡縣及二廣惡弱去處，或遇闕官，許令斟酌辟上。壬申，詔令諸路監司、帥守，但干攤賴支蔓罥罣之人，並日下釋之。癸酉，上諭輔臣曰：「邊事未息，武備當嚴，五兵所先，莫如弧矢。昔种世衡守青澗日，教習射，羌人畏之，其法可以推行。」詔令諸路帥閫、守臣，講明區畫，詳議激勵，使各令自衛鄉井，弓弩箭隻聽從其便。己卯，詔：「兩淮、沿江、京湖制司，於江北地分及淮西山寨管内應有官屯民田耕種去處，並令團結隊伍，隨其聚落，就中擇衆所服者充甲長，任責結保，有警率其所部，務從便宜。或有疏虞，先懲頭目，人有能勵率强壯精習武藝者，先與獎勵。將來能出力鏖戰，當以真命旌賞。」庚辰，游似薨，輟視朝二日。

壬子淳祐十二年春正月丙戌朔，御大慶殿，群臣朝賀。上出御札戒群臣曰：「繼自今毋養蠹，毋惠姦，毋以姑息市私恩，毋容僥倖廢公法。」詔諸路官司違禁罔利害民事悉罷之〔八三〕。甲午，集英殿大宴，宰執内幄奏事。上曰：「救楮事不可緩，吴潛可專此責。」

丙申，詔諸路監司帥守事有關人命連逮者、官欠攤涉者、僞會枝蔓者、詞人淹繫者，咸釋之。仍嚴估平民之禁。詔：「中興以來諸王、公主、妃嬪、保母皆有攢所，禮宜從厚。邇來有司漫不介意〔八三〕，其令臨安府如儀修葺，以時祭祀，有主奉者不在此數。」己亥，詔兩浙、淮東提舉司所部官闕於正官内差權，毋以白身或罷吏。庚子，詔：「二廣、福建、江西、湖南去歲疫癘，州縣人户有絶世者，令監司、守臣稽其財産，即其族命繼給之。遠官身歿，其家不能自歸者，官爲津遣〔八四〕，勿令財物有所隱失。」壬寅，吴潛辭專任楮幣之責，詔：「朕以二三執政皆天下之選，心同志合，無往年形迹之嫌，故以楮幣一事俾卿專任，面諭已詳，胡尚謙執。宜亟祗朕命，凡茶鹽錢穀與楮相關者，悉新是圖，以底成績。」潛奏：「請以方叔提其綱，清叟、槐贊其成，而臣服其勞。」詔蠲臨安府五税務征〔八五〕。戊申，上諭輔臣曰：「淮東邊報不一，可於江上整踏萬兵，以備緩急。江面雖已分定三流，更須擇將分兵巡徼。」庚戌，詔宰執曰：「近聞北騎之來，往往儲糗糧、立寨柵，以爲因利乘便之計。守臣邊將方欲嬰城退守，則有老師費財之患；方欲開關接戰，又有兵連禍結之憂。今朕欲於兩淮、沿江各令立一項遊擊軍，以備不時調遣，設若緩急隨宜應援〔八六〕，使大軍偏師擣虚，此正李廣縱部曲逐水草號『飛將軍』之遺意也。又聞邊疆之外皆平原曠野，北騎衝突〔八七〕，邊臣每有迅雷不及掩耳之患。今朕欲令極邊州郡開浚水道，去城百里之間，三里一溝，五里一洫，使北騎不得長驅而入，邊民亦可爲耕鑿之計，此正古者立方田、開溝澮以限戎馬之遺意也。邊防二事，久注朕懷，兹與卿等共籌之。條上便宜，以寬憂顧。」癸丑，上諭輔臣方田事，且令近城爲之，遊擊軍當招水、步各半。方叔等曰：「容講究行之。」

二月乙卯朔，日有食之。詔禮部貢舉。丙辰，詔增資善堂講官一員。丁巳，上諭輔臣：「資善訓導之官，正要擇人。」方叔對曰：「資善不特教以章句〔八八〕，凡事皆當訓導，使知孝悌，知世務。」上曰：「習慣如自然。」壬戌，詔曰：「朕惟明目張膽，當言即言，其責在臺諫；斟酌劑量，可行即行，其權在人主。我朝固有臺諫敢言、具申力抗五七疏而不報者〔八九〕，非所以抑臺諫之風采，直以其事之關一從甚重也〔九〇〕。今乃不然，數年以來，奏疏方入，臺牒繼之，惟知風憲之必行，不俟上章之報可。嘗有用之於執政大臣者，有施之於端人正士者，如此則人主之所欲用者，臺諫皆得去之，臺諫所欲去者，人主不得而留之，不幾於威權浸移、太阿倒持乎。自今後臺諫毋循弊規，有失國體，奏疏必俟得旨付出，方許報行。」廢江灣、梅里、雇逕、魏村、古浦五酒庫〔九一〕。以都司言，帥司爲餉軍創五庫，官吏並緣漁獵故也。己巳，詔諸路提刑按部囚徒。

〔四月〕丙子〔九二〕，置池州遊擊水軍〔九三〕。戊寅，上諭輔臣：「賈似道已有淮甸肅清之報，不知田疇尚可及耕種否？」方叔奏：「兵退在芒種前，猶可及事。」辛巳，監察御史劉元龍言：「楮幣積輕，宜因各路時直令州縣折納純用楮。」從之。後公私交病，明年仍用錢會中半。

五月甲申朔，命侍從、卿監一人禱雨於天竺、霍山。乙酉，上諭輔臣曰：「禱祈未應，恐獄訟淹延，有傷和氣。凡可求之人事者，須講究施行。」丁亥，雨。上曰：「微雨未浹洽。」清叟奏：「方此閔雨，土木之役宜省。」上從之。壬辰，上諭輔臣：「轉眼秋風，江淮備禦所當早計。」方叔等奏：「當輕重緩急，與諸闕議行。」甲午，以禱雨，出封樁庫十八界楮二十萬，給散諸軍有差。乙未，上曰：「夜來一雨甚好，聞外間得雨已多，但京城差少，今想内外霑足矣。」槐奏：「昨日軫恤軍民，恩詔甫頒，甘雨隨至，以此見天人相與之際甚近，願陛下益堅對越之心。」上曰：「益當自勉。」乙巳，盜起玉山。庚戌，罷諸郡經界[九四]。從臺臣蕭泰來奏也。初，故相清之奏行經界於六郡，會玉山饑民嘯鬨，言者歸咎焉。

六月癸酉朔，盜逼衢境，命徐敏子體訪。上曰：「當以撫定爲主。」[九五]乙卯，詔復諸郡待補生人數舊額。癸亥，出百萬倉米三萬石賑衢、信饑。乙丑，上諭輔臣曰：「玉山寇已平。」方叔等奏：「民窮則爲盜，守臣不可不擇。」戊辰，上諭輔臣曰：「邇年科舉取士，鮮得實學，士風人才，關係氣數，何策以救之？」潛奏：「乞於省試額中輟一二十名，令有司公舉海内行義、文學之士，庶尚存鄉舉里選微意。曩時朱熹、真德秀亦有此請。」癸酉，上曰：「近日學校之士，本起於至微，不謂其相激乃爾。若紛紛不已，恐非美證。」先是，三學諸生叩閽，言京尹余晦，相率出學。上令學官勉諭歸齋〔九六〕。故因輔臣奏事復及之。丙子，大理正尹桂輪對，乞置資善於禁嚴〔九七〕，非特父子之情浹洽，亦所以爲事制曲防之慮。戊寅，詔：「朕惟故相、中令、魏國公〔九八〕、忠獻王史彌遠光輔兩朝，備殫忠藎，而嘉定更化之績，甲申定策之功，尤甚彰明昭著者也〔九九〕。銘書太常，永有休聞，而薨背越二十年，隧道之碑未立，朕甚憫焉。爰考太宗、神宗皇帝所以光寵普、琦故事，親御翰墨，爲製碑銘，以『公忠翊運定策元勳』題其首。可宣付史館，以備立傳，以見朕褒嘉念舊之意。」己卯，上諭輔臣：「衢、嚴水災，江東亦苦雨，此陰盛之證。」方叔等奏：「水亦兵證，邊備不可不嚴。」

七月甲申，上諭輔臣：「嚴州水勢可駭，移撥之米當賑濟，不當賑糶。」方叔奏：「衢、婺、台亦多漂蕩，宜一體救恤。」戊子，上諭輔臣曰：「信州水災尤甚。」方叔奏：「建寧、劍、括蒼亦然。皆臣等輔政無狀，上干天和所致。今惟以救恤爲急。」庚寅，以諸路水灾，令學士院降詔，遣使分郡賑恤。詔曰：「蓋聞王道得則陰陽和，公正修則百川理。

朕夙寤晨興，無一念不在乎民。乃夏涉秋，淫雨爲沴，水失其性，沸湧丘原，嚴陵、衢、婺、台、處之封，上饒、富沙、劍、邵之境，溢於城邑，蕩乃屋廬，父子室家不能相保，田疇稼穡存者幾希。興言内郡之被災，未有此時之爲甚。由朕不德，在爾何辜。已命攸司賑恤，仍遣朝臣存問，務昭布於寬條，以推行於實惠。」於是遣諸軍計院師興往建、邵、南劍，國子監簿葉隆禮往嚴、衢、信，登聞檢院胡大昌往婺、處、台〔一〇〇〕，告敕凡一百道，分遣有差。辛丑，上問輔臣：「三使行未？」方叔等奏：「明日出關。」清叟奏：「建、邵、南劍水尤甚。師興所將僅百萬，恐賑恤有限。」上曰：「可增五十萬。」乙巳，上曰：「聞福建水，傷人頗多。」清叟奏：「水退之後，貧民無以爲生，亦有自經溝瀆者。聞帥臣陳昉發楮三十萬、漕臣饒虎臣發楮五十萬、米五千石以賑之，乞與除豁，使知聖旨。」上欣然從之。其後蠲九郡苗米凡二十二萬五千八百七十石有奇。己酉，上諭輔臣：「徐霖以庶官論臺諫、京尹，要朕之必行，殊傷事體，適已批出。」潛等奏：「願陛下更賜優容。」御批：「徐霖以庶官而論臺諫及京兆，要朕之必行，事關紀綱，前此未有。昨言去余晦爲是，今乃疏蔡抗爲奸〔一〇一〕，言及朝士，親填姓名，情懷不一，首鼠兩端。可依所乞，除職予郡。」

八月癸丑朔，令户部下諸路，申嚴州郡苛取斛面之禁。己未〔一〇二〕，詔明年省試，仍用二月一日，以四月殿試。先是，淳祐九年，臺臣陳垓奏，省試用三月，殿試八月，遠方之士留滯逆旅，至是復舊。方叔、潛乞解機政，疏四上，詔不許。甲子，申嚴文武官改正叙復之令。己巳，出封樁庫十八界楮四十萬，賑行在軍民。丁丑，太史奏新曆成。詔賜名會天曆，行之。戊寅，再決中外繫囚。上曰：「淫雨未已〔一〇三〕，恐四方郡縣刑獄淹延，或有慘刑妄殺，可詔行寬恤。」

九月壬午，詔以明年改爲寶祐元年。丁亥，詔建西太乙宮於延祥觀左。庚戌，上諭輔臣：「近來早朝多奏臣下辭免等細事，而事體大者反從繳進，甚非臨朝聽政之意。自今宜就早朝面奏。」

十月壬子朔，詔諸路守臣，依舊制，到任半年，條便民五事及四方利病來上。癸丑，以徐清叟除參知政事，董槐同知樞密院事。甲寅，都省言：「既復襄、樊，宜措置屯田，修渠堰。」詔守臣高達任責，仍令前德安守臣程大元督役。甲子，上諭輔臣：「史院纂修，須用褒貶，必得是非之公乃可。」壬申，詔舉帥材。癸酉，宰執擬進都承旨陳力修恩數，上曰：「集撰爲都承，方可依權侍郎法，秘撰未可引此恩數。」

十一月辛巳朔，右司李伯玉劾御史蕭泰來，上令伯玉具都司劾御史故事聞奏。詔曰：「國家設御史所以糾正百官，置宰掾所以參贊機務〔一〇四〕，御史乃天子耳目之臣，而掾不過一大有司，未聞有以庶僚而糾劾御史者。近者徐霖以都司而按大有，今李伯玉又以都司而按泰來，陰懷朋比之私，蔑視紀綱之地，是非所以輕臺諫，乃所以輕朝廷也。李伯玉乃復援張商英等事以文其過，然三省、密院奏請專邪。況郭磊卿以正言而按李遇、吳當可，以體統之聯屬也。翁甫以下士而按別之傑，以其人事之關係也。若都司可以按御史，則御史反將聽命於都司矣。朝綱不幾於紊亂乎。李伯玉可降兩官放罷。」庚寅，吳潛罷。以御史蕭泰來論其奸詐十罪，如王安石而又過之也。丙申夜，臨安火。丁酉夜，火乃熄。戊戌，詔避殿、減膳。庚子，行失火家罰，成忠郎劉世顯除名、編管。壬寅，詔曰：「朕以非涼，託於兆人之上，夙夜祗懼，不敢荒寧。乃者仲冬以來，祝融挺灾〔一〇五〕，仍舊而見，闤闠盛繁之地，貨財懋遷之區，煨燼爲墟，生聚無所，號呼顛踣，震於朕聞，何辜今之人至此極也。可自今月十九日後，避正殿，減常膳，應中外臣寮，並許實封直言闕失，毋有所隱，以稱朕懇惻爲民之意。」以隆寒，出封樁庫十八界會子二十萬，賑三衙諸軍。其出戍官兵之家倍支。丙午，宰執奏曰：「臣等昨蒙聖賜御製仁厚論，深得本朝以仁立國之意。」上曰：「太祖得天下，市不易肆。累聖皆本此意。」己酉，上諭輔臣：「年來文體稍浮，科舉在近，宜少革之。」方叔奏：「欲變文體，當自奏議始。」上曰：「經濟録奏義〔一〇六〕可爲法。」

十二月乙卯，以吳潛爲觀文殿大學士、提舉太平興國宮。己未，詔追録彭大雅創築渝城功，復元秩，仍官其子。癸亥，都省言：「本朝自中興以來，依海建都，其神合該大祀。」詔自明年始，春秋遣從臣奉命往祠，仍令奉常條具典禮來上。丁丑，立春雷。

癸丑寶祐元年正月庚辰朔，御大慶殿，群臣朝賀。上出御筆曰：「朕惟皇嗣之建，係宗社國家之本，固宜早計而豫定也。建安郡王某可爲皇子，改賜名禥，令學士院降詔。」癸未，詔曰：「有天地，然後有父子，立愛惟親，聖王所以重人道之經、正天下國家之本也。朕荷上帝之眷祐，纘列聖之基圖，思所以爲詒謀之計，夙夜不敢康若，稽前猷祇用率迪。建安郡王孜，藝祖皇帝之嫡系十一世孫，皇弟、嗣榮王與芮之子，而朕之猶子也。生有奇質，岐嶷夙成，朕意屬之久矣。頃以尚幼，就邸諭教，而能篤志問學，聞於道術智誼之指。時命入侍，莊重有儀，益有契於朕心。今年齒寖長，考禮正名，允合古誼，俾居内掖，以共子職，仍開資善以親師模，庶幾日見正事，日聞正言，以成就其德美焉。上以嚴宗廟，下以繫億兆之心也。其以爲皇子，改賜名禥。」宰執稱賀。上曰：「朕注意於此久矣。」方叔對曰：「此事出於聖斷，宗社之福也。」甲申，天基節。群臣上壽。上曰：「聞元日出命，外論甚喜。」方叔對曰：「不但人心胥悅，轉陰爲晴，可見天意。」御製資善堂記賜皇子。翌日，皇子具表謝。甲辰，詔以權禮部尚書兼直學士院陸德輿知貢舉〔一〇七〕，中書舍人兼侍講鄭發、祕書少監兼侍立修注官崇政殿說書牟子才同知〔一〇八〕，侍御史程元鳳監試。

二月己酉，日有食之。詔知貢舉陸德輿等，崇雅黜浮，丕變士習。壬子，雪。詔：「臣寮久在遷謫者，令自便。惟誤國殄民者弗赦。」戊辰，謫陳垓潮州居住。先是，宰執奏其貪贓不法，宜付有司鞫問。然重以臺臣下吏，且從遷謫。上曰：「當如此，以爲人臣懷利事君者之戒。」己巳，再蠲兩浙漕司、臨安府竹木稅一月。

三月壬午，上諭輔臣：「夔門擇守，切於東南，宜速區處。」丙申，以前參知政事別之傑薨，輟視朝。尋贈少師。庚子，以韓宣爲遥郡防禦使，守夔州兼副帥。壬寅，詔曰：「比年以來，風俗不美，好惡不公，臣僚論列固許風聞，而廉訪不真、是非貿亂。自今大臣除授惟才是用，内外臺彈劾並須審實，毋攟細故，潛發陰私。其有贓污實迹，則祖宗自有成憲，必罰無赦。洛爾有位，其修身奉法，以副朕嘉與維新之意。」

四月甲寅，申嚴廷試挾書之禁。壬戌，録西柳關捍禦之功，高達、程大元、李和、吉文瑫、王登及將士等增秩、補官、賞賚有差。己巳，上問蜀中近報，方叔等奏：「已下夔路。」清叟奏：「蜀中向後分置四帥，庶有掎角之勢。」上曰：「舊自有四戎帥，又有正副帥。」槐奏：「此亦二矛重弓之意。」

五月戊寅朔，上曰：「趙希塈可差知平江府，其人清修儘能撫摩。」先是，上以吴門擇守諭輔臣。方叔奏：「平江東控海道，年來和糴，民力頗困，宜得才略善撫摩者。」至是方叔等咸贊上知人之明。辛巳，省罷處州稅官二員，置麗水縣西尉。甲申，以工部尚書兼直學士院兼侍讀尤焴、工部侍郎兼侍講林彬之、國子司業兼崇政殿說書葉夢鼎爲御試詳定官。乙酉，御集英殿，策進士。丙戌，御射殿，呈武舉七射。戊午，新除直華文閣、湖北運判兼知鄂州余晦朝辭。上曰：「西事乏人，卿可爲朕一行。」晦奏：「臣資淺望輕，西事素未諳歷，若冒承當，恐致誤國。」上曰：「朕與宰執熟籌之，無如卿者。」

[六月]庚申〔一〇九〕，以余晦爲司農卿、四川宣諭使。壬申，詔：「昨已頒余晦諭蜀之命，道里遥遠，邊防宜急，毋得退避，以失事機。」

七月辛巳，上諭輔臣：「余晦朝辭，已戒其務行寬政。」是日，國子司業葉夢鼎進對，奏至三蜀遣使，上曰：「此人有才。」葉夢鼎奏：「其人雖少有才，蜀當垂亡危急之秋，恐不勝任。願入聖慮〔一一〇〕，毋嫌反汗。」壬午，以前參知政事王伯大薨，輟視朝。丙戌，以蔡抗〔一一一〕、施退翁並兼資善堂直講。庚寅，溫、台、處三郡大水，詔發豐儲倉米及各州義廩賑之。甲午，以余玠薨，輟視朝。庚子，以董槐兼參知政事。癸卯，詔撫諭四川官吏軍民。

八月癸丑，詔福建帥司，毋得循襲以本州寄居充幕屬。丙辰，詔：「朕追惟大母保祐之恩，楊次山等易名之典尚闕，其賜次山謚惠節，谷謚敏肅，石謚忠憲。」乙丑，詔鑄寶祐新錢，以「皇宋元寶」爲文。

九月戊子，詔：「鄭清之舊學云亡，朕切念之，遠日有期，可令慶元府里葬從其厚。」〔一二二〕

十月丙午朔，出封樁庫楮四十萬，賑行都軍民。

十一月乙酉，西太乙宮成。辛酉，日南至，御大慶殿，群臣朝賀。上諭輔臣：「襄城一捷甚偉，數十年所無，令降詔獎諭。」壬寅，以延昌公主進封瑞國，命徐清叟爲册禮使，董槐副使，清叟撰册文。書册篆印，册以象齒，印以金一寸〔一二三〕，文曰「瑞國公主之印」。

十二月乙卯，御文德殿，册瑞國公主。

龜鑑曰：其封瑞國也，必才明敏慧，必仁孝温恭，必能通孔孟之書，必克遵任姒之教，必能肅雍而成德〔一二四〕，必處富貴而不驕，然後可以啓正（貞）觀晉陽之寵，可以崇興國鄭國之封。其與書之紀娥英之盛、詩之歌桃李之華者，同一宮闈之美也。又非得易家人有孚之道發之乎〔一二五〕。

庚申，以前參知政事劉伯正薨，輟視朝。壬戌，景獻太子府、沂靖惠王府並改授尚書，莊文太子府改授周禮。辛未，太常議故直龍圖閣李道傳謚曰文節。

校證

〔一〕依時收買毋得抑勒用革吏奸　再造本作「依時價招糴，平概量，革吏奸」，文海本闕文。

〔二〕五河　再造本「五河」後有「湖」字，似誤。文海本闕文。

〔三〕彭大雅　原作「温大雅」，文海本同，據再造本、宋史卷四三理宗紀校改。

〔四〕静退　再造本、文海本均作「靖退」。

〔五〕爲　再造本、文海本均作「賜」，然似作「爲」是。

〔六〕曾伯天章閣　「天章閣」，再造本作「焕章閣」，文海本「章」前爲空鉛。又宋史卷四三理宗紀作「曾伯、玠陞閣職」，「曾伯」後疑脱「玠」字。

〔七〕一千隻　三字原闕，文海本三字闕文，據再造本補。宋史卷四三理宗紀作「千隻」，可參。

〔八〕集英殿　李校：原作「集安殿」。按：宋無「集安殿」之名，「安」爲「英」字之訛，今改正。汪按：再造本作「集英殿」不誤，可作校改依據。文海本作「集安殿」，亦誤。

〔九〕兵部侍郎　再造本、文海本同，宋史卷四三理宗紀、卷四一四徐元傑傳均作「工部侍郎」。

〔一〇〕增四官　再造本同，文海本字模糊不辨，宋史卷四三理宗紀作「贈四秩」，疑「增」爲「贈」之訛。

〔一一〕劉伯玉　再造本、文海本均同，然「劉伯玉」本書僅此一見，而本年三月辛酉記劉伯正被罷事，疑此「劉伯玉」乃「劉伯正」之形近訛。

〔一二〕思爲本　再造本作「思爲主」，文海本闕文。

〔一三〕保寧軍　「保」原作「崇」，文海本闕文，據再造本及本書前卷改，另參許應龍東澗集卷一少師保寧軍節度使判大宗正事嗣秀王師彌乞解職畀祠不允詔。

〔一四〕袁立儒　「儒」原作「懦」，文海本作「穤」，據再造本校改。按袁立儒事迹潛說友咸淳臨安志、施宿等會稽續志、洪咨夔平齋集、袁甫蒙齋集等書有載，可爲佐證。

〔一五〕劉鮒　再造本作「劉耐」，文海本字迹難辨。

〔一六〕賜玉帶　「玉」原作「下」，文海本作「下一」，據再造本、宋史卷四三理宗紀校改。

〔一七〕辛卯朔　李校：三字前已言之，此處重複，與體例未合，當刪。汪按：再造本、文海本均重出「辛卯朔」，李校似是。

〔一八〕趙與𥲤　原作「趙與懽」，據再造本、文海本、宋史卷四三理宗紀校改。

〔一九〕曰　文海本同，再造本無「曰」字。

〔二〇〕左司諫　原作「左司丞」，宋無此官，文海本「丞」字空鉛，據再造本校改。

〔二一〕胡安之　原作「胡安定」，據再造本、文海本、宋史卷四三理宗紀校改。

〔一二〕李昂英　原作「李昂英」，據再造本、文海本校改。下文「［李］昂英」同此。

〔一三〕己卯臣寮言　李校：原作「寮己卯臣言」，據文意改。汪按：再造本、文海本均作「己卯臣寮言」不誤，應作校改依據。

〔一四〕江陵府　再造本、文海本均同，然疑脱「知」字，當作「知江陵府」。

〔一五〕孟蘇　再造本、文海本均作「孟茱」。

〔一六〕十一月　李校：原作十二月，據宋史理宗紀三改。汪按：再造本作「十一月」。文海本作「十二月」，再造本可作校改依據。

〔一七〕抗敵　「敵」，文海本同，再造本爲空鉛。

〔一八〕納　再造本、文海本均作「玩」。

〔一九〕應傜　本書或作「應繇」，或作「應繇」，前後不一。宋史卷四三理宗紀作「應傜」，卷四二〇應傜傳作「應傜」，現暫依宋史本傳統一爲「應傜」，以待詳考。以下不復出校。

〔二〇〕周子鎔　李校：原作「周子容」，據宋史理宗紀三改。汪按：再造本、文海本均作「周子容」。「鎔」「容」難定孰是，姑從李校。

〔二一〕外　文海本作「虜」，再造本爲空鉛。

〔二二〕學　再造本、文海本均作「舉」。

〔二三〕三月　原作「二月」，上文言二月乙酉朔，則甲子日應在三月，且「二月」不當重出。又據宋史卷四三理宗紀，庚午是在三月。據校改。

〔三四〕三　原作「一二」，據再造本、文海本校改。

〔三五〕四月重出，此「四月」疑衍。

〔三六〕封越國公　李校：原脱「封」字，據宋史理宗紀三補。汪按：李補是，今從之。

〔三七〕寇兵　文海本作「虜酋」。「寇」，再造本爲空鉛。「兵」，再造本作「酋」。

〔三八〕兵　再造本爲空鉛，文海本作「虜」。

〔三九〕賊　文海本同，再造本爲空鉛。

〔四〇〕賊　文海本同，再造本爲空鉛。

〔四一〕抽差　李校：二字原闕，據宋史卷一五八選舉志補。汪按：再造本、文海本均脱此兩字，李補是，今從之。

〔四二〕程九方　文海本同，再造本、宋史卷四三理宗紀均作「程九万（萬）」。似作「程九万（萬）」是。

〔四三〕邊地　文海本作「虜中」。「邊」，再造本爲空鉛，「地」，再造本爲「中」。

〔四四〕三月　李校：二字原闕，據宋史理宗紀三補。汪按：「三月」原作「二月」，非闕。李校改爲「三月」，是，今從之。

〔四五〕文教　再造本、文海本均作「學校」。

〔四六〕八月　再造本、文海本同，據宋史卷四三理宗紀，「辛亥」在七月。則「八月」應爲「六月」之訛。

〔四七〕苗賦　原作「苗賜」，據再造本、文海本校改。

〔四八〕辛酉　李校：二字原闕，據宋史理宗紀三補。汪按：李補是，今從之。

〔四九〕趙與簒　「簒」原作「懽」，據再造本、文海本及前後文校改。

〔五〇〕陳日煚　原作「陳日照」，再造本、文海本均同，據宋史卷四二、四六理宗紀卷四八八交阯傳，周密齊東野語卷一九安南國王（依宋史校改）、元劉壎隱居通議卷二一劉後村諸制校改。另參本書卷三二端平三年九月丙午條校。

〔五一〕可令西外宗司　「可令」原作「可領」，據再造本、文海本校改。「宗司」，再造本、文海本均作「知宗」。

〔五二〕戊午與丙子不應同月，據陳垣二十史朔閏表，本年九月己巳朔疑「戊午」以下爲十月紀事。

〔五三〕「李」後疑脱其名。再造本、文海本同脱。

〔五四〕李元潢　文海本同，再造本作「李元廣」。

〔五五〕「丁亥」以下疑十一月紀事。

〔五六〕寶貝　文海本同，再造本作「生具」。

〔五七〕貢舉　原作「責舉」，據再造本、文海本、咸淳臨安志卷一二行在所録貢院「御札御製石刻」

校改。

〔五八〕三月　李校：二字原闕，據宋史理宗紀三補。汪按：李校是，今從之。

〔五九〕籐州　再造本、文海本均同。然據宋史卷九〇地理志、祝穆方輿勝覽卷四〇藤州等，「籐」似應作「藤」。

〔六〇〕椎剥　原作「推剥」，文海本同，據再造本校改。

〔六一〕抛數　原作「排類」，據再造本、文海本校改。

〔六二〕癸卯　原作「癸巳」，文海本同，再造本作「癸卯」，依干支時序，作「癸卯」是，據校改。

〔六三〕十一月　李校：三字原闕，據宋史理宗紀三補。汪按：李校是，今從之。

〔六四〕力辭　原作「久辭」，文海本同，據再造本校改。

〔六五〕疆場　原作「疆場」，文海本字難辨，據再造本校改。

〔六六〕近令　「令」原作「今」，據再造本、文海本校改。

〔六七〕敵　文海本同，再造本爲空鉛。

〔六八〕孜　原作「孜」，再造本、文海本均同，據宋史卷四三理宗紀卷四六度宗紀、元陳桱通鑑續編卷二二校改。

〔六九〕詔添　原作「詔大」，文海本字殘，據再造本校改。

〔七〇〕三月　李校：二字前已言之，此處重複，與體例未合，當删。汪按：再造本、文海本亦重出

「二月」，李校是，今從之。

〔七一〕庶府　原作「度府」，據再造本、文海本校改。

〔七二〕璡　原爲空闕，據再造本、文海本補。

〔七三〕遠稽　原作「遠藉」，文海本作「遠籍」，據再造本校改。

〔七四〕俟降　再造本「批降」，文海本作「地降」，似作「批降」是。「地」乃「批」之形近訛。

〔七五〕殊封　再造本作「殊徽」，文海本作「珠徽」，似作「殊徽」是。

〔七六〕土著　原作「上著」，不文，據下文及再造本、文海本校改。

〔七七〕貴謙　原作「貴議」，文海本同，據再造本、宋史卷四三理宗紀校改。

〔七八〕拯救　原作「極救」，據再造本、文海本校改。

〔七九〕救楮幣　原作「通楮幣」，文海本同，據再造本、宋史卷四三理宗紀、咸淳臨安志卷四行在所録「詔令御製御書石刻」校改。

〔八〇〕淑士氣　原作「淑士類」，文海本同，據再造本、宋史卷四三理宗紀、咸淳臨安志卷四行在所録「詔令御製御書石刻」校改。

〔八一〕戒守令　原作「嘉予守令」，文海本作「嘉於守令」，據再造本、咸淳臨安志卷四行在所録「詔令御製御書石刻」校改。

〔八二〕罔利　原作「罔私」，不文，據再造本、文海本校改。

〔八三〕介意　文海本同，再造本作「經意」。

〔八四〕津遣　原作「理遣」，據再造本、文海本校改。

〔八五〕臨安　二字原空闕，文海本同，據再造本補。

〔八六〕應援　原作「應接」，據再造本、文海本校改。

〔八七〕衝突　再造本、文海本均作「衝奔」。

〔八八〕資善　原作「進善」，文海本同，據再造本校改。

〔八九〕臺諫敢言具申力抗　「敢言具申」，文海本闕文，再造本作「排擊縉紳」。

〔九〇〕直以其事之關一從甚重　「事」，文海本作「士」，餘同；「直」，再造本作「正」。「之關一從」，再造本作「之關係」。四庫本、文海本句子均不通順，似當從再造本，作「正以其事之關係甚重」。

〔九一〕雇逕　文海本同，再造本作「顧逕」，當時文獻也一般作「顧逕」。

〔九二〕四月　李校：二字原闕，據宋史理宗紀三補。汪按：再造本、文海本均闕，李補是，今從之。

〔九三〕水軍　李校：原脱「水」字，據宋史理宗紀三補。汪按：再造本亦無「水」字。

〔九四〕經界　原作「今界」，文海本同，「今界」不文，「經界」乃宋代專用術語，今據再造本校改。下文「行經界於六郡」之「經界」同此。

〔九五〕以　「以」字原脱，據再造本、文海本補。

〔九六〕令學官勉諭歸齋　「諭歸」二字原爲空闕，「齋」原誤作「齊」，文海本同，並據再造本補正。

〔九七〕置資善於禁嚴　「資善」二字原爲空闕，文海本同，據再造本補。

〔九八〕魏國公　再造本、文海本均無「公」字。

〔九九〕昭著　原作「較著」，據再造本、文海本校改。

〔一〇〇〕台　李校：原作「合」，據宋史理宗紀三改。汪按：再造本作「台」，應作校改依據。文海本作「合」，同誤。

〔一〇一〕蔡抗　「蔡」原作「葵」，據再造本、文海本校改。

〔一〇二〕己未　原作「乙未」，本月「癸丑朔」，則無「乙未」，據再造本、文海本校改。

〔一〇三〕淫雨　再造本、文海本均作「陰雨」。

〔一〇四〕參贊　再造本作「毗贊」。文海本模糊不辨。

〔一〇五〕祝融　再造本作「欝攸」，文海本作「□攸」。

〔一〇六〕奏義　文海本同，再造本作「奏議」。

〔一〇七〕陸德輿　「德」原作「得」，文海本同，陸德輿爲當時名人，文獻多載，今據再造本校正。下一「陸德輿」同此。

〔一〇八〕崇政殿　原作「崇正殿」，文海本同，據再造本校改。

〔一〇九〕六月　李校：二字原闕，據宋史理宗紀三補。汪按：李補是，今從之。

〔一一〇〕聖慮　原作「聖虞」，據再造本、文海本校改。

〔一一〕蔡抗 原作「蔡杭」，據宋史卷四三理宗紀、卷四六度宗紀、卷四二〇蔡抗傳及本書前後文校改。

〔一二〕里葬 文海本同，再造本作「禮葬」。

〔一三〕一寸 文海本「一」字空鉛，再造本作「方寸」。

〔一四〕必能 文海本同，再造本作「必懋」。

〔一五〕有乎 文海本同，再造本作「有巖」，作「有巖」似是。

宋史全文卷三十五

宋理宗五

甲寅寶祐二年正月乙未，上諭輔臣曰：「李曾伯報北兵犯利州，築城已就，不可坐視。」方叔奏：「當令余晦隨宜驅逐。」潭州以湘潭縣民陳克良孝行聞，詔旌其閭。

二月甲辰，命太常釐正秦檜謚，上因諭輔臣曰：「雖謚『繆狠』亦可。」方叔奏：「卞等亦宜改謚。」乙巳，上諭輔臣：「劍已城，利不可不作急措置。」〔一〕方叔奏：「已詳報蜀閫，增劍、利之戍〔二〕，未可直與争也。」詔：「二廣吏多貪黷，以去天遠而民無告也。令吏部考覈嘗仕廣而以貪黷免者，勿令再任，著爲令。」

三月戊寅，申嚴本路人不許授諸司屬官，其已注授者，並令改授。壬午，王元善自北來歸，元善凡三使，留七年，至是始歸。戊子，詔蠲江淮州軍今年二税。己丑，録襄城捍禦功，高達、王登、程大元、李和各進職增秩，餘補轉有差。辛丑，上諭輔臣：「謝奕修服除且以郡予之。」方叔奏：「年來戚里予郡太多，祖宗時官高者必换右，蓋有深意。」上曰：「戚里正卿以上即换右班，此典故也。」

四月辛亥，詔：「邊兵頗貧，聞邊上多有閒田，擇其田之近便依險者，分給軍人以耕。」乙卯，上諭輔臣：「謝奕修干郡，朕不欲從内批出，可從公將上。」方叔奏：「此意甚公。」己未，詔以季秋有事於明堂。庚申，上問輔臣外間所聞，方叔奏：「外論皆以謝堂兼江西提舉，恐自此外戚緣例者多，反費陛下區處。」乙丑，以徐清叟知樞密院兼參知政事，董槐參知政事。己巳，四川制司申辟隆州守臣。上曰：「武將作郡，當戒貪虐，令其撫摩遺民，此在於制閫留意。」

六月壬寅朔，罷臨平鎮税。戊申，殿中侍御史吴燧言：「故蜀帥余玠聚斂罔利，家有埒國之富，玠死，其子如孫一空帑庾之積而東，宜簿録其財以爲蜀用。」有詔責如孫輸以助蜀。甲寅，上諭輔臣：「蜀事宜早區處。」方叔奏：「向來亦有京閫兼制者。」上曰：「正欲如此，不可緩。」以李曾伯爲資政殿學士，依舊節制四川邊面。以賈似道同知樞密院事，職任依舊。丙辰，上諭輔臣：「利州王佐堅守孤壘，屢挫北鋒〔三〕，其忠可嘉。」方叔奏：「此城正介寶峰、苦竹隘間，佐以忠自奮，南永忠薄其城下，佐駡擊之，永忠流涕而退，真忠臣也。」詔王佐更進一官。先是，南永忠守隆慶，率其屬以城歸北，教授鄭炳孫先縊死其妻女，乃朝服自經。癸亥，上曰：「鄭炳孫死節可嘉，其議旌恤。」贈朝奉郎、直祕閣，訪其子官之。録行在繫囚。丁卯，上諭輔臣：「淮東馬政修舉，若足供戰騎〔四〕，其勢頗壯。」方叔對曰：「觀其分牧邊郡之説，區處亦是。」戊辰，召余晦赴行在，蠲利、閬、隆慶、潼川、綿州賦役。

閏六月壬申，董槐抗疏：「蜀事孔棘，已犯臨戰易將之戒。此臣子見危致命之日也。而上下牽制，曾未有出身當此任者。願假臣宣撫之名，置司夔門，以通荆、蜀之氣脉。」上優詔答曰：「士大夫以議論求勝者多，以事功自勉者鮮，朕爲人才世道憂之。卿深念蜀事，慨然請行，足見忠壯。然經理西事，當在廟堂，更宜勉竭謀猷，以副委任。」以蒲擇之爲軍器監丞，暫充四川制置權司職事。甲戌，命包恢爲浙西提點刑獄，招捕鹽寇。壬午，以李曾伯爲四川宣撫使兼荆湖制置大使。詔四川事力愈單，須合荆閫乃可運掉。宜趣李曾伯進司夔路，區處規模，務要速定。己亥，罷江灣浮鹽局。

七月己巳，詔：「前蜀帥政事無狀，兵苦於征戍，民困於流離，朝廷以吏議使其家輸所取蜀財，爲犒軍賑民用，其蠲近邊州郡租賦三年。」

龜鑑曰：減租、薄賦、寬役、省征，古人所以厚民也。蜀氛方解，而封家之財當散也明矣。而聖詔撫諭，實欲並邊之民悉蠲田租〔五〕，塞下之居盡復年税〔六〕，以爲休養生息之地。則耕種可不廢，而邦本可以寧，邊烽未息，而饑寒之氓當撫也久矣〔七〕。而聖訓宣諭，且念錢引輕而小者宜增〔八〕，賦斂重而多者宜減，以爲貸給新復流離之計，則關征可少寬，而民力可以阜。寬征薄賦之意如此，豈非得古人厚民力之美意乎。

丁未，上諭輔臣：「昨觀雲南備韃節次〔九〕，果能自立。」方叔奏：「荆、蜀所報，雲南尚可支吾，廣右之傳雖未得實，不容不嚴其備。」己酉，詔以思、播兩州連年捍禦，其守臣田應寅、楊文各進一秩。同知樞密院事、兩淮制置大使賈似道乞照陳韡出使湖南例，以行府爲名。從之。甲寅，太常議故光禄大夫賈涉謚曰忠肅。涉，似道父也。壬戌，以湖北安撫、知峽州吕文德總統江陵、漢陽、歸、峽、襄、郢軍馬事，暫置司公安，上下應援。

八月辛未朔，上諭輔臣：「江塘事畢，聞軍中科居人草薦〔一〇〕，不容不還其直。」方叔奏：「陛下不遺微小，敢不祗若休命。」癸酉，詔以王惟忠付大理獄。尋命臺臣莅鞫。丁丑，以謝方叔爲明堂大禮使，徐清叟禮儀使，董槐儀仗使，李性傳鹵簿使，希壂橋道頓遞使。癸未，董槐奏：「邇者陛下察貢獻之無藝，慮並緣之害民，申飭内司，諸有以田及木獻者勿納。切讀聖訓，可以弭灾召和。」上曰：「自今修造買木仍付兩司。」丁亥，詔曰：「昨者屢降訓廉抑貪之旨，以敕中外，凡屬攸司，所當遵守。近聞有不畏刑法之人，輒倚聲勢，公肆掊斂，借名貢獻，實在營私。豪民富室本無愆尤，吹毛求疵，反致其罪。甚至搶財籍産，無所赴愬，怨及於上，利歸於己，有累官府，孰甚於斯。所合嚴行告示，敢有復蹈前轍，重置典憲，必罰毋赦。」己丑，詔諸局進書。癸巳，謝方叔等上七朝經武要略〔二〕、中興四朝志傳、今上皇帝玉牒日曆會要。丁酉，特進、觀文殿大學士、醴泉觀使、信國公趙葵上疏：「臣昨辭相位，退居長沙，今蜀事孔艱，思報恩紀。乞申溧陽居正之命，庶便驅策。」内批：「卿世濟其美，諳練邊籌，夙著勳勞，朕所嘉賴。兹覽來奏，備見忠軌〔三〕。伏自壬子以來，狄難孔熾。今安西之壘雖復，而寶峰之寇未退〔三〕。朕嘗軫憂。卿既慨然體國，且許爲朕一來，尤見一飯不忘君之義。卿可趨裝過溧陽，以便咨訪，凡有所見，無靳奏陳。」

九月甲辰，以久雨，出封樁庫十八界楮幣二十萬，賑三衙諸軍。己酉，以明堂大禮奏告天地、宗廟、社稷，朝獻景靈宫。庚戌，饗於太廟。辛亥，大饗於明堂，赦天下。乙卯，荻浦寇平，憲臣包恢進二秩，陞直龍圖閣；都統劉達授横行、帶遥郡。丙辰，莊文太子府改授春秋。己未，以尤焴爲端明殿學士、提舉祕書省兼侍講，提綱史事。壬戌，詔皇子年方志學，儼若成人，節届履長，欲行冠禮。令有司討論典故以聞。癸亥，詔以景靈宫恭謝畢，詣西太一宫爲國祈祥。起居郎牟子才諫而止。詔：「朕惟祖宗盛時，待遇近戚，自有定法。比年以來，近戚文臣合干堂者不干堂，合部注者不赴部，夤緣私謁，以希批降，請求日盛，是致人言。故兹戒飭，繼今如或仍前干請，别有施行。」

龜鑑曰：后家遵繩，示無黨勢。求郎不許，内無倖恩，此抑外戚之成憲也。而理宗勸親一意，亦素依乎道理之所宜者。考祖宗待近戚之定法，而干請不行，未嘗開覬倖之門，以滋濫分之弊。革近年近戚干堂、部注之弊，而夤緣不行，未嘗希批降之旨，以重添換之冗。少保之命，若私懿親也，然威儀有則，寵利弗居，雖畀以高牙大纛而不慚，都尉之除，亦疑其爲私戚屬也，然棨戟三世，琳琅一門，雖寵以環尹、副騑而奚私，是意也，其得東漢抑外戚良法歟。

丁卯，太白晝見。

十月庚午朔，謝方叔等進寶祐編類吏部七司續降條令，各進一秩。癸酉，詔皇子永嘉郡王進封忠王。上諭輔臣曰：「皇子加封忠王，忠字意義甚好。」宰執奏：「忠之義極廣大。孔門道統相傳，不過忠恕二字。忠者體而恕者用。忠者天道，恕者人道，盡己之謂忠，推己之謂恕，如周家忠厚成福禄，與夫教忠之意皆在其中矣。」上曰：「可令以此意爲批答。」乙酉，詔皇子、忠王授崇慶軍節度使印〔一四〕、忠王之印。戊子，詔皇子、忠王冠禮，以徐清叟爲賓，師珎主之。辛卯，詔李曾伯進司重慶，其京湖職事令吕文德主之。斬王惟忠於都市。丁酉，刑部侍郎兼樞密都承旨潘凱言：「王惟忠以助余玠、附余晦，既伏鑕東市，而玠全死後之華，晦逭去後之責，何以昭平明之治，服四蜀之心。」詔奪玠資政殿學士職名，追晦刑部侍郎告命。戊戌，太常議故直顯謨閣劉宰謚曰文清。

十一月庚子朔，以皇子、忠王加冠禮，命從臣詣景靈宮，奏告天地、祖宗。壬寅，日南至，御大慶殿受朝賀。次御文德殿行皇子、忠王冠禮，賜字邦壽。丙辰，上諭輔臣：「近報光化事體如何？」方叔奏：「增築光化在江漢之北〔一五〕，欲以温和守光化，令在鬲奴堡對江與之相持。均州據光化上流，已令增兵爲備。」詔温和差知光化軍。命從臣禱雪於天竺山。壬戌，太常議工部侍郎曾漸謚曰文莊〔一六〕。癸亥，上諭輔臣：「昨欲用一人知道州，如何？」方叔奏：「不可衝下次人。」槐奏：「不如一守祖宗典故，凡近戚，惟以高官厚禄使之奉祠爲妥。」

十二月己巳朔，殿中侍御史吴燧言：「州縣財賦版籍不明，近行經界既已中輟，欲令州縣下屬縣排定保甲，行手實法。」詔先令兩浙、江東西、湖南州軍行之。丁丑，詔蒲擇之以原職兼四川宣撫司判官。辛巳，詔户部支諸軍雪寒錢，出戍之家倍給。癸未，詔：「皇子禥年當志學，既冠之後，宜親近師儒，開道德性，所讀四書書易皆當精熟，至於古今治亂之迹，尤宜講明。」樞密院言：「知利州王佐申，叛臣南永忠部下官兵周德榮能守正效忠，密約統制段元鑑入隘解圍，爲南執縛屠割〔一七〕，抗聲詈罵而死。」詔周德榮特贈七秩，仍立廟，官其子。丙戌，上曰：「一雪可喜，天機轉移，其速如此。」方叔奏：「日間聖語以雪未應爲憂，今聖德感召，願益堅對越之心。」上悚然納之。戊子，賜喜雪宴。己丑，詔效忠順化保節守義懷德歸仁慕治功臣、静海軍節度觀察處置使、特進、檢校太尉、御史大夫、上柱國、安南國王陳日煚〔一八〕，以明堂恩，加封奉正功臣。詔：「安西堡解圍，其將士褒賞外令宣司下隆慶守臣段元鑑，應官民曾資給戰士、或屈身助守禦者，並保明推賞。仍普犒在城居民一次。免租賦五年。」內批：「皇子、忠王既加元服，令赴朝參，嗣歲之春，擇日出閤〔一九〕。令內司指引。仍令臨安府、轉運司於閤中修蓋位次一所。庶幾密邇於宫庭，可以問安而視膳。」

乙卯寶祐三年正月庚申，上諭輔臣曰：「均州城築糧餉既艱，先築龍山亦便。」方叔等奏：「龍山高險，下瞰舊均，已趨京湖留司調兵修築。」壬戌，知澧州趙師簡朝辭，奏：「公族世系日衍，尚未增立字號。」詔以宗正寺擬定用、宜、季、次、紹五字於大、由、友〔二〇〕、嗣、甫字下續之。癸亥，榮文恭王府改授禮記。甲子，上諭輔臣：「馬光祖措置銅錢舊楮如何？」方叔等奏：「以鹽收敝楮，已合事宜，但錢未流通耳。」丙寅，皇子忠王出閤。

二月戊辰朔，詔禮部貢舉。庚午，詔：「尤焴免奉朝請，半月一赴經筵進讀，專令精意史事，毋爲他事所奪。」乙亥，詔撥封樁庫十八界會一十萬、銀二千兩付李夢庚，措置襄陽屯田。己卯，兩淮制置大使賈似道興復廣陵堡城，以圖來上。詔奬之。庚辰，詔令宗正少卿歲舉宗學官選人一員。壬午，上諭輔臣：「廣西之傳如何？」方叔奏：「果有斡腹之謀，當亟修武備以防之。」都省言：「宣闞入蜀，首議奉行詔旨恤民之意，宜多支羅本，以寬民力。」詔撥封樁庫十八界會二百萬，專充四川行使。乙酉，詔撥官誥、祠牒、新楮、香鹽付臨安府守臣馬光祖收換敝楮。

三月甲辰，上曰：「廷臣奏疏及邊事者傳播於外，殊有關繫。」方叔奏：「陛下許其盡言而不使之傳播，聖慮可謂周密。」己酉，詔：「沿邊屯田，自有課入登羨者，其管幹官並推賞。」癸丑，上問：「自實之法施行如何？」方叔等奏：「自實即經界遺意，惟當檢制吏奸，寬其限期，行以不擾而已。」以吴淵爲觀文殿學士、京湖制置大使、知江陵府。己未，雨土。癸亥，上諭輔臣：「胡穎欲改築宜城，亦可從之。」方叔奏：「斡腹之報，於邕、宜築得城堡，亦無窮之利也。」賜故觀文殿大學士、贈少保范鍾謚曰文肅。

四月庚午，朝獻景靈宮。蜀郡地震。癸酉，上諭輔臣：「近日流民無他否？」方叔奏：「數年來，流民在江南者皆已安業。」丁丑，以陳顯伯兼資善堂贊讀，陳堅兼直講。己卯，上曰：「朝廷紀綱法度不可不謹。」〔二〕方叔等奏：「陛下動循法度，臣等敢不敬承。」〔三〕辛巳，上諭輔臣：「聞刑獄多有冤濫。」方叔等奏：「不特冤濫，且有淹滯，當時加申警。」癸未，考功郎官洪勳輪對，奏至杜衍封還事，上曰：「朕每諭丞相，事有不可行者但繳奏來。」甲申，上諭輔臣：「三邊之事，卿等宜及時區處。」方叔等奏：「首當以此勉諭諸閫。」

五月丙申朔，上諭輔臣：「黄州乃江面緊要去處〔三三〕，印應飛不勝任，當别選人。」方叔奏：「黄州昨除張勝，今尚權鄂州，曷若以厲文翁爲之乎。」辛丑，上諭輔臣：「近來士風未純，文體太浮，宜思所以轉移之。」方叔等奏：「考官命題，主意先自穿鑿。士子希意從之，科舉在近，當行下約束。」甲辰，以久雨至丙午〔三四〕，上諭輔臣：「修築江岸軍兵不易，聞補工值雨多不給食，可令特支。」方叔等奏：「此事亦關聖心，諸軍寧不懽躍，容以聖意諭之。」詔出封樁庫十八界會二十萬，給三衙諸軍。賑臨安府民户亦如之。甲寅，詔趙汝騰除翰林學士、知制誥兼侍讀。

七月癸丑，以吕文德知鄂州，節制鼎、澧〔三五〕、辰、沅、靖五州。丙辰，謝方叔、徐清叟罷。臺臣朱應元之言也。詔三省、密院機政令董槐、程元鳳輪日當筆，共議取旨。詔曰：「朕自往年二相並命，正欲其内安社稷、外攘四夷爲己任也。然而各分朋黨，互相傾軋，無房、杜相濟之美，有牛、李角立之風，天變人事，日以薦臻，採之公論，咸謂潛之所致，吴潛既退，固宜天人協應，而方叔獨相，固宜忠以輔朕也。今則依附取容，殊無蹇蹇之節，持禄固位，而乏諤諤之忠，政以賄成，官非德選，諸子無藉，恬然而不知二邊阽危，懵然而莫恤。昔吴潛之未去，責猶可諉者。今吴潛去已久矣，責將誰歸！方叔宜當之矣。況皇天示警戒之異，臣庶有交奏之章，不奪方叔之相權，則是朕躬之有罪。爾槐、爾元鳳，尚鑒茲哉。自今以至於後，其一乃心，以輔予一人，毋若方叔之負朕也。」己未，上諭輔臣：「近來州縣贓吏甚多，不可不嚴其禁。」槐奏：「藝祖朝有流竄或杖死者。」元鳳奏：「高宗朝必籍記姓名，不復録用。」上曰：「籍記今可舉行。」壬戌，上問：「浙右被水處已盡退否？」槐等奏：「聞毗陵已退，然田禾僅可半收。」上曰：「毗陵視諸郡最低，可與檢放。」以謝方叔爲觀文殿大學士、提舉臨安府洞霄宮。

八月乙丑朔，以董槐爲右丞相兼樞密使，程元鳳爲簽書樞密院事兼權參知政事，蔡抗爲端明殿學士、同簽書樞密院事。丙寅，上諭輔臣：「朕以今日多事，選用卿等，宜一心體國。凡紀綱未振、人材未萃、民生未裕、邊備未飭，皆爲急務，宜加之意。」槐等奏：「敢不竭心盡力，仰報擢用之意。但乍當事任，典故未熟，望陛下明賜訓曉。」上曰：「然朕有區處未盡，卿亦毋隱。」以徐清叟爲資政殿大學士、提舉隆興府玉隆萬壽宮。庚午，上諭輔臣：「三邊之事卿等宜及時區處。」槐等奏：「首當以如此勉諭諸閫。」上曰：「閫外之寄，廟堂只當擇人，豈可遙制。」槐奏：「前日之病，正坐此。」丙子，以鄭性之薨，輟視朝。辛巳，上諭輔臣：「今日邊頭多事，卿可與諸閫開心用情，勉其留意備禦。」槐等奏：「已作書示此意。其他機括所繫，卻容隨事區處。」戊子，上曰：「紀綱法度，須當謹守，以革弊例。朝士遷除，各守滿歲之法。如先朝臣寮奏請遷轉格式，可討論以聞。」槐等奏：「此法固可革躁進之風，但拔擢人材，又不可拘此。」上然之。都省言：「兩淮制臣賈似道調遣兵將攻剿舊海賊兵，生擒僞元帥宋贇，俘獲尤衆。」詔奬之。辛卯，以應繇薨，輟視朝。

九月乙未，上諭輔臣：「昨日繳進黎州報，雲南果有韃兵。」〔二六〕槐奏：「今日之事，惟當選將擇守，積粟練兵，以爲備禦計。」丁酉，上曰：「軍政所當講明，諸州禁軍，不許差借，法也。宜嚴戒之。」槐等奏：「當先拘令教閱，精加選擇，以備緩急之用。仍嚴占借之禁。」上然之。己亥，上諭輔臣：「銓法不可不申嚴。」槐等奏：「但用法不用例，自然無弊。」庚子，上諭輔臣：「近日施行内侍何郁，豈可復留，合與勒停。」槐等奏：「聖斷如此，不惟可以戢奸，亦可以服中外心。」上曰：「監司守令，當思所以激勵之，則人知所勸。」槐奏：「敢不奉承聖訓。」丙午，上曰：「近觀臣寮奏疏云，事當謀之大臣。朕未嘗不與卿等謀，如有未當，且許執奏。卿等亦可自相資益。」槐奏：「儻有愚忠，奚敢有隱。」元鳳奏：「臣等雖不敢立異，亦不敢苟同。」上然之。庚戌，詔：「淮哨在境，邊防正嚴，沿江副閫豈容久虛，已差厲文翁，可趨之任。」壬子，上諭輔臣：「趙葵二劄，言邊事不苟。」槐等奏：「今日事勢不可以安危論，直當以存亡論，亦不須如此憂懼，然必内外協心圖之，如范蠡、大夫種分任國事可也。」甲寅，以陳顯伯兼資善堂翊善，皮龍榮兼贊讀。乙卯，上曰：「楮幣何以救之？」槐奏：「以臨安府酒税專收破會，解發朝廷，逐旋焚毁，官司既可通融，民間自然減落。」〔二七〕上然之，曰：「朝廷以爲重，則人自厚信。」榮文恭王府改講語孟。庚申，上諭輔臣：「連日雨寒，恐妨收刈。今得晴可喜。」槐奏：「陛下拳拳農事如此，天意必順。」

十月庚午，詔撥封樁庫會子一十三萬，犒殿、步司教閲精勇軍，其衣裝器具悉從官給。甲戌，上諭輔臣：「邊郡闕守，宜早選補，若未知其人，則令堂審。」槐奏：「審而後差，尤見公選之意。」癸未，詔永𣉻紹興府和買絹。

十一月乙未，皮龍榮進對，奏畢，上詳及資善事。龍榮奏：「忠王天資過人，若無他嗜好，倍加保養，尤爲有益。儒臣盡職分於外，望陛下以身教之於内。」上曰：「更須留意。」壬寅，董槐奏：「昨日繳進步司養馬人姓名，偶有不避御舊名一字者，軍司固所當懲，臣等亦不勝悚懼。」上曰：「臨文不避，只令更名足矣。」甲辰，上諭輔臣：「思、播當嚴爲備。」槐等奏：「已力諭宣、制兩司，令結其心，助其力，爲表裏備禦之計。」丙辰，上諭輔臣：「今邊備爲急，當無日不討論，某將當擇，某兵當調，某處當屯，某財當理，如救頭目可也。」〔二八〕槐等奏：「此皆臣等所當究心，上勞聖慮如此，敢不惜日力以圖之。」

十二月戊寅，上諭輔臣：「斡腹之傳已久，今歲措置纔有頭緒，施、黔一路亦是要害，合爲之防。」槐等奏：「向日所言，施、黔、珍、南平四郡置一副帥，屯兵守險，正謂是也。」庚辰，上諭輔臣：「朕夜來反覆思之，當選一猛將，提萬兵於施、黔以上爲控扼計。前言雲拱如何？」槐等奏：「雲拱亦肯任事。如南平據險置司，則沅、靖可無透漏之虞，須先措置調兵方可。」上曰：「可與淮西科五千人，仍度何所屯駐，何所給餉，即令理會可也。」甲申〔二九〕，上諭輔臣：「蜀報敵勢頗重〔三〇〕，間雖小捷，未聞有敢與一戰者。宜大明賞罰以激勸之。」槐等奏：「當明立賞格行下。」丙戌，上諭輔臣：「制敵以兵爲急，養兵以財爲先。今調遣方殷，理財不可緩。已諭令曾穎茂、崇潔任責，可更資之。」丁亥，上諭輔臣：「朝士有蜀人曉邊事者，可令條具備禦之策，參考而用。」戊子，雪。董槐奏：「陛下懋德積忱，上通於天，瑞雪應時，固遺蝗入地、宿麥連雲之證。今西事未寧，將士暴露，乞免表賀賜宴。」從之。

丙辰寶祐四年正月癸巳朔，御大慶殿，受朝賀。詔曰：「朕儀圖治功，宵旰在念，適時多艱，未稱朕意。威令玩而不肅，紀綱翕而不張，財計匱而生財之道蔑聞，民力窮而剥民之吏自若。敵非果彊，特自未有以振國勢，兵非不多，特莫知所以計軍實，捨法用例已非矣，有元無例而旁引，以遂其干請之私，其何以窒倖門、塞蠹穴乎！望治雖勤，課功愈邈，毋怪也。歲律云始，泰道方開，咨爾二三大臣，儆於有位，俾精白一心，各揚乃職，務循名而責實，勿假公而濟私，以弼成朕内修外攘之功，則予汝嘉。」辛亥，詔：「京湖制置大使兼夔路策應使吴淵，遇軍戎急切，許用便宜，如可俟報，仍舊申審。」甲辰，上諭輔臣：「試閤職止兩名，立爲定格，非武舉前名更不召試。」丁巳，以禮部侍郎權吏部尚書陳顯伯知貢舉，權刑部侍郎兼給事姚希得、國子祭酒權修注官戚士遜同知。辛酉，詔史嵩之除觀文殿大學士，依前永國公致仕。

二月甲子，上諭輔臣：「蜀中一捷甚偉，自此益加警備，不可一日少緩。」丙寅，詔〔二〕：「史嵩之復職，學舍有言，但慮其復出耳。其人決不再用，其職亦不可奪。」〔三〕戊午，雨雹。庚午，以久雨，詔臨安府發平糴倉米二萬石賑糶。甲戌，上諭輔臣曰：「聞所在民生蕭條，守臣不可不擇，亦不可數易。」詔三省、樞密院、六部遵照已降御札，應捨法用例等事悉警革之。丙子，以襲封衍聖公孔洙特添差通判吉州，不釐務。庚辰，上曰：「連雨未已。」槐奏：「臣等輔治無狀，願賜罷出，以答天譴。」上悚然曰：「此由朕之不德，卿等可相與舉行實政，以格天心。如聞諸路多有滯獄，可嚴行戒飭。」詔監司、州郡決繫囚，毋得淹延。獄官毋得兼僉，以妨本職。再撥平糴倉二萬石，損價接糴。出封樁庫楮幣二十萬，令殿、步、馬司給犒。其大理寺、三衙、臨安府屬縣、諸酒庫所見監贓賞錢悉蠲之。命從臣禱於天竺山。癸未，槐奏：「前日陰雨，陛下惻然念及軍民而賑恤之，且有引咎之言，旋即開霽，所謂禹、湯罪己，其興也勃焉。」元鳳奏：「天人感應甚速，望益加聖心。」上曰：「敢不益加敬畏。」詔舉廉吏。詔令宣使覈實〔三三〕，凡戰多者、死事者，疾速條上推賞，被兵之地、流離之民，一應科征悉與停免〔三四〕。

三月丁酉，詔與芮爲太傅，依前武康軍節度使、萬壽觀使、嗣榮王。庚子，上曰：「今日兵財爲急，招兵已將及數，理財尚恐隱漏。」槐奏：「近創安邊太平庫，拘榷頗明。」壬寅，詔蒲擇之權兵部侍郎、四川宣撫制置使兼知重慶府。著作佐郎兼資善堂直講鄭雄飛輪對，奏畢，上問：「皇子讀書如何？」雄飛奏：「皇子天姿聰明，嘗輯録聖訓，一日以示臣，陛下貽訓正大明切，皇子又能謹藏習誦之。」上曰：「能如此。」庚戌，上諭輔臣：「蜀中更求東南一二人，以爲二矛重弓之備。」槐奏：「近遣李遇龍爲都統，輿論謂然，更當採訪以備擢用。」丙辰，御製字民訓，遇引見改官人，令閤門宣示，仍批於印歷之首。訓曰：「爾等服勞州縣，始應脱選通籍〔三五〕，信難矣。而學製爲尤難。其律己必廉，否則墨；其養民必惠，否則暴；其聽訟必公，否則私；其莅民必勤，否則怠。即往乃封〔三六〕，祗若予訓。邑有善政〔三七〕，朝徹夕聞。表用者有先朝故典，在昔子路治蒲爲難，夫子誨之以恭寬溫惠之理〔三八〕，三年而後有成〔三九〕。朕之言，夫子之遺意也，聽之毋忽。」

四月丁卯，上諭輔臣：「累年北騎涉淺渡淮〔四〇〕，合於沿邊措置防遏。」戊辰，董槐奏：「敵有謀築棗陽軍者〔四一〕，近吴淵已焚其所立寨舍。」上曰：「可諭吴淵早取光化，如蜀之劍州〔四二〕、淮之舊海，皆當諭閫臣及時圖之，若根蒂已固，必爲後患。」太常議，故寶謨閣直學士游九功、故寶謨閣待制徐僑謚曰文清。甲戌，槐奏：「近觀邵澤進故事，舉藝祖買薰籠一節，此正人主示以不得專恣之意，庶後人有所遵守。」元鳳奏：「湯之制心，非但爲一身計，乃所以爲後人計。」上皆然之。癸未，詔賈似道爲參知政事，吴淵進官三等，並職任依舊；程元鳳爲參知政事，蔡抗同知樞密院事〔四三〕，丁大全爲御史。

五月壬辰，上諭輔臣：「趙與簄奏，乞定所招軍名及差人統馭，如何？」槐奏：「合令與簄就統者，已令用遊擊名軍矣。」甲午，孔子五十世孫元龍授初品官。丁酉，以新除權吏部侍郎、時暫權中書舍人兼侍講陳大方，新除起居舍人兼權直學士院兼權直舍人院兼侍講林存，太府卿兼檢正諸房公事饒虎臣爲殿試詳定官。戊戌，御集英殿，策進士。甲辰，上諭輔臣曰：「此去秋防不遠，宜事事爲之備。」槐奏：「蒲擇之申，羅氏鬼國報，思、播州謂北兵留大理者招養蠻人爲嚮道，此不得不憂。」上曰：「宜令擇人多方扶持之〔四四〕。彼不能支，則駸駸及我矣。」乙巳，上諭輔臣：「邊備合加申嚴。」槐奏：「蒲擇之謂見措置瀘、叙之上鹽井設險以待之〔四五〕，仍以鬼國爲慮，此事不可吝費，使之大作規模，或饋調以助其力。」元鳳奏：「若令播州以兵助羅鬼，制司以兵助播州，亦似可行。」上曰：「更令制司從長區處。」上諭輔臣：「邕、宜之備不可不加嚴，老鼠隘畢竟如何，合於此三兩月便定規模。」槐奏：「當以聖旨催促。今惟有盡力人事而已。」戊申，上曰：「近來北兵非昔時比，若我有以制之，無不取勝。」槐等奏：「在我爲必勝之計，可也。」因奏吴淵經理光化之畫〔四六〕。上曰：「此當以計取，如苻堅敗於淝水，亦是以計勝之。」甲寅，御集英殿，賜正奏名進士文天祥等及第、出身、同出身，凡五百六十九人。丙辰，賜特奏名進士袁復元等敕，凡六百六十人。

六月甲戌，以朱禩孫爲太府寺簿、知瀘州兼潼川路安撫，任責措置瀘、敘〔四七〕、長寧邊面。辛巳，浙江堤成，凡朝廷科撥錢以緡計百三十五萬九百九十有奇，米以石計三萬三千一百，而臨安府之費不與焉。癸未，董槐罷。以臺臣丁大全之言也。詔程元鳳、蔡抗可時暫輪日當筆，軍國重務商榷奏聞。丁亥，太白入井。

七月辛卯，上諭輔臣：「財計所當整頓，吏姦不可不防，須擇曉練都司提其綱。」尋以趙子秀〔四八〕、趙崇潔任責拘榷。詔曰：「執政當筆，具有典故，一日必慎，乃分之宜。卿等素懷體國之忠，雅有濟時之略，偶虚揆席，借助賢勞，弊所當革，勿以易至招怨辭，利所當興，勿以暫焉承乏沮〔四九〕。況均是大臣，自當任責，事毋庸遜，當以身先，力拯時艱〔五〇〕，迄圖明效，以副朕責成之意。」甲午，以董槐爲觀文殿大學士、提舉臨安府洞霄宮。丙申，詔：「進退臺諫，權在人主，若由學校，萬無此理。且非大臣所得進退，學校可得而進退之乎。叩閽縷縷，更無已時。可令學官先諭三學諸生，各安心肄業，以副朕教育之意。仍令御史臺契勘當時同持臺牒作倡鼓率之吏〔五一〕，重作施行；令臨安府根究本隅將校，懲其不能鈐束隅兵之罪，以爲張皇者之戒。」先是，丁大全劾免董槐，用臺牒差隅兵，夜半迫之出關。物情殊駭。大全繼入疏自解。上亦不以爲然。三學屢上書，故有是命。戊申，上諭輔臣：「吴淵乞萬兵以備瀘、叙、思、播，何以應之？」〔五二〕元鳳奏：「欲令淵且選兵五千至夔門，瀘〔五三〕、叙有急則援瀘、叙，思、播有急則援思、播。東可以捍金、洋，南可以庇歸、峽。」卻從沿江調兵五千，以補京湖之數。」上曰：「如此區處極是。」乙卯，以程元鳳爲右丞相兼樞密使，蔡抗參知政事，張磻爲端明殿學士、簽書樞密事。丙辰，上諭輔臣：「振飭紀綱，修明法度，今日急務。」又曰：「前此只緣徇情廢法，以致蠹弊滋多。今當痛革。」元鳳奏：「敢不遵守法度，以無負明訓。」上又曰：「邇來朝廷之勢輕，盍思所以重之。」元鳳奏：「當以求才爲急，人才衆多，則國勢自重。」上然之。

八月甲子，元鳳條陳正心、待臣、進賢、愛民、備邊、循法〔五四〕、謹微、審令八事。詔：「朕之命相，正欲仰成，覽奏旨哉，乃言惟服，尚期勵翼，其克有勳。」甲戌，以元鳳奏：

「董槐常點郡守十餘人〔五五〕，欲堂聚審訂將上。」上曰：「郡守字民之官，不可輕授。」丙子，上諭輔臣：「三邊備禦稍密，惟斡腹一事尚當加意。」元鳳奏：「近田應寅申，乞重瀘、叙〔五六〕，以爲思、播之援，已行下制司區處。」辛巳，上諭輔臣：「屬官帶行朝職，外閫容或有之〔五七〕，内地帥閫雖有請，亦不可從。如武臣帶環衛、閤職，須統兵帥守則可。」〔五八〕尋詔諸閫屬官、帳前武臣並不許帶行内職，令三省、樞密院遵守。

九月壬辰，四川制司奏：「西南蕃吕告鑾目寧名天兄弟慕義，合烏蘇鑾兵戰敵有功。」〔五九〕詔各補承信郎。甲午，上諭輔臣：「聞廣守多貪虐害民，宜先汰其尤者。」元鳳奏：「敢不仰遵聖訓。」丙申，詔邕州守臣程芾奪二秩罷。己亥，元鳳言：「淮閫近奏，援蜀之兵久戍貧窶，當議周恤。」上曰：「可即支撥付淮閫，徑自遺給〔六〇〕，毋令遲滯。」己酉，上諭輔臣：「近有言羅鬼不足恃者。」元鳳等奏：「置吕文德於沅、靖，置向士璧於歸、峽，城築之費、甲兵之需，無不應之，正所以爲此備也。又聞黄平一路可通靖州，已屢行下荆閫，嚴作防捍，更當趣之。」甲寅，朱熠言：「境土蹙而賦歛日繁，官吏增而調度日廣。景德、慶曆時，以三百二十餘郡之財賦，供一萬餘員之俸禄。今日以一百餘郡之事力，而贍二萬四千餘員之冗官。邊郡則有科降支移，内地則欠經常綱解〔六一〕。欲寬財力，必汰冗員。」從之。

十月癸亥，出封樁庫新錢兑便，以濟民用。丙寅，命録進姚永慶上書所言蜀中便宜事。乙亥，上諭輔臣：「敵犯襄陽界〔六二〕，郢係襄、樊糧道，可行下措置爲援郢計。」己卯，上諭輔臣：「吴淵奏，北哨頗多，想襄陽守將多是閉城自守，須據險設伏，乘機攻擊，使知所畏而遁。」癸未，上問：「京湖無報？」〔六三〕抗奏：「向士璧申，敵犯峽之懷遠〔六四〕，恐其窺江。」〔六五〕元鳳奏：「侵峽之哨，即荆閫所報自格奴來者，士璧慮其窺江，不可不防。」

十一月戊子朔，以丁大全爲左諫議大夫，吴衍、翁應弼並除監察御史。癸巳，太學諸生復叩閽上書。乙未，上諭輔臣：「蜀報敵犯巖州〔六六〕，恐逼黎、雅。」元鳳奏：「蒲擇之謂取道入大理，已遣嚴逢將兵緊守關隘矣。」丙申，詔學官申嚴學法，戒飭諸生。詔曰：「朕樂聞切直，豈厭人言。邇年臣下不能體國，惟以公報私，植黨相傾，蠱壞士習。學校儲才之地，乃有蹈於匪彝，譸張爲幻，亂政害民，甚非教育初意。每念學校大體，未欲令有司施行，今又相師成風〔六七〕，背義趨利，憑虚駕空，公論安在。又令學官申嚴祖宗學法，俾諸生安心肄業，遵守惟謹。其有經明行修之士，精加考察，擇其尤者以聞，朕將器使之。若或怙終不悛，自畔名教，則正典憲，亦非得已。仍令三學立石。」詔：「正、特奏名御試，毋得更循舊制例，以武功資帖比折陞甲、陞等。」詔：「蜀有兵難，民不聊生，所當招集，撫摩使之安業。乃聞官吏多端誅求，殊失培植邦本之意。下四川制司，戒飭屬部，違者必罰無赦。」乙巳，以監察御史吳衍翁、應弼言，太、武學生劉黻等八人拘管江西、湖南州軍，宗學生與伯等七人並削籍拘管外宗司。癸丑，日南至，御大慶殿受朝賀。以張磻同知樞密院事，丁大全端明殿學士、簽書樞密院事，馬天驥端明殿學士、同簽書樞密院事。詔：「朕聞祖宗立法，悉行寬厚，惟贓吏之罰，獨不少貸，爲其蠹國害民也。朕待遇臣下，未嘗不寬，訓廉有銘，正欲善誘，不謂邇來貪風轉熾，國與民俱匱，而士大夫家益肥，間有號清流，而居之污濁尤甚，朕何賴焉。自今小大之臣，各宜洗心滌慮，毋縱於貨賄。其或不悛，有淳祐之法在〔六八〕，舉而行之，非朕得已也。」詔：「開國以來，勳臣之裔，有能世濟其美不能世濟其祿者，令所在州軍體訪以聞。」詔：「參政蔡抗擅自去國，勉留不返，可除職予祠。」尋以中書舍人林存繳進，奏寢其命。

十二月庚申，上諭輔臣：「敵築棗陽〔六九〕，近調呂文德應援如何？」元鳳奏：「文德可任此責。」熒惑犯填星。乙丑，以張磻兼參知政事。庚午，御射殿，閱諸班直射者〔七〇〕，換授有差。壬申，詔百司庶府及諸道監司以下，毋以私怒寄收人於縣獄。有罪應收者，結絕不許過三日。甲戌，詔出封樁庫新造川會收換兩料川引〔七一〕。詔獎諭荆閫吳淵，敕：「荆襄首蜀尾吳，國之屏蔽，乃者邊人來告，朕每注意，未嘗不在襄。有臣如卿，恃以無恐，卿血忱徇國，賢於長城，練兵偏裨，指授方略，距兵兩月，以老北師，驅之出境，而以捷告，朕甚嘉焉。疆埸之事〔三〕，一彼一此，猶有晉在，焉得定功。卿能周慮熟思，恃勝保境，以圖萬全，式副朕意。其一行立功將士，仰制司速開具聞奏，次第議賞。」

丁巳寶祐五年正月丁亥朔，御大慶殿，受朝賀。詔戒飭群臣：「凡可以疏瀹弊源、剔除蠹穴、興起天下之治者，其儀圖之，式副朕内修外攘之志。」以趙葵爲少保、寧遠軍節度使、京湖宣撫大使、判江陵府兼夔路策應大使，進封衛國公。賈似道知樞密院事，仍因任。吴淵參知政事，李曾伯湖南安撫大使、知潭州。辛卯，天基節，御垂拱殿，群臣上壽。上曰：「吴淵奏斡腹支徑頗詳。」元鳳奏：「昨日準宣諭，鹽井鏵鐵山等險隘已劄蒲擇之疾速措置。」乙巳，雷。丁未，上曰：「春令未深，雷已發聲。」元鳳奏：「此皆臣等燮調無補之咎。」上曰：「雷者，天之號令。自今號令之間加謹。」詔：「雷發非時，朕心惕然。考之易象，所當赦過宥罪。應諸郡有戾於罪者，非犯惡逆、自徒流以下並從減等行遣。内有囚禁淹延者，悉與斟酌，事事從恕疏決。監贓不及一千貫者蠲放。」戊申，上曰：「獄訟淹延，亦能上干陰陽之和，宜速與疏決。」元鳳奏：「昨日恭睹御筆，考大易雷雨作解之象，舉行赦宥，仰見陛下敬天愛民之意。」己酉，御後殿，引見吏部奏舉改官四十三人。辛亥，以吴淵薨，輟視朝。

二月戊午，詔賈似道陞兩淮安撫大使。庚申，御筆：「蜀境奏凱，而俞興城下之捷尤爲奇偉，朕甚嘉之。興〔七三〕，大忠之子也。向以父罪，聊示薄懲，今盡釋前過，仍令制司具立功守將以下姓名來上，等第推賞。」尋賜俞興金帶〔七四〕。上曰：「俞興嘉定城下之捷甚偉，令盡釋大忠之罪，不待其有請。」元鳳奏：「陛下如此處置，直得御將賞功之道。」甲子，上曰：「春防是時邊頭無報否？」元鳳奏：「昨日淮閫言，北兵見駐兵河南，不可不嚴爲之備。」乙丑，右正言戴慶炣言：「數十年來，諸處戎帥專肆貪婪〔七五〕，逼令軍人營運。願申警戎帥嚴與禁戢軍債。」從之。己巳，上曰：「李遇龍奏，溪蠻爲敵所有〔七六〕，欲爲窺伺邕、宜之計，不可不預爲之備。」元鳳奏：「去秋已聞此説，屢令徐敏子體探虛實，嚴爲防拓。又行下邕、宜險要去處屯兵，爲不虞之備。」癸酉，上曰：「賈似道奏，渦口築城，上環荆山，下連淮岸，險要可據。」元鳳奏：「已晝旨令便興工。」

三月癸巳，上曰：「聞近畿頗有剽竊，所當禁戢。」元鳳奏：「此帥、憲責也。當令嚴切禁止。」上曰：「可。」戊戌，詔曰：「高宗皇帝克紹大業，寵綏萬民〔七七〕，厄十世以中興〔七八〕，恢旋乾轉坤之烈，御六飛而南渡，有櫛風沐雨之勞，定社稷以奠鼇極之安，明統系以詒燕謀之永。豈有光復我家之盛，未隆升陪世室之尊〔七九〕。永言孝思，稽古多闕，所以採博士議郎之是，酌人情禮制之宜，倣有夏之祀少康，法元和之尊光武，合一祖三宗而並侑，有德有功，則參天貳地之宏規，丕承丕顯，用秩元祀，昭宣重光陟配。而多歷年以陳常於時夏，會通而行典禮，將大饗於季秋。」己酉，御筆：「朕聞政平訟理則民安其業，告訐易俗則禮義興行。近有司受詞，多是並緣爲奸，延及無辜，攤賴縎錢動以萬計，是可忍也，孰不可忍。其耳目所接者，已悉蠲放，餘令御史臺覺察以聞。」庚戌，上曰：「近日官府多以偏詞，攤及平民，不可不戢。」元鳳奏：「偏詞豈可輕信，須當公議並觀。」乞以御筆宣付史館。」從之。

四月庚申，朝獻景靈宮。壬戌，上曰：「宜州守臣不可不擇。」元鳳奏：「當擇有才略者處之，否則用武將之有謀而曾經戰陣者。」上曰：「然。」癸亥，上曰：「格法當守，弊例不可放行。」元鳳奏：「凡有援例而法不可者，臣未嘗曲徇之。」丙寅，以並侑高宗皇帝奏告天地、宗廟、社稷。丁卯，詔高達以白河戰功，進右武大夫、遥郡防禦使，王登進官一等，直秘閣。戊辰，御射殿，閲諸班直射藝，換授有差。庚午，上曰：「徐敏子行邊，正爲防秋計，未可遽回八桂。」〔八〇〕元鳳奏：「已諭令未得便回，須俟朝廷指揮。」壬申，上曰：「李遇龍奏，楊禮舍苦竹隘而守吉平，北兵有占築苦竹之謀，宜諭蒲擇之急爲進守計，以破其姦。」元鳳奏：「向來段元鑑克復此隘極爲不易，楊禮不應輕棄，令擇之急作措置，毋爲韃所據，當更趣之。」甲戌，詔以今年九月有事於明堂。丁丑，上曰：「徐敏子遊邊，恐緩急無人應援。」元鳳奏：「近敏子申，以帥事委之機幕，郡事委之倅貳，區處已得宜。

今朝廷既撥錢應其調度，敏子必能奮勵以圖事功，不必別委他司〔八二〕，恐徒成牽制。」上曰：「然。」己卯，上曰：「蒲擇之申，韃窺苦竹隘，乞調兵會合驅逐。」元鳳奏：「已下京湖調五千應援，更當催趣，及秋防未動，速濟此事。」

閏四月丁亥，上曰：「京湖調兵入蜀，可更趣之。」元鳳奏：「若京湖以兵少爲辭，當於湖南調遣以補其數。」己丑，元鳳等上中興四朝志傳、今上皇帝玉牒日曆會要實錄經武要略。詔元鳳、大全、礌、似道、天驥各進官二等。壬辰，上曰：「李遇龍奏，北兵窺劍門，將築堡寨。」元鳳奏：「得蒲擇之報，閏月初旬出師，以朱禩孫監諸司軍，擇之自以制司兵繼之。」上曰：「此事不可緩。」御筆：「方今多事之秋，非賢不乂，賴卿等作朕股肱耳目，靖共爾位，各迪有功。宰執以公道行公法，臺諫以公心行公論。並仰體高宗皇帝聖訓，毋得合黨締交，自貽伊慼。仍札御史臺。」元鳳奏：「恭睹御筆訓飭，臣願自今進擬遵守舊規，明注鄉貫，非惟昭示公道，亦可防閑吏奸。」甲午，上曰：「徐敏子行邊，當令且留邕、宜。」元鳳奏：「敏子近自邕趣宜，融、宜距静江爲近，恐已回司。昨劄令須過冬防。」上曰：「可趣回邕管。」乙未，謝奕昌爲少保、保寧軍節度使，充萬壽觀使。戊戌，元鳳等上進編修吏部七司條法。己亥，上曰：「趙葵行邊，已見的確，如郢之增溪城濠，運糧於襄有三年之積，措置可謂合宜。」元鳳奏：「趙葵於邊事實是留意。」上曰：「葵近奏，已調援蜀兵三千。」元鳳奏：「昨令調遣五千，今恐未足用。」上曰：「已令增調矣。」丁未，上曰：「廣右之防，橫山、永平、虎頭關最要切，合先置堡寨，然後屯兵。」元鳳奏：「當令措置。」壬子，上曰：「趙葵奏，乞招兵十萬，分布淮、蜀、沿江、京湖。」元鳳奏：「當從其請，錢糧自合與辦。」

五月壬午，録行在、建康繫囚，杖以下釋之。詔夏貴城築荆山，尅期集事，陞正任刺史。

六月丙戌，上曰：「昨晚有雨，甚可喜。」元鳳奏：「伏中得雨，田禾滋茂，尤農家之幸。」癸巳，命侍從、卿監日一人禱雨於天竺山，郎官詣霍山。甲午，上曰：「蒲擇之已回，苦竹險隘尚未能取〔八三〕，可惜失此機會。然劍門之賞不可不從厚，庶可激勸，使之了辦寶峰一事。」元鳳奏：「敢不仰遵聖訓。」尋詔擇之進官二等，餘陞轉有差。庚戌，上曰：「昨日得雨甚好，北關之外雨尤驟。」元鳳奏：「諸處已皆得雨，連日陰雲四合，雨意未已。」上曰：「數日有邊報否？秋成甚近，不可不爲備。」元鳳奏：「靡日不申儆，更當遵奉聖訓。」壬寅，御筆：「賈似道荆山成城，義在懷遠，繪圖來上，殊用嘉歎。可令學士院降詔奬諭。」癸卯，出封樁庫十八界楮幣二十萬貫，賑都民，三衙諸軍亦如之。丁未，上曰：「羅事曾契勘否？」元鳳奏：「去歲所羅，視寶祐三年以前多三分之一。今歲更當斟酌。」上曰：「可。」己酉，上曰：「數日來雨意又慳。」元鳳奏：「聞遠處霑足，近地差少。」上曰：「有禱祈未遍〔六三〕，更當舉行。」元鳳奏：「謹遵聖訓。」

七月乙卯，上曰：「連日四郊多雨。」元鳳奏：「更須接續霑足，則一稔無憂。」録中外繫囚。己未，太白晝見。詔蠲諸路州縣民户逋欠官賦。庚申，上曰：「洪芹往桐川禱雨，得雨甚霶霈。」元鳳奏：「守臣門迎御香之時，雨即沛然，仰見陛下一念所感，其應如響。」辛酉，上曰：「蒲擇之甚欲取寶峰，以糧運不繼，又值霖雨，器械損弊，因此中輟。」元鳳奏：「更看續報。」乙丑，詔諸路閫帥司招填軍額，申嚴占借之禁。丙寅，上曰：「與篤言吳門得雨甚洽，一稔可必。」磻奏：「陛下敬天、愛民有素，固宜昭格。」上曰：「朕宮中覽中外章奏，未嘗敢自暇逸。」元鳳奏：「此堯、舜、文、武兢業憂勤之意也。天下幸甚。」庚午，上曰：「昨日經筵有以邊臣久任爲言者，朕諭之曰：李漢超守關南十七年，郭進守山西二十年，官皆止於觀察使。久任邊臣，乃祖宗馭將帥、服夷狄之法也。」元鳳奏：「仰遵陛下率由舊章之意。」辛未，上曰：「趙葵水陸並進，其志頗鋭。」元鳳奏：「葵思立功以報陛下，良可嘉尚。」甲戌，上曰：「北人歸明曾授差遣而任已滿者，可令保明上聞，並與添差職任，免令待次。」元鳳奏：「陛下至仁如天，兼愛南北，謹遵聖訓。」丁丑，上曰：「趙葵奏，新野既捷，欲養鋭以圖光、棗。」元鳳奏：「葵遣王登等入敵境，焚其糧食，亦可絶光、棗之援。若能審機而發，當有可圖之理。」戊寅，上曰：「州郡所欠内帑項目甚多，年遠者悉與蠲放，其合解者，可下諸路令隨正綱帶納。」辛巳，上曰：「聞敵有窺東川之意〔八四〕，可下制、帥諸司嚴爲之備。」

八月丙戌，上曰：「光化捷奏到，朕令人諭以始命取光化〔八五〕，今所報止此，尚宜勉圖。」元鳳奏：「陛下明謨雄斷如此，閫臣必能仰遵聖訓。」己丑，以程元鳳爲明堂大禮使，張磻爲禮儀使，丁大全爲儀仗使，與芮爲鹵簿使，史宇之橋道頓遞使。甲午，上曰：「郡守率待遠次，而蜀郡往往闕人，可選廉能者，往任撫綏經理之責。」丁酉，詔：「賈似道版築奏勳，名義甚正，示不忘遠，式契朕懷，進官三等。」庚子，上曰：「近有鬱攸爲災，延燎頗多，居民殊可念。」元鳳奏：「不能救其微，及既熾自難撲滅。」上曰：「臨安府所奏，附城民屋須遠二丈〔八六〕，此說可行。」元鳳奏：「可備不虞。」以張磻爲參知政事，丁大全同知樞密院事兼權參知政事。庚戌，詔申嚴諸路州縣稽留赦書、奉行不謹及遞兵違慢之弊。

九月壬子朔，以久雨，出封樁庫十八界楮幣二十萬，賑都民，三衙諸軍亦如之。詔：「今從臺臣遷卿少而輒出關者，準違制論，著爲令。」詔曰：「言路不常厥官，其來已久，臣子擅自去國，前此所無。良由待士大夫以寬，故習俗日趨於薄，然遽加黜責，所不忍爲，姑示申嚴，庶幾聳聽。曩時察官遷卿，如汪剛中、葉宰、杜範、劉應起莫不恪共乃職，誰曰不然。惟近日盜名欺世，相師成風，纔聞改除，隨即就道，自詭抗節，實犯不恭。今後應臺諫遷他職者輒出關，以違制論，務在必行，仍著爲令。所有吴衍、翁應弼可劄令日下供職。仍劄本寺各差胥吏催促前來，不許輒違君命。」癸丑，上問邊報，元鳳奏：「趙葵親往點視關隘，北哨卻未遁。」上曰：「須攻擊使早退可也。」元鳳奏：「當趣之。」辛酉，大饗於明堂，赦天下。乙丑，上曰：「明禋告成可慶。」元鳳奏：「皆陛下精忱感通天宇，澄霽中外，莫不忻悦。」上曰：「繼此當力行好事。」戊辰，上曰：「蒲擇之奏，韃侵羅氏鬼國〔八七〕，不可不爲之備。」元鳳奏：「擇之報，已多調兵往潼川，如韃侵羅鬼，則邀其後。又劄播州嚴備。令更下康湖諸處嚴作措置。」上曰：「可。」甲戌，上曰：「播州乞兵，想事勢頗急。」元鳳奏：「此亦機會，不可不亟與調遣。」上曰：「當令夾擊。」元鳳奏：「昨已令朱禩孫襲其後，吕文德遏其前，此即聖訓所謂夾擊也。」上然之。戊寅，以史嵩之薨，輟視朝。己卯，以王福爲左金吾衛上將軍、知和州，吉文瑶主管殿前司，郭濬主管侍衛步軍司。庚辰，上曰：「王福得歷陽，鄉郡聞以爲榮。」元鳳奏：「陛下念其服勞殿陛十有餘年，以此優之，深得御將之道。」上曰：「吉文瑶、郭濬之除如何？」元鳳奏：「甚愜公論。」

十月乙酉，恭謝景靈宫。庚申，張磻薨，輟視朝。癸巳，雷。甲午，虹。丁酉，以林存爲端明殿學士、簽書樞密院事。戊戌，雪。上曰：「京湖之捷，合與行賞。」元鳳奏：「容斟酌擬進。」己亥，上曰：「昨日之雪，高處所積甚厚，連宵雨亦甚有濟。」元鳳奏：「雪雨應時，最宜二麥。」上曰：「朕閲班簿，二廣頗闕監司，須遴選，可爲帥臣之儲。」元鳳奏：「容審擇奏聞。」以瑞雪應時，出封樁庫十八界楮幣二十萬，賑都民，三衙諸軍亦如之。庚子，以皇子忠王爲遂安鎮南軍節度使，皇女進封昇國公主。甲辰，上曰：「趙葵奏，沅州有糧，可以運發。」元鳳奏：「蒲擇之亦謂播州有糧，吕文德正慮糧乏，今既有此，可以進師。」戊申，上曰：「付出劄子言斡腹事，及守臣有當易者。」元鳳奏：「已行下宣撫司。吕文德既入播州，而沅、靖支徑尚多，責令措置，其守臣容擬進。」庚戌，樞密院言：「諸軍逃亡，多因掊克無藝，役使非時。今後有捕獲及自首者，令主帥審問，如老疾即與放停，其强壯而情犯輕者，與放全請。若將佐不能拊恤，當議其罰。」詔令諸閫、三衙及江上沿邊諸軍州厢禁軍一體遵守。

十一月壬戌，詔：「朕軫念軍民，無異一體。嘗令天下諸州建慈幼局、平糴倉、官藥局矣，又給官錢付諸營置庫，收息濟貧乏。奈何郡守奉行不謹，所惠失實，朕甚憫焉。更有斃於疫癘、水災與夫殁於陣者，遺骸暴露，尤不忍聞也。可行下各路清强監司，嚴督諸守臣，宣、制、安撫嚴督主兵官，並要遵照元降指揮，如慈幼則必使道路無啼飢之童，平糶則必使小民無艱食之患，官藥則劑料必真、修合必精，軍庫收息則以時支給，不許稽違，務要公平，而不許偏徇，庶若民若軍皆蒙實惠。仍令召募諸寺觀童行〔八八〕，有能瘞遺骸及百副者，所在州縣保明，備申尚書省，給度牒一道，以旌其勞。可備坐指揮，各令知悉。」甲子，上以安南國表章詞意恭順，可令學士院降詔獎諭。乙丑，上曰：「賜安南國獎諭，合有嘉賚。」元鳳奏：「今茲錫賚蓋出特恩，須用金器幣、香茗之類。」上曰：「可斟酌擬進。」丁卯，上曰：「邊烽未靖，恐郵遞稽遲，不可不申嚴之。」元鳳奏：「當下諸閫，計程限日，毋得遲滯。」癸酉，上曰：「諸將提兵征討，當直入播境，須令追襲進剿。仍撫循諸蠻，不可縱軍士騷擾，以失其心。」元鳳奏：「謹遵聖訓勉飭之。」甲戌，上曰：「上流之報稍寬，正方是自治之歲月。」元鳳奏：「邊士當無日不申儆。」乙亥，上曰：「昨日付出黃平圖本，其間險要處皆當置屯。」元鳳奏：「黃平、清浪、平溪三處，當審度緩急分置大小屯，已令宣司作急區處。」

十二月辛巳朔，上曰：「廣右備禦及此少暇，宜立規模，合閫置屯，當行事即可擬進。」〔八九〕元鳳奏：「容詳酌以聞。」以李曾伯爲資政殿學士、湖南安撫大使兼廣南制置大使，置司靜江府。戊子，雪。西湖冰合。丁酉，詔：「三衙及江上諸軍，應從軍職事並要戰功及隊伍中人，不許以任子、雜流、非泛補授，其離軍者，止許授不釐務差遣，果有材略功績，從制、閫保明，卻與釐務。」甲辰，雨。上曰：「今日立春得雨，歲事可期。」元鳳奏：「早來既雨，而霧氣又滃鬱，此地氣上騰之象也。」丁未，歲、熒惑入氐〔九〇〕。

戊午寶祐六年正月辛亥朔，御大慶殿朝賀。以丁大全爲參知政事、同知樞密院事〔九一〕，林存兼權參知政事。下詔戒飭群臣。癸亥，詔出封椿庫銀一萬兩，付蜀閫。詔趙景緯屢辭召擢，雅志嘉尚，特改京秩。辛未，上曰：「印應飛報敵窺安南〔九二〕，有的報否？」元鳳奏：「李曾伯已啓行，旦夕必有報聞。安南遣兵禦敵，勝負未知，然吾國之備不可不密。」癸酉，上曰：「黃平之屯如何？」元鳳奏：「趙葵申，霍友諒已回沅州，同呂文德區處。朝廷見議專官相度。」上曰：「可擇忠實詳練者擬進。」御後殿，引見吏部奏舉改官四十二人。甲戌，詔：「呂逢年往黃平督趣，就點視四川隘寨，相度思、播隘要，知甕左如鹿通、鹿廣、宇翅、鹿盤州等處孰爲要會，趣辦工役，毋令疏漏。」己卯，都省言：「牧民、馭軍，各有職守，年來頗多侵越，管軍司存動軍行以預民事，是非顛倒，科役無藝，秏傷根本，莫此爲甚。」詔宣、制諸司嚴行禁戢，除兼領州縣外，有侵越擾民者，指實以聞。

二月辛巳朔，詔禮部貢舉。以馬光祖爲端明殿學士、京湖制置使、知江陵府兼夔路策應使、湖廣總領。

三月辛亥朔，命臨安守臣禱雨於天竺、霍山。甲寅，命侍從卿監日一人禱天竺山，郎官詣霍山。乙卯，録行在繫囚。庚申，詔出封樁庫十八界楮幣二十萬，賑三衙諸軍。辛酉，録中外繫囚。

四月庚辰朔，詔曰：「當春不雨，天變異常，靡神不宗，僅見霡霂，有妨東作，曷遂西成，民命繫焉。朕心惕若，念厥咎之安在，惟反躬而省愆，飲食起居何敢由舊。可自四月一日避殿、減膳，仰答譴告之意，以召陰陽之和。」癸未，元鳳等言：「雨澤愆期，乞解機政。」詔不許。丁酉，群臣請御正殿，復常膳，表三上，乃從之。詔思應，已特差思州駐劄御前忠勝軍副都統制往播州同共修築關隘，措置備禦。辛丑，程元鳳罷，以觀文殿大學士判福州。尋提舉洞霄宫。丁未，以丁大全爲右丞相兼樞密使，林存同知樞密院事兼權參知政事，朱熠端明殿學士、簽書樞密院事，少保、寧遠軍節度使、衛國公趙葵充醴泉觀使兼侍讀。

五月庚戌朔，上曰：「襄樊解圍，俘獲甚多，將士用命，深可嘉尚。」大全奏：「乞下京湖制臣，亟與推賞，以示激厲。」癸丑，詔懷遠、漣水相繼獲捷，夏貴進官二等，兼河南招撫使，毛興特轉右武大夫。乙卯，大全奏：「襄樊之圍已解，高達、程大元有援樊之勞，李和有守樊之功，當斟議賞。」上曰：「賞不踰時，所以勵將士也。卿等亟議以聞。」丙寅，詔與芮判大宗正事。辛未，雨。上曰：「連日得雨，在處沾足，歲事必可望。」大全奏：「得雨，豐年之兆。但此番成都之戰，有拔木之風、石子之雨、破氈裘之膽，此又天祐中國之意。」甲戌，上曰：「李曾伯奏，欲屯萬兵於欽州，以爲交人聲援。」大全奏：「昨朝廷令就欽州屯兵，正與曾伯所奏同，但兵數更須斟酌。」上曰：「秋風不遠，宜早區處。」

六月辛巳，上曰：「安南求援之情頗切，所當嚴兵以待。」大全奏：「糧食未到，所調戍兵未行，見此催督。」上曰：「此事不可頃刻緩。」乙丑，上曰：「襄樊之賞狀來上，可斟酌行之。」大全奏：「睦千單騎入北營，諭以禍福，亦可嘉尚，欲以五官賞之。援師至城下而圍已解，亦當薄酬其勞。」丙申，上曰：「元鳳力辭之任，已俞其請。今須擇碩德重望者以鎮之。其資淺望輕者不可輕畀。」大全奏：「誠如聖諭。」

七月庚戌，潼川帥臣朱禩孫言：「長寧軍自辦錢糧，創造器具，修築凌霄城圓備。」詔易士英特帶行閤門宣贊舍人，朱文政、宇文同祖各進官一等，楊震卯等七人減磨勘，將士支犒有差。尋詔禩孫進官一等。丁巳，詔諸路監司、守臣不許妄作名色擅支官錢，互相饋賂，予者、受者並計贓論，遇赦不原，令御史臺覺察。己未，上曰：「邇者百僚類多玩愒廢事，卿宜飭勵，俾各供乃職，學官則嚴與教導，史館則勤於修纂，倉庫則謹於出納，必如是則官無曠職，不致食焉怠其事也。」大全奏：「敢不恭承明命。」甲子，上曰：「蜀中將士不解甲者數月，允爲可念。」大全奏：「當議厚犒。」丙寅，上曰：「近來邊報如何？」大全奏：「諸閫之報不一，但三邊有備則無慮。」上曰：「毋恃其不來，恃吾有以待之。」

八月戊寅朔，上曰：「安南之事，寇固不可不防〔九三〕，諸蠻亦不可不得其心。」大全奏：「孟軻有曰：固國不以山谿之險。」庚寅，上曰：「成都繫蜀安危，不可不亟圖之。」大全奏：「朝廷既已示勸，何事不可爲。」戊戌，上曰：「上流之報日急，鎮江之事二十年不曾舉行，今不容不嚴爲之備。」大全奏：「已令閫臣亟作措置矣。」癸卯，上曰：「邊郡禁軍聞多闕額，所當招填及數。」大全奏：「已下諸閫招刺，期足元額。」〔九四〕上曰：「須時時趣之。」都省言：「倭船入界，禁令素嚴。比歲慶元舶司但知怵於博易抽解之利〔九五〕，聽其突來，泄販銅錢，爲害甚大。」詔令沿海制司於濱海港汊嚴切禁戢。

九月庚戌，雷。壬子，上曰：「蜀、廣雖有備禦，海道不可不防。」大全奏：「已劄諸水軍各備險要矣。」上曰：「不可不急作措置。」丁卯，詔出平糴倉米二萬九千九百石有奇，賑糶以收弊楮。己巳，詔京城弊楮不堪行用〔九六〕，於封樁庫支撥兩界好會盡數收換。詔出榷貨務楮幣一百萬，賑三衙諸軍。

十月丙子朔，上曰：「蜀中將帥雖未克復成都，而暴露日久，戰功亦多，合與序陞。」大全奏：「謹遵聖諭。」乙酉，都省言：「知隆慶府楊禮守安西堡，韃兵薄城招誘投拜，禮憤激詬駡，率諸將共射退之。」詔楊禮進官二等，仍下諸郡以勵其餘。丁亥，上曰：「張實久陷北地，今單騎來歸，忠赤可尚。」大全奏：「所當嘉獎。」尋爲和州防禦使。庚寅，都省言：「廣南制置大使司鎮撫劉雄飛提兵親入横山，分遣將士迎戰，殺獲頭目軍器。」詔雄飛進官三等，將士增秩、賞賚有差。辛卯，都省言：「淮民避難過江，轉徙可念。」詔鎮江府、常州、江陰軍各出義倉米千石賑之。是夜，月有食之。壬辰，上曰：「夜來太陰食之九分，太史常預言之，以此見星翁曆象之學亦無差舛。」大全奏：「願陛下修政以禳之。」

十一月己酉，詔新築黄平，賜名鎮遠州。吕逢年進一秩。辛亥，詔流民渡江，出浙西、江東路五州米三萬石，令各郡守臣賑之。壬子，御筆：「以隆寒在候，令學士院降詔撫諭諸閫。」甲寅，詔淮民遷避，暫泊江陰，朝廷賑濟，恐未能遍，再出米二千石賑之。丙辰，分委朝臣遍詣郡祠祈雪。壬戌，以賈似道爲樞密使、兩淮宣撫大使，朱熠同知樞密院事兼權參知政事，饒虎臣爲端明殿學士簽書樞密院事。丁卯，詔諸路憲司廉訪所部州縣，毋得虐民，仍禁止攤賴之害，違者坐之。癸酉，兩淮制臣賈似道奏：「淮境肅清，前後諸捷，凡獲馬匹千計、器甲萬計，奪回被掠者七千餘人。」甲戌，上曰：「維揚之捷可喜，但聞蜀中苦竹隘見被圍。」朱熠奏：「東淮有用命之將，所以屢奏捷。今王登提兵入蜀，必有規模，可寬聖慮。」

十二月丙子朔，詔曰：「敕門下更化，則可善治，所以開太平之期。發號而定告，元所以膺緝熙之慶。朕紹承丕緒，誕保受民，荷上帝之降康，蒙列聖之垂祐，既歷三紀，夙夜罔敢遑寧，底綏四方，淵冰未知攸濟〔九七〕，每兢兢而行道，期穆穆以迓衡。然察文審已而庶政靡齊，務本重農而群生寡遂，朝綱隳而積玩，吏習狃於懷私，國勢僅定而未强，邊徼多虞而未靖。思艱以圖其易，補弊而舉其偏，惟三百年德澤之深，式克至於今日，而萬億載基圖之永用，昭受於天休。欲通變於宜民，乃取新而凝命；若稽成憲，遹廣駿聲，法藝祖之宏規，混車書之一統；踵仁祖之盛際，致朝野之咸和，爰易嘉名以興嗣歲，導迎善氣，振起群心，茂凝常久之功，永底輯寧之福。其以明年正月一日改爲開慶元年。」己卯，都省言：「廬州、漣水軍擣潁攻沂，獲捷甚偉。」詔杜庶、毛興各進官一等。又詔俞興於遥郡上轉安遠軍承宣使。丙戌，上曰：「横山乃邕州要衝，不可不設一屯，以爲備禦之計。」大全奏曰：「容臣下制司相度地里奏聞。」丁亥，上曰：「向士璧不待朝廷命進師歸州，且捐家貲百萬以供軍費，良可嘉尚。」又都省言：「馬光祖不待請於朝廷，招兵萬人，防州有警，又捐俸募士以破敵。」詔光祖、士璧各進官一等。

校證

〔一〕劍　文海本同，再造本爲空鉛。此牽扯文意，如原爲「韃」字，則應斷句爲：「韃已城利，不可不……」宋史卷四四理宗紀記「大元城利州、閬州」，本書前文亦言蒙古城利州事，作「韃」似是，作「劍」似非。

〔二〕戍　原作「戌」，據再造本、文海本校改。

〔三〕北鋒　文海本同，「北」，再造本爲空鉛。

〔四〕若足供戰騎　再造本作「若足及萬騎」，文海本闕文。

〔五〕蠲　原作「鐲」，文海本字模糊不辨，據再造本校改。

〔六〕復　原作「蠲」，文海本同，據再造本校改。

〔七〕饑寒　原作「餞寒」，據再造本、文海本校改。

〔八〕宜增　文海本同，再造本作「宜裁」。

〔九〕韃　原作「蒙古」，據再造本、文海本回改。

〔一〇〕居人　再造本、文海本均作「軍人」。

〔一一〕要略　李校：原作「妥略」，據宋史理宗紀四改。汪按：再造本作「要略」，應作校改依據。文海本亦誤作「妥略」。

〔一二〕忠軏　再造本作「忠忱」，文海本作「忠軏」。

〔一三〕寇　再造本爲空鉛，文海本作「虜」。

〔一四〕授　文海本同，再造本作「鑄」。

〔一五〕增　文海本同，再造本爲空鉛。若文海本「增」字爲臆補，空鉛原爲「韃」字，則文意相差頗大。

〔一六〕曾漸　原作「曾衝」，文海本同，據再造本改。佚名南宋館閣續録卷七、八、九官聯載曾漸情況可參。

〔一七〕南　文海本同，再造本爲空鉛。

〔一八〕陳日煚　「日」原作「自」，文海本同，據前後文及再造本校改。

〔一九〕擇日　再造本、文海本均作「涓日」。

〔二〇〕友　原作「交」，據再造本、文海本、宋史卷四四理宗紀校改。

〔二一〕不可不謹　文海本同，再造本作「不可不守」。

〔二二〕敬承　再造本、文海本均作「謹守」。

〔二三〕黄州　原作「彭州」，文海本同，彭州在四川，不臨長江，據再造本校改。

〔二四〕以久雨至丙午　此處疑有誤，再造本、文海本均無「至」字，然删「至」後仍有疑問。

〔二五〕澧　李校：原作「沣（澧）」，據宋史理宗紀四改。汪按：作「澧」是。再造本作「澧」不誤，可作校改依據。文海本、四庫本均誤作「禮」，不知李校所謂作「沣（澧）」從何而來。

〔二六〕韃兵　文海本同，「韃」，再造本爲空鉛。

〔二七〕自然減落　再造本、文海本均同，但據文意，似當作「自無減落」，「然」爲「無」之形近訛。

〔二八〕頭目　再造本、文海本均作「頭然」。

〔二九〕甲申　原作「甲午」，再造本、文海本均作「甲申」，依干支時序，作「甲申」是，據校改。

〔三〇〕敵勢　文海本同，「敵」，再造本爲空鉛。

〔三一〕詔　此字原脱，據再造本、文海本補。

〔三二〕亦不可奪　「亦」原作「度」，文海本同，據再造本校改。

〔三三〕宣使　再造本、文海本均作「宣司」。

〔三四〕一應科征　再造本、文海本均作「應干科調」。

〔三五〕始應脱選　再造本、文海本均同，王應麟玉海卷三一聖文寶祐字民訓作「始獲脱選」。

〔三六〕即往　再造本、文海本均同，玉海卷三一聖文寶祐字民訓作「往即」。

〔三七〕善政　再造本、文海本均同，玉海卷三一聖文寶祐字民訓作「善狀」。

〔三八〕恭寬温惠　再造本、文海本均同，「惠」，玉海卷三一聖文寶祐字民訓作「恕」。魏王肅孔子家語卷二致思言及恭寬温恕，可參。

〔三九〕後有成　再造本、文海本均同，玉海卷三一聖文寶祐字民訓作「政成」。

〔四〇〕涉淺　文海本同，再造本作「踏淺」。

〔四一〕敵有謀築棗陽軍者　「敵」，文海本同，再造本爲空鉛。「者」，文海本同，再造本作「意」。

〔四二〕劍州　再造本作「寶峰」，文海本二字空鉛。

〔四三〕蔡抗　「抗」原作「杭」，據宋史卷四四理宗紀、卷二一四宰輔表、卷四二〇蔡抗傳及本書前後文校改。

〔四四〕擇人　再造本、文海本均同，然聯繫上下文，疑當作「擇之」，即指蒲擇之。

〔四五〕叙　原作「溆」，再造本、文海本均同，據本書下文及宋史卷八九地理志校改。另參本卷六月甲戌校。

〔四六〕晝　再造本、文海本均作「書」，似誤。

〔四七〕叙　李校：原作「溆」，據宋史理宗紀五改。汪按：再造本、文海本均作「溆」，然本書本卷下文卻作「叙」，李校是，今從之。另參本年五月乙巳校。

〔四八〕趙子秀　「趙」，文海本闕文，再造本作「孫」，然查宋史卷四二四孫子秀傳不載此事。趙子秀則不見他處有載。待考。

〔四九〕承乏　原作「承之」，據再造本、文海本校改。

〔五〇〕時艱　再造本、文海本均作「時難」。

〔五一〕同持　原作「同待」，不通，文海本同，據再造本校改。

〔五二〕叙　此「叙」及下文兩「叙」字，原均作「溆」，並據再造本、文海本並參宋史卷四四理宗紀卷八九地理志校改。另參本卷本年五月乙巳、六月甲戌條校。

〔五三〕瀘　此「瀘」及下文「援瀘」之「瀘」原均作「濾」，並據前後文及再造本、文海本校改。

〔五四〕循法　再造本、文海本均作「守法」。

〔五五〕點　原作「黜」，與下文不協，據再造本、文海本校改。

〔五六〕瀘叙　原作「濾溆」，據再造本、文海本校改。另參本卷本年五月乙巳、六月甲戌、七月戊申條校。

〔五七〕外闉　再造本作「邊闉」，文海本作「邇闉」。作「邊闉」似是。

〔五八〕帥　原作「率」，據再造本、文海本校改。

〔五九〕敵　再造本、文海本均作空字（非黑鉛）。

〔六〇〕遺給　再造本、文海本均作「遺給」。

〔六一〕綱解　李校：宋史理宗紀四作「納解」。汪按：再造本、文海本均作「綱解」，作「綱解」是。

〔六二〕敵　文海本同，再造本爲空鉛。

〔六三〕上問京湖無報　原作「上問輔臣蜀報」，與下文不聯，文海本「輔臣」空鉛，據再造本校改。

〔六四〕敵　文海本同，再造本爲空鉛。
〔六五〕窺江　原作「歸江」，據下文及再造本、文海本校改。
〔六六〕敵　文海本同，再造本爲空鉛。
〔六七〕相師　原作「相帥」，據再造本、文海本校改。
〔六八〕淳祐　文海本同，再造本作「淳熙」。作「淳熙」似是。
〔六九〕敵築棗陽　「敵」，文海本同，再造本爲空鉛。「棗陽」原作「襄陽」，文海本同，襄陽時爲宋朝占據，蒙元不可能「築」，據再造本校改。
〔七〇〕射者　文海本同，再造本作「射藝」。
〔七一〕兩料　原作「兩科」，據再造本、文海本校改。
〔七二〕疆埸　原作「疆場」，據再造本、文海本校改。
〔七三〕興　再造本、文海本均無此字。然有「興」是。
〔七四〕俞興　此「俞興」與下文「俞興嘉定城下之捷」之「俞興」，原均作「余興」，據前後文及宋史卷四六度宗紀、元陳桱通鑑續編卷二四、周密癸辛雜識別集卷下襄陽始末、李曾伯可齋續稿後卷五回宣諭闕閣長二月六日兩次聖旨奏校改。
〔七五〕貪婪　文海本同，再造本作「貪饕」。
〔七六〕敵　文海本同，再造本爲空鉛。

〔七七〕萬民　文海本同，再造本作「受民」。

〔七八〕厄十世　「厄」，文海本同，再造本作「撫」。

〔七九〕世室之尊　「尊」，文海本同，再造本作「儀」。

〔八〇〕八桂　原作「入桂」，據再造本、文海本校改。

〔八一〕不必　「不」字原脱，據再造本、文海本補。

〔八二〕苦竹險隘　文海本此四字空鉛，再造本作「重慶寶峰」。

〔八三〕未遍　原作「未便」，據再造本、文海本校改。

〔八四〕敵　文海本同，再造本作空鉛。

〔八五〕取光化　原作「迺光化」，不文。「迺」，文海本空鉛，據再造本校改。

〔八六〕附城　文海本作「而城」，再造本作「面城」。

〔八七〕韃　原作「蒙古」，據再造本、文海本回改。

〔八八〕召募　原作「召幕」，據再造本、文海本校改。

〔八九〕即　再造本、文海本均作「節」，從上讀。

〔九〇〕歲　再造本、文海本、宋史卷四四理宗紀均無「歲」字。

〔九一〕同知樞密院事　再造本、文海本均作「兼同樞密院事」。

〔九二〕敵　再造本作空鉛，文海本作「虜」。

〔九三〕寇　「寇」，再造本爲空鉛，文海本作「虜」。

〔九四〕期足元額　「元」原作「示」，據再造本、文海本校改。

〔九五〕舶司　原作「舶可」，據再造本、文海本校改。

〔九六〕京　原作「出」，據再造本、文海本校改。

〔九七〕淵冰　原作「淵水」，據再造本、文海本校改。

宋史全文卷三十六

宋理宗六

己未開慶元年正月乙巳朔，詔：「朕臨御以來，於今三紀。小心翼翼，夙夜不敢康寧。方今國事正殷，四郊多壘，環視宇內，罕如人意，皆前日因循苟且，豢養偷惰，滋至於今，可不戒哉！載更丕化，肇紀新元。賴爾股肱惟良，曁中外小大之臣，茂迎天運，相與維新。以公心奉公法，以實政圖實效，使元氣壯而精神衛，中夏安而遠人服。庶幾祖宗開寶、慶曆之盛，則予一人以懌。」〔一〕都省言：「蜀報日急，虜犯忠〔二〕、涪，浸迫夔境。」詔蒲擇之、馬光祖，應戰守調遣照便宜指揮行。

辛亥，都省言：「戍蜀官兵，頻年戰禦，酷暑隆冬，暴露可憫，合與更戍。今正當捍禦之時。」詔蒲擇之加撫重犒，候防春畢日更替。癸丑，詔：「呂文德築城黃平，深入蠻戎，撫輯有方，進官三等。」庚申，李曾伯奏：「韃犯邕筦〔三〕，知濱州呂振龍、知象州奚必勝輒離官守而遁，橫州守臣劉清卿乃能設隘堅守，一郡按堵。」詔振龍、必勝並追毀、拘管外州，清卿進官一等。壬戌，上曰：「北騎盤泊涪州，不可不速爲驅逐之計。」大全奏：「今日備禦，莫切於兵與食。」癸亥，大全奏：「士大夫干請州郡者甚衆。」〔四〕上曰：「遴選人才，宰相責也。千里之寄，未容輕畀，宜審處之。」以雪寒，出封樁庫十八界楮幣二十萬，賑三衙諸軍。丙寅，上曰：「海道戍兵雪寒可念，與在城寨者不同，可量與給犒一次。」大全奏：「敬遵聖旨。」丁卯，詔賈似道以樞密使爲京西湖南北四川宣撫大使、都大提舉兩淮兵甲、湖廣總領、知江陵府。時蜀帥蒲擇之以重兵攻成都不克〔五〕，虜主傾國舉兵南伐〔六〕，破利州、隆慶、順慶諸郡，閬、蓬、廣安守將相繼降北。又爲浮梁於涪州之藺市〔七〕，蜀道梗絶，故有是命。辛未，上曰：「中外之兵皆貧，蜀兵尤甚，驅餓卒而嬰狂胡〔八〕，其不誤事者幾希。」大全奏：「舊歲行下蜀閫，增支口券，正爲此也。」壬申，上曰：「郭濬一兵帥，廉實可取，士大夫亦難其人，且當留之維揚。」癸酉，雷。上曰：「昨日降出白劄子，中間言湖南築城，欲勸富民助之，決不可，先須節帖去此一段。」大全奏：「聖天子仁民，一念上通於天。」己巳，以權吏部侍郎兼國子祭酒、權直學士院張鎮知禮部貢舉，起居郎兼侍講吳衍、太常少卿兼權中書舍人王景齊同知貢舉，左司諫沈炎監試。

二月乙亥朔，御劄付知貢舉張鎮已下：「擇體國、籌邊、尊主、庇民之學。」詔：「京湖制置司參謀官王登，素懷忠義，累著勳勞，提兵援蜀，曾不辭難，功未及成而歿，特贈官五等，合得致仕恩外，更官其一子。」己卯，上曰：「朕自即位以來，嘗以憂勤爲心，未嘗一日以位爲樂。」大全奏：「昔文、武始於憂勤，終於逸樂。今聖心一於憂勤，過文、武遠矣。」乙酉，上曰：「向士璧提師已到忠州，忠赤可取。」大全奏：「當國家多事之時，正臣子捐軀報國之日。若人人能如士璧之忠，則邊事不足慮矣。」詔疆埸未戢，調度尚繁，出內庫十七界楮幣三千萬，以助支賞。丙戌，以馬光祖爲資政殿學士、沿江制置大使、江東安撫使、知建康府。丁亥，上曰：「蜀中之警，皆因馬湖江不能設備，縱其偷渡。今江之南北皆有哨騎，所以重費區處。」壬辰，都省言：「州縣之間，多行苛政，獄訟又且淹延，非所以愛民也。」有詔令御史臺下諸路提刑司戒飭，令務要政平訟理，違，許按劾以聞。出平糴倉米二萬九千九百石有奇，賑都民。

三月己酉，都省言：「北兵見在涪州藺市大渠縛橋，及在江南作過，姦謀叵測，合行痛剿。乞立賞格以激將士。」詔如能出奇斫橋襲寨有顯著者，旌賞有差。癸丑，上曰：「蜀中死節之士，如雲頂山等處將士，皆當褒録其後，庶可爲天下勸。」大全奏：「謹遵聖訓。」丁巳，以呂文德爲保康軍節度使、四川制置副使、知重慶府。戊午，上曰：「近有言備邊之策，當於江北做規模，不當於江南做規模。」大全奏：「今日處處風寒，皆當預講，又豈止於江北。」辛酉，雨土。己巳，上曰：「向士璧捐家貲百萬，提師援蜀，殊可嘉尚。

近日賈似道移司荆蜀，犒軍尤重厚，不易得也。」大全奏：「大抵用兵行師，以輕財爲先。」

四月乙亥，都省言：「段元鑑、楊禮堅守城壁，殁於王事，忠赤可褒。」詔各贈節度使，封二字侯，立廟，致仕恩外更官其一子。甲申，上曰：「昨日李遇龍之報，言王堅忠節，守城拒敵，萬折不回，真可爲列城之倡。更當旌賞。」大全奏：「敢不欽承聖訓。」乙酉，都省言：「知施州謝昌元自備百萬緡、米麥千石，創築城壁於倚子山，合與推賞。」詔進官一等。辛卯，朝獻景靈宫。詔諸道提點刑獄以五月按理囚徒。

五月庚戌，上曰：「監司、郡守儻果循良，只宜因任，不必數易，以重州郡將迎之費。」大全奏：「敢不上遵聖訓。」辛亥，上曰：「諸蠻乃羈縻之國，且與疆敵爲鄰〔九〕，不可不申飭邊郡，以固結其心。」大全奏：「此事已累次行下。」乙卯，宣司奏：「蜀江雪漲水冒橋趾，吕文德等與宣司所調兵數戰皆克，攻斷浮梁。」詔立功將士遷補有差。以權工部侍郎兼侍讀翁應弼、秘書少監兼權直學士院崇政殿説書洪芹、祕書郎兼資善堂直講史若訥爲殿試詳定官。丙辰，御集英殿策進士。丁巳，御後幄，閲武舉進士射。乙丑，詔鑄新錢，以「開慶通寶」爲文。戊辰，上曰：「吕文德將達重慶，合、渝守城之賞不可緩。」大全奏：「欲待文德申上，斟酌推賞。」上曰：「亦須先降指揮，以激昂將士之氣。」辛未，賜正奏名進士周震炎以下四百四十二人及第、出身、同出身。壬申，賜特奏進士三百九人。

六月甲戌，宣司奏：「呂文德乘風順戰勝，遂入重慶。」御筆：「蜀事方殷，軍力勞瘁，披堅者疲於戰鬭，服業者苦於流離，間有脅從，亦非本志。興言及此，痛在朕心。聿新閫權，期復舊觀，仍降詔撫諭。」御筆：「呂文德身先士卒，攻斷橋梁，蜀道已通，忱可嘉尚。令學士院降詔奬諭。」辛巳，以朱熠爲參知政事，饒虎臣同知樞密院事。己亥，上曰：「呂文德入重慶，既畀之以閫寄，又寵之以齊鉞，可謂榮矣，猶未肯領，何也？」大全奏：「文德受國厚恩，正捐軀報國之日，此番宋良信賫印授往〔一〇〕，不容辭矣。」御筆：「賈似道將指於宣，勇往就道，遣援軍餉，動中事機，曾日月之幾何，覺氣象之頓異，賢勞忠赤，委有可嘉。令學士院降詔奬諭。」辛丑，上曰：「呂文德力辭閫寄，可敦勉之。況合州之圍已解，亦其應援之力。」大全奏：「君命豈可有辭之理，終須領職。」壬寅，太白晝見。

七月丁未，上曰：「日來郡守多不安於久任，坐席未温，便欲謀進。」大全奏：「更迭祖宗成法，亦須民庸既著，方可置之朝列。」辛亥，太白入井。戊午，詔四川選人應關陞、磨勘、改官，銓審守臣，申辟倅令，可從舊隸宣司審量。癸亥，以蔡抗薨，輟視朝。甲子，上曰：「蜀閫之命，文德尚辭，恐失事機。」大全奏：「聞已遣兵遣將，況蒲擇之既出峽，尤不可辭其責。」

八月壬申朔，上曰：「蒲擇之已出峽，文德未肯受命，賴李遇龍任責經理。但糧頗艱，宜急催趣。」大全奏：「當下宣司，俾承聖訓。」詔令户部下諸路，申嚴州縣增收租米斛面之弊。丙子，上曰：「近聞邊闊科降之數頗多，只得挨那應之。」大全奏：「邊面既闊，備禦亦廣，科降之數十倍常時，所仰者楮耳。印造多，折閱之患不容不預爲之慮。」丁亥，上曰：「兩日之雨如傾，深爲歲事之憂。夜來幸稍霽。」大全奏：「此皆聖德所感，庶穡事不壞於垂成。」戊子，上曰：「江塘近爲潮水衝決，宜急修整。」大全奏：「昨日顧嵒過臣，已面趣之。」丁酉，上曰：「連日之雨，恐害穡事。」大全奏：「朝廷寬恤之政，已備講行，復命從臣禱於群祠。」庚子，上曰：「且喜晴霽，歲事可保。」大全奏：「此皆陛下力行好事感格如此。」是夜，太白犯權火星〔一〕。乙巳，都省言：「兩浙雨多。」詔漕司行下諸郡縣，守倅、令佐親詣寺觀神祠精加祈禱。是日，韃兵犯滸黄州〔二〕，攻圍鄂渚。

〔九月〕壬子，〔三〕賈似道奏：「水陸之師至於鄂，時韃國兵大入，值沿江制副征魚湖利虐甚，漁人獻舟於北，遂自黄州沙武口透渡江南。」中外震動。丁巳，上曰：「聞魚湖清野不早，致被北騎衝突，奪民船爲筏，在江面作過，不可不亟爲之備。」大全奏：「須得上下流戰艦夾擊，方可遏其勢，已下宣司江闊矣。」右諫議大夫戴慶炣奏：「濱江一帶兵衛單弱，向裏防拓，路頭散漫，事勢豈可與尋常哨掠者同日語。今須急作規模，大爲措置，引咎責躬，痛自克勵，以振起天下忠臣義士之氣。博求謀畫，號召材武，使吐奇計，出死力以衛社稷。亟命宣、閫、副閫水陸夾擊，共期肅清。」詔從之。庚申，以觀文殿大學士、崇國公吴潛爲醴泉觀使兼侍讀，奉朝請；戴慶炣爲端明殿學士、簽書樞密院事。御筆：「朕德不類，寇闖上流〔一四〕，省躬引咎，惟自克責。然祖宗深仁厚澤，涵養之天下，豈無忠臣義士奮勵感發，出力以衛社稷者。諸閫各擁良將勁兵，亦當同謀叶智，勿以限界爲拘，共圖偉績。可降詔勉諭。」尋詔出内庫楮幣一千萬、銀絹五萬匹兩付宣司〔一五〕，楮幣五百萬、銀絹三萬匹兩付副司支費。仍備黄榜，軍前曉諭，所調淮東五萬兵令監察御史陳寅催促進發。癸亥，以趙葵判慶元府、沿海制置大使。乙丑，詔鄂渚事勢殊急，更令侍御史沈炎往沿江制副司督趣調兵。再出内庫楮幣五百萬、銀絹二萬匹兩付兩淮制司，楮幣二百萬、銀絹一萬匹兩付沿江制司支費。丙寅，詔上流事急，令侍從、臺諫、卿監郎官赴都堂集議以聞。以賈似道兼節制江西、二廣人馬，通融調度應援上流，馬光祖進司江州，史岩之進司壽昌軍〔一六〕。丁卯，以邊事孔棘，命群臣奏告天地、宗廟、社稷、宫觀、嶽瀆、諸陵。戊辰，太白犯熒惑。

十月壬申，丁大全罷，以觀文殿大學士判鎮江府，以吴潛爲左丞相兼樞密使，賈似道爲右丞相兼樞密使〔一七〕、茂國公，宣撫大使等如舊，以趙葵爲江東宣撫大使。庚辰，御筆：「令學士院降詔，自今月十一日爲始，避殿、減膳、徹樂，以示朕抑畏之心。」詔：「合圍已解，坤維頓清，皆宣閫指授之功，與制臣調遣之力，以至二三大將竭盡忠勞，遂使百萬生靈免罹塗炭，勳庸甚懋，旌賞宜優。呂文德特授檢校少師，李遇龍進官三等、權刑部侍郎，各賜金幣，將佐以下進秩、賜金有差。」辛巳，御筆：「令學士院降詔，撫諭四川將仕軍民〔一八〕，務在懇切，以示朕眷焉西顧之意。」詔曰：「北兵侵犯中原，如江北岸黃州、漢陽軍，江南岸鄂州、壽昌軍、興國、江州、隆興諸州，多有驚移百姓遷城郭之人，切恐無以自給，仰三省行下各郡，不拘是何窠名見管錢米，隨宜賑恤，不許漏落泛濫，有失朝廷推行實惠之意。如有違戾，重置典憲。」壬午，詔袁玠奪五官，送南雄州居住。以御史陳寅言其屠害良民，苛取漁舟，以資敵之鄉導也。癸未，詔以蜀道甫寧，監司、州郡調度不給，其來歲進貢天基聖節銀特免。甲申，以向士璧爲湖南安撫使、知潭州，任責捍禦。詔丁大全落職，罷新任。以諫臣曹永年再疏其罪也。乙酉，雷。

十一月庚子朔，都省言：「韃謀斡腹拓裏〔一九〕，當嚴湖南諸郡，土豪及諸峒俊傑，其間豈無奮發忠義事功之人〔二〇〕，合立賞格招諭。」從之。是日，呂文德提兵至鄂。詔賈似道移司黃州。先是，諸路重兵咸聚於鄂，北軍斡腹一道，由全、永至潭州，江西震動。監察御史饒應子言：「今精兵健馬咸在閫外，湖南、江西地闊兵稀，雖老臣宿將可以鎮壓，然無兵何以運掉。敵之來，當自内托出，不當自外趕入。」上然之，遂有是命。黄在鄂下流〔二一〕，乃北騎往來之衝，危道也。大將吕文德遣孫虎臣將精兵七百護送至藾草坪，候騎白前有兵〔二二〕，似道愕然曰：「奈何？」虎臣匿似道，自挺身出戰。既而北軍乃老弱部所掠金帛子女，降將儲再興騎牛先之，虎臣擒再興，遂入黄州，下流之兵始振。辛丑，詔行寬恤十有三事。壬寅，以朱熠兼權知樞密院，饒虎臣、戴慶炣權參知政事。癸卯，以夏貴兼金吾衛將軍、總領淮東出戍軍馬。趙葵言：「北兵渡江，皆因袁玠尅取漁湖之利，極其慘酷，雖已行罰，未足以正誤國之罪。」詔袁玠追毁、除名、勒停，拘管萬安軍。丁未，詔：「北兵渡江，多有被擄之人驅逐攻打城壁，及當前鋒，豈其本心，良可痛念。又上流失業者，其間豈無土豪彊壯，或轉爲剽掠，是致資敵，各立賞格招諭。」戊申，御筆：「朕以國家多難，下詔責躬，避殿、減膳、徹樂，罷土木，出宫人，痛自貶損，益務儉約，以至黜貪暴，省賦斂，釋禁錮，恤冤枉，庶幾悔過之實感動天人之心。尚慮言路之未通，莫紓人情之久欝。可令内外臣庶，凡目前急政要務〔二三〕、朝廷闕失，並許極言毋隱，以副朕側身引咎之意。」令學士院降詔。詔出内庫楮幣五十萬，犒内外諸軍。甲寅，以與簒爲浙西制置大使、知鎮江府，杜庶兩淮制置使、知揚州。乙卯，詔丁大全奪三官。以御史朱貔孫疏其罪也。尋再削奪。己未，以趙葵爲少保、江東宣撫大使，節制饒、信、臨江、撫、吉官軍民兵。庚申，詔：「朕有虎臣，時爲文德，今其部曲將夏貴提師征行，道出輦下，所當撫勞，以示優恩，令閤門引見。」

閏十一月癸酉，雪。出封椿庫楮幣二十萬，賑都民，三衙諸軍亦如之。辛卯，賈似道奏：諸將大捷於鄂城，鄂圍解。凡百餘日。以吕文德爲檢校少傅、京西湖北安撫大使兼制置使、知鄂州。乙未，與簒言：「漣水失守，孫逢吉棄城而歸，已行軍法。策應葉再遇不能應援。」〔二四〕詔奪三官。與簒尋與宫觀。

十二月辛亥，詔以來年正月一日改爲景定元年。壬子，吴潛改封許國公，賈似道改封肅國公。庚申，群臣請御正殿、復常膳，表三上，乃從之。詔：「鄂渚之重圍雖解，湘潭之凱奏雖馳，然四境未底於肅清，三軍方疲於戰鬭，人民離散，井邑摧殘，每一念之，寸心如灼。其天基聖節稱觴賜宴並免。」壬戌，陳韡落致仕，以觀文殿學士充醴泉觀使兼侍讀，徐清叟以資政殿大學士提舉祐神觀兼侍讀，趙汝騰端明殿學士、提舉祐神觀兼侍讀兼翰林學士承旨。

庚申景定元年正月丙子，御筆：「賈似道親提大兵，以解鄂渚之圍，勳烈之盛，良用嘉歎。可令學士院降詔獎諭。」詔賈似道赴闕。庚辰，詔吕文德爲檢校少傅、京西湖北安撫大使兼制置使、知鄂州。是夜，歲星、熒惑合於尾。乙酉，都省言：「潭州醴陵縣，當衡州之衝，比北兵迫近，草寇竊發，人情危疑，知縣吳灼屹然不動，誅鋤盜賊，一境獲安。」詔吳灼差監行在都進奏院。甲辰，都省言：「承平日久，京師城池所當修浚。」詔厲文翁條畫行之。

［二月］己酉，詔鄂州戰守將帥以至士卒特賜十七界楮幣三千萬，令宣司第功給犒。呂文德援蜀之賞未足酬功，今援鄂之勳，尤爲顯著，特賜百萬、良田萬頃〔二五〕。高達乘城拒守，迄退疆敵〔二六〕，特賜五十萬，爲寧江軍承宣使。王鑑陞左金吾衛上將軍。孫虎臣、蘇劉義、黄青、陳萬、鄧進、張勝、孟之經、徐廣、温和、俞大忠、康玉、馬汝海、趙紀祥各進官十等，爲遥郡團練刺史、環衛、閤職有差。陳奕、阮思聰水陸戰禦，獲捷非一，並爲防禦使。湯孝信、紀智立提兵援鄂，備宣勞效，各進官三等。王益進一秩。壬子，詔蒲擇之削官三等，沈翥送瓊州居住。甲寅，都省言：「臨江軍、瑞州皆以無城池爲北兵破，臨江守臣陳元桂端坐亭上，誓死封疆，左右散去，爲兵所執，握拳切齒，罵聲不輟，忠義之節，照映古今。瑞州守臣陳昌世以治郡有善政，百姓擁之以逃。」詔元桂進官五等，贈寶章閣待制，與二子京官、選人恩澤，賜錢十萬，立廟賜正節。昌世素有廉平之譽，姑奪官三等。丙辰，命從臣、卿監日一人禱雨於天竺山，郎官詣霍山。出内庫楮幣一千萬、御

莊米一萬石，付厲文翁修築城池。庚申，雨雹。壬戌，詔賜賈似道金器幣一千匹兩，仍趣赴闕。都省言：「廣南哨馬透出湖南衡州，上由潭、鄂而合興、壽之兵，下由醴陵而犯袁、吉之境。向士璧會合劉雄飛追襲之兵，調遣鄭進、閻忠進、彭宋傑等併力攻剿，獲戰馬千餘匹，救回老幼甚衆。」詔士璧爲兵部侍郎，雄飛進官二等，保康軍承宣使，進宋傑、忠進各進官，賜銀絹有差。丙寅，南康軍言：「北哨入建昌縣狗咬石，透過武寧，本軍都監張興宗調兵迎敵戰死。」〔二七〕詔贈興宗武翼郎，官其一子。都省言：「去冬北兵侵犯湖南，諸將迎敵之功温和爲最，李虎次之，鄭進又次之。」詔温和進右武大夫〔二八〕，帶行遥郡刺史，李虎進官三等，帶行閤門宣贊，鄭進帶行復州團練使，賜銀、絹有差。

三月戊辰朔，日有食之。庚午，御筆命夏貴兼黄壽策應使，總統諸將，令協力會合夾擊，以收全捷。癸酉，都省言：「去年八月，哨馬侵犯横山，鎮撫司調遣總管張世雄提兵將迎敵戰歿。」詔世雄等各贈官十等，賜錢一萬。甲戌，詔：「夏貴總統舟師，自鴻宿州而上〔二九〕，凡五奏捷，進福州觀察使。」都省言：「北兵所犯州縣，或經從蹂踐，或盤礴焚毀，農民失業，其鄂州壽昌軍已行蠲放租税，餘州縣當一體寬恤。」詔全、岳、永、衡、賓、柳、象、瑞州，興國軍，南康軍建昌縣、隆興府奉新奉寧武寧靖安縣、江州瑞昌德安縣、臨江軍清江新喻縣、潭州醴陵瀏陽縣，開慶元年以前二税並捐之。辛巳，詔董宋臣改差提舉台州崇道觀，安吉州居住。國子博士徐庚金等不待君命而出關，遣官勉諭而莫應，各與在外差遣。丙戌，詔孫虎臣和州防禦使，范文虎、張世傑等各進官五等，賜銀、絹有差，餘將士進官二等。

四月戊戌朔，左丞相吴潛罷，行諫議大夫沈炎之言也。詔：「多事之時，揆席不可暫虚，可趣似道赴闕，權令朱熠、戴慶炣分日當筆，有大政事共議以聞。」辛丑，賈似道奏：「鄂圍始解，江面肅清，宗社危而復安，實萬世無疆之休。」壬寅，趙葵以病乞結局引退。從之。癸卯，御筆：「賈似道爲吾股肱之臣，任此旬宣之寄，殷然殄患〔三〇〕，奮不顧身，戎乘一臨，士氣百倍，吾民賴之，而更生王室，有同於再造，予嘉偉績，宜示褒綸。令學士院降詔獎諭。」乙巳，詔以邊事清肅，請命元祈禱官各詣致謝。丙午，吕文德兼湖廣總領。辛亥，揚州火，杜庶貶官一等。癸丑，以賈似道爲少師，進封衛國公，其宣司職事令結局。朱熠知樞密院事兼參知政事，饒虎臣參知政事，戴慶炣同知樞密院事兼權參知政事，皮龍榮端明殿學士、簽書樞密院事。甲寅，詔：「似道將至國門，可依文彦博例，郊勞於都城外，賜御筵。及朝見後，擇日對御賜宴。」似道皆辭。從之。乙卯，朝獻景靈宫。丁巳，以明堂大禮，奏告天地、宗廟、社稷、宫觀。詔以今年九月有事於明堂。己未，詔夏貴爲保康軍承宣使、左右金吾衛上將軍〔三一〕、知淮安州兼淮東安撫副使、京東招撫使。尋賜金器幣、田三千畝。乙丑，似道入見奏：「今天下之勢，保藩籬則下可保堂奥，有三邊則可有内地，惟陛下念之。」

五月戊辰朔，詔：「似道奏乞以財賦、獄訟委之執政分任，亦合典故，可令朱熠專任財賦，皮龍榮專任獄訟，似道總提其綱。」以趙葵爲兩淮宣撫大使、判揚州，進封魯國公。辛未，詔饒虎臣爲資政殿學士、提舉洞霄宫。癸酉，御筆：「今之天下靡弊極矣，所可以轉移變化者，獨有用人一説耳。舊來當國者，用人多徇私意，貽害可勝言哉。今丞相虚心無我，詢之同列以用人，此乃轉亂爲治、轉危爲安一大機括也〔三二〕。機括若差，利害匪輕。今當立爲一準的之説，須專求實用，勿泛取虚名。外之爲監司、郡守者，當用廉潔，凡稍涉貪污而謀利者汰之。内之爲朝士者，當忠謹樸實，凡稍涉譁競而沽名者汰之。若用捨之意嚮明白，貪污者可化爲廉潔，譁競者可化爲忠樸。夫苟用人一差，待其貽毒於民、貽害於國而後去之，亦已晚矣。」似道奏：「敢不備遵睿旨〔三三〕，仍乞宣付史館。」甲戌，都省言：「沿江副司諮議官吕文信統兵在櫛林夾白鹿磯，吕輔周〔三四〕並以戰歿。」詔贈文信寧遠軍承宣使、輔周和州防禦使，優與恩澤，立廟賜額。乙亥，詔李虎馭軍無律，害民特甚，合正典刑。以曾立功湖南，貸命追毁，羈管欝林州。行諫議大夫沈炎之言也。丁丑，賜似道玉帶。己卯，以戴慶炣薨，輟視朝。辛巳，上曰：「近日士大夫奔競之風可畏，須擇一二恬退之士奏聞，庶可以勵其餘。」似道奏：「已得二三人，俟擬進。」尋詔趙景緯、歐陽守道、陳大中有静退之節，以景緯爲祕書郎，守道史館檢閱，大中主管禮兵部架閣文字。壬午，熒惑犯斗。癸未，都省言：「江防至重，貴在嚴密。自通州海口以至歸、峽，當分管地分，庶責有所歸。」詔令都統司分地任責，仍命制帥司照所隸節制。以皮龍榮兼權參知政事，沈炎爲端明殿學士、同簽書樞密院事。戊子，似道言：「去秋猾夏之變，匪由天降，生自貪吏。臣願明詔中外，自今守臣當覺察諸縣，監司當覺察守倅，其有贓犯，必劾無貸。如州縣官爲監司所劾，則坐郡守，守倅爲臺諫所劾，則坐監司。」己丑，上諭似道：「卿昨日所陳，正律貪之良法，連坐之罰，此風必戢。」似道奏：「臣之所奏，祖宗已行之法也。」庚寅，都省言：「奬廉戢貪，今日急務。陳塏清節高風，可厲流俗，陳振孫華髮典刑，爲國壽俊。」詔以塏爲龍圖閣學士，賜振孫金帶。乙未，上曰：「秋防在近，趙葵既辭，不可不速擇人，不若只用李庭芝。」詔庭芝復主管兩淮安撫制置司、知揚州，趙葵充醴泉觀使。

六月己亥，詔：「郭濬獨任殿、步兩司，宣勞不一，自去冬警報以來，效忠甚著。進官一等，帶行遥郡刺史。」詔丁大全居住南康軍。壬寅，御筆：「皇子忠王，仁孝恭順，有聞於時，涵養踐修，尤敏於學，是用蔽自朕志，庸正儲闈，特以對越在上〔三五〕，庶幾祖宗顧歆神人，閫懌哀時多祉，於以隆萬世不拔之基，可立爲皇太子，令有司討論典禮以聞。」癸卯，上曰：「昨日皇太子再三辭，因訓之曰：元良者，天下之大本也。乃若祇膺重器，克荷徽章，必務保其令名，蘊其全德，欲全其德在修其身，欲修其身在勤於學，勉之毋忽。」似道等奏：「建儲之始，聖訓昭明，實足以貽謀萬世。」甲辰，上諭似道：「卿所奏，皇太子班次在宰執之上，且候典禮後行之。」似道奏：「名稱既正，典禮當遵，容臣具奏。」上曰：「淮東近別無報。」似道奏：「漣水事當候夏貴報至，兵固貴於神速，然必須新闢之來，方可隨宜應援。」上曰：「然。」戊申，以王埜薨，輟視朝。月犯斗。己酉，録行在繫囚。壬子，詔陞巢縣爲鎮巢軍。甲寅，詔皇太子改名，令所司備禮册命。尋賜字曰長源。詔賈似道爲禮儀使，朱熠撰册文，皮龍榮書册，沈炎篆寶。乙卯，上曰：「皇太子入儲宮，禮儀從厚，如賜宴錫賚等事，皆當討論。」似道奏：「舊典有諸王入府錫宴，及皇太子會燕宮僚於資善，賜教坊樂之類，今日而行之，足稱盛典。」丁巳，皇太子辭朝謁，乘金輅設儀仗。從之。戊午，以册皇太子，奏告天地、宗廟、社稷、宮觀。己未，詔：「倪垕獻羡希賞，再削一官，仍下監司、郡守，今後有許移易窠名輒行獻羡者〔三六〕，照祖宗典故行，仍著爲令。」辛酉，皇太子辭百官移班賀，詔既有典故，不必引辭。乙丑，御筆：「朕於菁莪樂育之仁，封培滋久〔三七〕，登膴仕著，休聲多此途出。數年以前，間有聚爲朋曹，墮家敗業〔三八〕，而不能遏〔三九〕，然自棄者，豈作成之道猶有缺乎。批付學官，以更學法來上〔四〇〕，稍示規益，本爲一二蹈於匪彝者設也。邇者涵濡德義，莫不自待以厚，朕甚嘉之。前者更法〔四一〕，獨進取一途，尚狹〔四二〕未足以快飛躍之道〔四三〕。今從其厚，用著爲令。爾諸生益務自修，副朕崇尚作成之美意。敬聽無忽。」

七月戊辰，制以皇子忠王爲皇太子，大赦天下。北使郝經來尋盟，至維揚，拘留真州不遣。先是，開慶己未秋九月，北兵渡滸黃，圍鄂州，賈似道視師江上，陰許北朝歲幣、議和，亦會北有大喪，北師始歸。似道入相，自詭有再造之功，諱言前事故也。

講議曰〔四四〕：己未、庚申，北軍過江，東南之危如一髮引千鈞矣。似道在鄂，爲城下之盟，許納歲幣，而北師始歸。似道乃欺理宗，詭曰戰勝，而所許歲幣又食前言，是外則負大國，內則欺其君。以致大國遣使責償，似道乃拘留於真州，惟恐上下知之。未幾而大元再遣使京湖，而似道又留之漢陽之沌口。始則請盟，終則背盟，似道知之，天下知之，獨朝廷不知耳。

庚午，上問近日京城米價。似道奏：「見行賑濟，以平市價。此去秋成糴價必減。」壬午，皇太子宮詹事楊棟等奏，乞詔皇太子免答拜禮。御筆：「尊敬師儒，宜全謙德，難允所陳。」癸未，御大慶殿，册皇太子，群臣班賀。丁亥，皇太子朝謁太廟。御筆：「參稽舊制，皇太子當俾習知政事。每遇昕朝，可令侍立，仍令宰執並兼東宮官，三省討論典故以聞。」己丑，上曰：「何夢然一疏，言大全、潛二凶欺君無君之罪，舉盧杞、李林甫以爲證，極當。」似道奏：「臺臣所乞，合取聖意。」上曰：「褫職、罷祠、追官，一如其請。竄地卻只置之江西。」以賈似道兼太子少師，朱熠、皮龍榮、沈炎並兼賓客。辛卯，詔丁大全奪官三等，居住南安軍，吴潛褫職、罷祠，奪二秩，居住建昌軍。皇太子奏乞免侍立等事。御筆：「參決、侍立，家法攸傳，控奏力辭，難從所請。」上曰：「來日皇太子侍立，卿等奏擬，須擇其有關於大體者，如漢舉孝廉之類。」似道奏：「敢不敬遵聖訓。」癸巳，皇太子侍立。上曰：「侍朝參決，正欲習聞政事。卿等宜衛翼之。」似道奏：「建儲一事，自古爲難。在仁皇時，猶待司馬光、范鎮諸臣之請。今陛下不俟臣庶論建，斷自聖旨，合天地祖宗之心，爲社稷億萬斯年之計。」上曰：「舉孝廉所以化元元、移風俗也。此事久廢，民罔攸勸，可下郡國各舉一二人，務以實聞。」尋令學士院降詔。敕門下：「孝爲百行之先，廉居四維之一。三代以上，風俗淳而孝廉之名泯。迨漢始詔以此舉士，當時二千石不舉孝以不敬論，不察廉則免，其嚴且重如此。我國家以孝治天下，以廉察吏治，科雖不常設，固有不待舉而勸者。比年以來，澆風污習，瀾倒莫返，朕甚憫焉。然念良心所藴，誰獨無此，特爲善者無所勸，不善者莫知過〔四五〕，表厲之道未至焉耳。今嘉與宇内之士同歸於善，舉孝廉如漢法。夫孝、廉一本也，好貨財而不得爲孝，哇母食則不得爲廉，以菽水爲樂者行必不污，以冰蘗自持者親必不辱。詔下之日，凡吾帥守、監司、令長采公論，考實行，各疏其事，以名聞，朕將尊顯之，以爲臣子之勸。」

八月丙申朔，上曰：「戢貪之令屢下，良以行貨之心多於畏罪，論罷既科而貨不失，猶足爲利也。繼自今有犯贓者，須重置於憲，盡監其贓，務在必行，毋爲文具。」丁酉，以賈似道爲明堂大禮使，皮龍榮爲儀仗使，沈炎鹵簿使，與芮橋道頓遞使。辛丑，詔廣安軍新明知縣鄭少清流海外，侯嵤孫、教官謝少鍨羈管廣南；渠州鄰山知縣楊淑、廣安録參朱堃、司法馮巽午居住廣南。以宣撫司克復舊城，言其結附蒲元圭獻城降北之罪也。丙午，上曰：「皇太子每日聽講，必待講官講説，方可發問。如有所疑，須當咨問。太子於侍次，欽承惟謹。」似道奏：「前日叨陪講席，親聆皇太子聽講之餘，首問君子訥於言而敏於行，次問聞正言行正道，講官敷説，樂聽不倦，可謂得問辨之要。」上曰：「兩問皆當。」壬子，以與𥈭薨，輟視朝，贈少師。尋謚忠惠。是夜，太白入房。癸丑，上曰：「浙西鹽子頗爲田里之擾〔四八〕，宜早區處。若徒黨能自捕其首者，卻與免罪，仍厚賞之。」似道奏：「令憲帥下之所屬，措置招捕。」

九月辛未，詔鑄新錢以「景定元寶」爲文。癸酉，上曰：「劉整瀘州之捷甚偉。」似道奏：「觀其所申，俘獲甚衆，恐此冬間勢須平定。」己卯，朝獻景靈宮。庚辰，朝饗太廟。辛巳，大饗於明堂，赦天下。丙戌，上曰：「明禋一晴可喜，宿齋之旦已有雨意，隨即開霽。」似道奏：「此皆陛下風采精神沈固〔四七〕，應天眷如此。」是夜，熒惑犯壁。丁亥，上曰：「諸路刑獄尚爾淹延，所當嚴行戒飭。」似道奏：「謹承聖訓。」戊子，李松壽犯淮安。

十月乙巳，御筆：「昨臺臣論丁大全、吴潛欺君無君之罪，皆有事實，初匪風聞。竄謫近止江西，可謂寬典。頗聞二佞之黨，懷設伏慝，布在京城。聞有朝紳，各私所主，有咎及朕躬者，是何忍於負君而不忍於負私門也。如大全之流毒，稔禍害民蠹國，此天下四海所同憤，固不待論。若吴潛力芘大全，動搖國本，力請遷幸，發言悖亂，藴志深險，與自古奸叛之臣曾不必殊，朕之所親受而忍抑者。凡爲臣子〔四八〕，豈當黨附而爲是翕訿。近又作歌詩，有披緇之説，此等情狀畢露，恐亦終難涵容。令臺臣覺察，如有似此者，劾上當重置於罪，以爲同惡相濟者之戒。仍榜朝堂。」壬子，李庭芝言：「夏貴等破松壽之兵於漣水城下，南城舊址已盡平之。」尋詔夏貴進官五等，賜錢百萬，立功將士進官有差。壬戌，詔吴潛居住潮州。以監察御史桂錫孫之言也。

十一月乙丑，御筆：「朕於北司，惟遵祖宗之舊例，給使而已，未嘗有所假借，亦每有戒飭。聞士大夫欲由此徑，心甚鄙之。近何時修忽持吴珪兄弟奏牘來上，且以賄進，不亟去之，是失刑矣。」詔何時修削官二等，罷職，送吏部，永不收叙。丙寅，上曰：「朕平日未嘗假借内侍，而何時修無忌憚如此，今已痛懲，庶使天下士大夫知所嚮背。」似道奏：「聖斷赫然，中外聳聽，真足爲萬世法。」詔：「諸路監司，躬親巡歷州縣，裁決獄囚，奉行不虔者，臺臣覺察以聞。」

十二月甲午朔，上曰：「華亭御莊昨令漕司委官拘催，不能戢其擾。今可撥隸外廷，以助軍餉。」似道奏：「陛下此意，真足以貽謀萬世。」乙未，上曰：「治天下之道無他，惟順人心而已。我朝以仁厚立國，雖强不如秦，富不如隋，惟知敬以事天，寬以愛民，儉以足用，平時之所以恪守家法者，在此。」似道奏：「陛下守家法，結人心，真可爲萬世龜鑑。」辛丑，福建提舉李伯玉奏，建陽縣嘉禾生一本十五穗，繪圖來上。詔：「皇太子始封於建，允爲上瑞。其以建陽爲嘉禾縣。」上曰：「此番積雪盈尺，臘前再白，可爲豐年之兆。」似道奏：「既雨復雪，遠邇皆然，蝗蝻入地，疫癘潛消，此皆聖德格天之明驗。」内批：「虎闈齒胄，太子事也。此禮固已久廢，如釋奠舍菜之事，我朝俱未之廢〔四九〕。然享師敬道，又不可拘舊制。可來年正月擇日令皇太子謁拜先聖。」

辛酉景定二年〔春正月〕癸亥朔〔五〇〕，御大慶殿朝賀。詔曰：「朕於贓吏無所貸，以其惟威惟虐，大爲吾民仇。民吾赤子而仇之，是與寇賊奸宄同科，而何以爲天子之命吏，古人喻貪以狼、以碩鼠，目以物類之惡者，蓋不得復言人矣。惟彼貪夫，憯莫之懲，侵牟矯虔，罔知厭極〔五一〕。朕夙興夜寐，憂苦萬民，封培本根，每懼弗蔇。郡國之吏，乃淫縱其欲，以蠹厥生。間聞田里淒然〔五二〕，人情惻怛，甚至自愧〔五三〕。朕惟民生寡遂，由於貪官之肆誅求。貪官充斥〔五四〕，由於監司之不按察，率以外臺耳目不當蔽塞，失察之罪〔五五〕，茲當歲首，咸與維新。」上曰：「我朝以仁厚立國，聖聖相承，惟以愛養元元、培植根本爲第一義。今中外之吏，貪黷成風，甚失祖宗初意。」似道奏：「大哉王言，發於王春之日，所以布維新之令也。」皇太子奏：「臣恭奉聖旨，擇用正月十五日，令臣謁拜先聖文宣王於太學。臣仰體聖心，祇承嚴訓，區區愚衷，因而感發焉〔五六〕。蓋先聖之道，至我朝盛時，運際文明〔五七〕，真儒迭起，而後有以續夫孟氏之傳〔五八〕。然其時諸說並駕，未知統一，迨乾、淳間文公臣朱熹與宣公臣張栻、成公臣呂祖謙，志同道合，切思講磨。如義利之辨，如近思錄之書，擇精語詳，開牖後學，誠有功於聖門。中間邪說又幾晦蝕，陛下聖德奮興〔五九〕，罷黜詖邪〔六〇〕，表章正學，然後人心一正，聖道大明，天下學士得沿淵源而遡洙泗〔六一〕，實萬世無疆之休。熹等三臣，嘗俱被詔追褒，特加隆惠盛典，兼準御筆，秩熹於從祀，如栻、如祖謙，竊謂宜用升祀例〔六二〕，以稱明詔。臣愚欲望睿旨特以臣栻、臣祖謙秩於從祀之列，以益昭聖明崇儒重道之盛美。」詔從之。都省言：「知縣於民最親，必五得改官親民舉狀，始以命之，重其選也。勢利之習燎原，薦舉之意浸失，挾貴用賄，如取諸寄，貪庸得志，民不堪命。欲窒其源，惟有嚴繆舉之罰。是遵祖宗舊制，其禁戢薦舉尤當加嚴。令吏部日下遍牒遵守施行，仍令御史臺常切覺察。」乙丑，以安慶城成，馬光祖特轉兩官，仍令學士院降詔獎諭。庚辰，上曰：「近聞江西、湖南楮幣價虧，臺疏及此，可斟酌行之。」似道奏：「此事關繫頗重，容熟議奏聞。」詔下諸路提舉司，所部州縣，時以常平錢米賑給鰥寡孤獨之民。以雪寒，出封樁庫十八界楮幣三十萬賑都民〔六三〕，三衙諸軍亦如之。

二月癸巳朔，詔禮部貢舉。己酉，上曰：「諸書將備，進呈有日〔六四〕，只照凡例修纂，不必用己意，置議論其間，他日自有史官任删潤之責。」京湖制司言：「襄陽帥臣程大元調遣總管唐永堅、牛全深入鄧、光大路，至茱萸圃獲捷。」詔永堅進官四等，帶行閤職〔六五〕，全進官三等，其餘立功將士補轉有差。甲寅，皇女進封周國公主。

三月壬戌朔，日有食之。太史言：「陰雲蔽遮〔六六〕，初不見虧，乞照國朝故事班賀。」上曰：「日食於朔，朕心懼焉，陰雲偶蔽，豈當自幸。所宜益謹天戒，其令百官毋賀。」己巳，詔禮部、國子監以有出身人附銓試場應詞學科，照嘉熙二年例。從之。戊寅，似道等上孝宗皇帝、光宗皇帝、寧宗皇帝實録，今上皇帝玉牒日曆會要經武要略。詔似道、熠、龍榮、炎各進官二等。丁亥，雨。詔朱熠以觀文殿學士知建寧府、提舉洞霄宮。乙丑，詔寶章閣待制方來，奉祠日久，高年可尊，特賜金帶。

四月乙未，以皮龍榮參知政事，沈炎同知樞密院事兼權參知政事，諫議大夫何夢然簽書樞密院事。丙申，詔：「呂文德分閫年餘，援蜀餉蜀，忠勞尤著。進太尉、京湖安撫制置大使、夔路策應大使、知鄂州。」詔董槐以觀文殿大學士提舉洞霄宮，進封永國公。己酉，詔諸路提點刑獄以五月按部理囚徒。詔吳潛居住循州。丙辰，詔：「皇女周公主年已踰笄，下嫁禮也。承奉郎楊鎮實慈明太后姪孫，矜持好修，宜在選尚。朕志久定，而公主引辭甚力，勉諭再三，徐始稟承，令三省討論典例以聞。」丁巳，詔楊鎮左領衞將軍、駙馬都尉。己未，太常禮院上周國公主下嫁典例。詔主婚、親迎、同牢之禮，並從熙寧制。庚申，詔公主下嫁，與芮主婚，皇太子從送，仍賜公主擔子，其從物令所司照典禮應辦。是日，建康府言瑞麥五莖各兩岐。

五月壬戌朔，詔公主下嫁，以楊鳳孫爲賓。癸酉，詔放特班改官人免引見。己卯，上曰：「昨觀李庭芝申，逆雛突至淮安對境〔六七〕，猶幸有備，挫其鋒，繼此當無日不備，庶可無患。」似道奏：「謹遵聖訓，益加申儆。」己丑，上曰：「雨意未已，朕心惕然，應有寬恤之事可更與講行。」命侍從、卿監日一人禱於天竺山，郎官詣霍山。蠲大理寺、三衙、臨安府及兩浙州軍、建康府贓賞錢，出豐儲倉米五萬石賑都民，再録中外繫囚，杖以下釋之。

六月辛卯朔，上曰：「連雨不已，罪在朕躬，惟有修省以回天意。」似道奏：「燮理陰陽，三公之職，臣無所逃罪。」癸巳，上曰：「昨日未時至中夜，雨略止，早又復作。寬恤之事，雖已舉行，更當求所未至。」似道奏：「陛下焦勞如此，雖禹、湯罪己，殆不是過。臣等輔政乖疏，未回天意，恭俟汰斥。」甲午，御筆：「霖雨爲沴，天戒孔昭。農功苟虧，民命攸繫。力行寬恤，精意禱祈，靡事不爲，厥應猶爽。痛念及此，啓處弗遑。可自六月五日爲始，避正殿，減常膳，徹樂，庶盡修省之實，以回陰陽之氣。」上曰：「連雨未止，都民被水殊可念，恐兩浙皆然，各郡量與輕重等第支給賑恤。」乙未，詔出榷貨務十八界楮幣五萬，賑三衙諸軍。丁酉，詔武臣功勞顯著者賜金帶，素有格法，不許自陳。從都省之言也。癸卯，上曰：「楊蕃孫屢辭盥饋之禮，此典禮所在，豈容不講。」似道奏：「仰遵聖訓，令勿更請。」乙巳，上曰：「近畿被水，安吉爲甚，宜早差官檢視。凡救荒之政，皆當講行。」似道奏：「安吉今歲之水，不減寶慶年間，檢視救荒實不可緩。」丙午，雨雹。戊申，群臣請御正殿，復常膳，表三上，乃從之。上曰：「瀘南劉整之變，宜急措置。」似道奏：「昨日已即調遣，且趣吕文德、俞興等任責討之。」整，驍將，號鐵胡孫，斷橋之役，曹世雄功第一，整次之。大將呂文德忌二人，捃世雄罪，逼以死，整懼禍及己，遂叛歸北。

謚議曰〔六八〕：劉整，宋驍將也。己未北師渡江，止遷蹕之議者，丞相吳潛也。盡守城之力者，帥臣向士璧也。奏斷橋之功者，曹世雄其一，而劉整次之。事平後，似道功賞不明，殺潛，殺士璧，殺世雄，整守瀘州，懼禍及己，歸北之心始決矣。

己酉，以范文虎主管侍衛步軍司。辛亥，録中外繫囚，杖以下釋之。壬子，流星夕墜。

七月丙寅，上曰：「近霅川水道，間有借糧之風，亟當區處。」似道奏：「昨已諭帥臣警捕，擇其尤者重治，庶可少戢。當併守臣申嚴之。」京湖制司言：「呂文德報發，勘正張子光、張定國、龐仲、周仲、張善、張先，以蒲擇之黨從，在任贓狀繁夥，寇船造橋〔六九〕，不調援兵攻擊，交通叛逆，設意降北，乞照祖宗舊制，明正典刑。」詔子光、定國追毀、除名，同龐仲等四人並流斷〔七〇〕。蒲擇之已追毀、羈管、監贓。是夜，月犯斗。壬午，以觀文殿學士陳韡薨，輟視朝，贈少師，謚忠肅。詔吳潛責授化州團練使〔七一〕，循州安置。初似道移司黄州也，疑出潛意，以足頓地曰：「吳潛殺我。」遂深憾之。潛竄死，没其田産，寸土不遺。潛死非其罪，人心不服。丁亥，詔賜呂文德方團一字金帶。上曰：「戚里爲太尉方賜此帶，今以賜親臣者，待之乃異數也。」似道奏：「陛下以殊恩旌有功，不特文德感奮，諸將亦知所觀。」詔有違年闕正官處〔七二〕，許監司選辟。

八月辛卯朔，詔令户部下諸路，申嚴州縣增收租米斛面之弊。癸巳，以久雨，出封樁庫楮二十萬，賑三衙諸軍，發豐儲倉米石濟都民。甲午，上曰：「蜀事可慮，朕甚爲之不安。」似道奏：「俞興攻取瀘城，壞於垂得，致軫聖慮。臣累疏自請一行，捐軀不辭，或可上寬憂顧。」上曰：「丞相所請，備見忠忱，但廊廟事體至重，豈宜輕動。」又奏：「若文德入蜀，則荊湖與江面關繫尤重，臣不容不往。」上又曰：「此未可輕。」丁酉，詔奪向士璧從官恩數，令臨安府追究侵盜、掩匿情節。以侍御史孫附鳳之言也。士璧守潭有全城功，似道以其行事不關白宣司也，怒捃其罪，竄死漳州。壬申，詔賜皇女周國公主第於安濟橋。乙巳，詔江萬里爲端明殿學士、同簽書樞密院事兼太子賓客。丁未，詔：「浙右水澇，民不聊生，令朝臣分往各郡，同守臣商確出粟、勸分，蠲租賦，招强壯爲軍，凡救荒之政，可速舉行，俾毋遺闕。」

九月辛酉，上曰：「湖、秀二郡被水最甚，聞守令不以荒政爲意，上户吝於勸分〔七三〕。宜立賞罰以示信必。」似道奏：「此事監司、守令不得辭其責，即當宣佈聖訓，更加戒飭。」丙寅，以范文虎主管殿前司，劉達主管侍衛步軍司。癸酉，詔增潭州解額三名，以終場及萬餘人故也。庚辰，詔客販廣米至都城近境者，照市價出糶，官司毋得拘勸。尋立賞格招誘。壬午，詔出封樁庫楮幣一百萬、銀三萬兩，付四川宣撫司。丙戌，上曰：「廣米平糴〔七四〕，已招誘客販，更令本路監司選官糴運，以應都民之乏。」似道奏：「謹遵聖訓。」

十月庚寅朔，上曰：「遞年和糴止及民户，今歲水潦若此，凡御前莊米亦照民間所科之數輸之有司，以示上下一體之意。」似道奏：「陛下捐内莊米以應和糴，前所未有，觀聽之下，孰不感動。士大夫於此尚不知體國可乎！」戊戌，雷。庚子，詔：「積潦爲災，省躬惕若，哀求民命，夙夜靡遑。迺復雷發非時，更示譴告，天怒未息，愈不敢安。應軍民及刑獄有合寬恤等事，可疾速討論以聞，庶盡應天以實之意。」似道疏乞解機政。詔不許。録中外繫囚。詔物價未平，出封樁庫楮幣二十萬賑三衙諸軍，出豐儲倉米五萬石賑都民。甲辰，詔：「朕思己未之秋，北兵渡江，其勢飄忽震蕩，如風雨之至，一時將士或死於轉戰，人民或斃於流離，其間嬰城自守之臣，尤不免干戈鋒鏑之慘〔七五〕。致使寃聲滿野，積骸如山，重念生民何辜，而罹此酷禍也。當是時，賴股肱之臣，任旬宣之寄，身先士卒，冒萬死一生而不顧，卒能指授將帥，一舉而殄殲之。乾坤載寧，江山復舊，是吾國生民無身而有身，此三百年所未有之禍，亦三百年所未有之功也。朕因修設醮席，薦拔沉淪，既念元勳，示兹奬諭，亦欲來者之勸也。」丙午，以何夢然同知樞密院事兼參知政事。壬子，詔程元鳳爲特進，依前觀文殿大學士，充醴泉觀使兼侍讀。癸丑，詔：「皇太子年已及冠禮〔七六〕，宜擇配，慈憲夫人族昭孫之女，生於名門，綽有淑德，其令擇日入内參見。」乙卯，上曰：「太子可謂天作之合。」又顧太子曰：「夫婦，人倫之始。正始之道，當以修身爲先。其身正，不令而行；其身不正，雖令不從。太子必能體認斯意。」似道奏：「皇太子問學日新，況聖訓之嚴如此，自能祇承惟謹。最是全氏侍乃父昭孫，往復江湖，備嘗險艱，其處富貴，必盡儆戒相成之道。臣等深爲國家大慶。」賜知渠州胡克忠金帶，以旌戰守之功。丙辰，沈炎罷，以資政殿學士提舉洞霄宮。戊午，賜汝騰謚曰忠清。尋詔贈四官，仍賜銀、絹、田宅。

十一月甲戌，安南國遣使奉貢獻象三。戊寅，周國公主下嫁禮成，群臣班賀。乙卯，日南至，御大慶殿，群臣朝賀。詔楊鎮宜州觀察使、駙馬都尉，賜玉帶。詔楊鎮父蕃孫進官二等，戚屬增秩、進封有差。癸未，詔全氏特封永嘉郡夫人。

十二月己丑朔，詔：「瑞雪應時，出封樁庫十八界楮幣二十萬賑都民，三衙諸軍亦如之。」辛卯，江萬里罷。尋以端明殿學士提舉洞霄宮。甲午，皮龍榮兼權知樞密院事，何夢然參知政事，馬光祖同知樞密院事兼太子賓客、知臨安府。己亥〔七七〕，月犯五車。詔：「永嘉郡夫人全氏可立爲皇太子妃，令學士院降制。」丁巳，詔：「朕惟我朝褒表功德，具有彝典，如趙普有翊戴之元勳，則賜第宅於建隆；文彦博有弼亮之偉績，則賜家廟於至和。今丞相賈似道身佩安危，再造王室，其元勳偉績不在趙普、彦博下，宜賜第宅、家廟，令有司條具以聞。」

壬戌景定三年正月戊午朔〔七八〕，御大慶殿，群臣朝賀。詔：「陽春肇始，宜布寬條，如丁大全、吴潛誤國之罪，固不可貸。其與爲死黨者，當與同科。若一時嗜榮進而爭附麗者，寧無輕重可斟酌。所犯遠者量移，近者放還，並不録用。」詔皇女周國公主進封周漢國公主。庚申，給事中徐經孫繳章鑑、王景齊祠命。詔：「從官予祠而不除職，是禄之而已，姑與放行，決不録用。」詔：「周尊黄耇，忠厚所基；漢事三老，禄養無闕。陳垲、林彬之、史季温，夙被擢用，今皆耆年，奉祠歲久，宜示獎崇。陳垲授端明殿學士，彬之寶謨閣待制，史季温直華文閣，各因其祠。」戊辰，馬光祖奏：「今歲監補在即，江、湖、閩、廣所至糴價未平，乞照嘉熙二年例，權令各路漕司收試。」從之。庚午，賈似道屢辭免賜第宅、家廟。詔從所請，仍以舊居之鄰集芳園爲賜，給緡錢就建家廟。甲戌，吕文德言：「北兵犯梁山，權軍李鑑出戰屢捷。」詔鑑帶行閤門宣贊舍人、知軍事。立功將士義兵補轉有差。戊寅，詔三學免解外行食生員、兩赤縣解試終場人及臨安府學職事，特令赴省一次。以建儲恩優異之也。以久雨，出封樁庫十八界楮幣二十萬賑都民，三衙諸軍亦如之。都省言：「逆整以瀘叛，宣制兩閫奉行天討，已遂收復。」詔奬諭。尋改瀘州爲江安軍。辛巳，以禮部尚書兼直學士院楊棟知貢舉，兵部尚書、太子詹事葉夢鼎同知，右諫議大夫孫附鳳同知兼監試。

二月丁亥朔，李松壽納款。上曰：「逆雛一再納款〔七九〕，情僞難憑，不可苟目前之小安，貽他日之大患，切須審處。」似道奏：「當與之要約，如能歸漣、海之地始足取信。」都省言：「臨安、安吉、嘉興屬縣水澇，溺死頗衆。」詔各郡守臣給錢埋瘞。丁酉，詔：「朕試天下士於春官，凡十有三詔矣。名公鉅卿，胥此塗出〔八〇〕。朕又表章儒先，崇尚理學，以薰陶涵養培植之久，莫非夙夜强學以待問，懷忠信以待舉，力行以待取者。比既謹簡名流，執斯文之柄，亦號極一時之選，如世之所病，剿句斷章以命題，牽合破碎以害理，與夫言理不切乎事，論事不根於理，皆必無之。然不患有司之不明，但患有司之不公，明自公出〔八一〕，苟至於公，則有真才實學，當如燭照，數計毫髮，莫能遁。言刈其楚，庸玉於成。斯爲不負朕作人之意。審爾，則命陸贄而得韓愈，命歐陽脩而得鞏、軾〔八二〕，則予一人汝嘉。」賜楊棟已下。戊戌，都省言：「漣水三城已遂收復，制閫之功委爲顯著。」詔奬之，仍降德音，改名安東州。庚子，詔：「吏部侍郎劉坰累歷繁使，備著循良，晚入從班，多所裨益。今乞引年致仕，特除寶章閣待制，依所乞予祠，仍賜金帶。」壬寅，詔：「吕文德於宣蜀道，尅復瀘城，可授開府儀同三司。」是日，皇姪乃裕特授檢校少保。以皮龍榮爲資政殿大學士、知潭州、湖南安撫使。乙巳，月入氐。戊申，詔省試中選士人覆試於御史臺，爲定制。己酉，上曰：「漣、海二城收復於旬日間，亦見李壇納款之真，可擬封爵來上。」庚戌，詔：「李壇效順本朝，請贖父過，既歸漣、海之境土，復獻山東之版圖，可特授保信寧武軍節度使、督視京東河北等路軍馬、齊郡王，仍賜金鍍銀印二、金帶、朝服、繡鞍馬。以金帶、牙笏各十五，付李壇分賜將帥。」

三月乙丑，以孫附鳳爲端明殿學士、簽書樞密院事兼太子賓客。辛未，詔陞海州東海縣爲東海軍。甲戌，都省言：「徐霖自改官後，實歷十餘年不曾陳乞磨勘轉官，今已致仕，合行旌異。」詔官其一子。

四月戊戌，李壇尋復淄州，詔奬諭。己亥，嚴州言麥生兩穗。庚子，熒惑、歲星合於危。甲辰，有流星大如杯。庚戌，以久雨，録行在繫囚。

五月丙辰朔，戊午，以刑部侍郎兼給事中徐經孫、工部侍郎兼司業常挺、太常少卿兼太子侍講吴堅爲殿試詳定官。己未，御集英殿，策進士。辛酉，御射殿，閲武舉進士射。丙寅，蠲臨安府税三月，平物價也。丁卯，都省言：「諸路州縣税租見錢，用時價折納會子，以重楮也。州縣間有故行違戾者。」詔諸路提刑躬視所部，違者劾之。戊辰，上曰：「謝奕化折納苗米價太重，已戒飭之，仍貸義倉充軍費，以免科糴，庶可少寬民力。」似道奏：「聖恩及此，軍民兩受賜矣。」己巳，都省言：「廣西諸郡措置屯田，已有小效，若邕〔八三〕、欽、宜、融、柳、象、潯州能一體講行，亦可省糴運。」詔守臣任責措置，經略安撫提領，課以殿最，仍條具來上。庚午，都省言：「廣西經略安撫司申，安南國進貢賀昇平禮物。」詔户部依例給賜。辛未，同知樞密院事兼知臨安府馬光祖除職，知福州。壬申，上曰：「馬光祖再尹神皋，殊無善狀，朝綱所繫，豈宜動肆輕紊。」似道奏：「宅揆非才，望輕招侮，法宜引去。陛下曲賜全宥，臣惟有恐懼。」上曰：「卿之所争爲公，光祖之所争乃爲私。」諫臣陳堯道奏：「貪吏爲蠹者八事，而勢家、譁徒、黠胥尤甚。」詔户部下諸路監司禁戢。甲戌，詔：「周公作詩，不避昌、發，孔子不偏避二名，朕舊名一字，乃理學至要，五常百行，非誠非也，無之可乎。先朝如『益』字、『實』字見之群臣表章，此尤可證。自今其勿復避。」丁丑，御集英殿，賜禮部奏名進士方山京等敕，凡六百三十有七人。己卯，賜特奏名進士敕，凡七百四十有三人。

六月庚寅，以經筵進讀唐鑑終篇，賜宴祕書省，講讀官各進秩。詔孫附鳳兼權參知政事，楊棟端明殿學士、同簽書樞密院事。壬辰，以吴潛殁於循州，許令歸葬。乙未，月入氐。己亥，董槐乞休致。詔除特進。辛丑，上曰：「一雨甚濟，旱禾得此結實。」似道奏：「今日之雨，甚慰民望。昨日臨安屬邑獻新禾，更旬日可食新，公私之幸也。」乙巳，御射殿，閱正奏名進士射。丙午，閱特進奏名進士射。詔祕書省曝書會權免。詔吏部、刑部申嚴叙理等事一遵舊制，仍令臺諫、監司、守臣自今指實劾奏，庶幾罰稱其罪。戊申，都省言：「徽宗皇帝長編一時抄録，尚未成編。」詔令史館專官修潤。庚戌，安南國王陳日煚遣使入貢表，乞世襲。詔日煚特授檢校太師、安南國大王，加食邑。男威晃特授靜海軍節度觀察處置使、檢校太尉兼御史大夫、上柱國、安南國王、效忠順化功臣，仍賜金帶、器幣、鞍馬。癸丑，詔謫降臣僚終於貶所者許歸葬。

七月丙辰，都省言：「州縣官最爲近民，欲其不爲民害，當先革貪欲，革其貪當先養廉。今諸州縣官廩給往往拖壓，是驅之使貪也。監司、守令，但知豐己，皇恤他人。邇者，貪贓之罰既嚴於屬吏，則養廉之俸合責於長官。」詔令御史臺覺察，其有違戾，許屬部官於離任日訴於臺省，計贓論罪。壬戌，以董槐薨，輟視朝，贈少師，謚文清。庚午，以皇女周漢國公主薨，輟視朝五日，賜謚端孝。太史奏，用七月癸未，車駕臨奠，駙馬都尉楊鎮奉辭凡五，乃從之。乙亥，廣西經略朱禩孫申，增築西城〔八四〕，内包學舍，添置書院，乞照白鹿洞例錫名，仍置山長一員。詔以「宣城書院」爲額。戊寅，詔：「文武臣陳乞叙復，令吏、刑部具元犯上於尚書省，斟酌施行。」辛巳，詔敕令所重修吏部七司條法。

癸未，詔户部申嚴諸路州縣苛取苗米之禁。

［八月］〔八五〕甲申，有白氣如匹練亘天。戊戌，李壇死。己亥，詔：「昨賜公主田，以秀豐莊二萬九千有奇充影堂祭祀，餘悉撥隸淮東總所，以助軍餉。」壬子，以皇太子宫滿歲，宫師以下各進一秩。

九月辛酉，上曰：「朱熠言，吴門近似秋暑，忽蝗螭孽生，未幾得雨皆殞，遂不爲害。」似道奏：「蝗不爲災，皆聖德所感。」乙丑，詔諸路州郡增差教官，當令經、賦各一員。戊辰，以沈炎薨，輟視朝，贈少保。丁丑，都省言：「温州布衣李元老，讀書安貧，不事科舉，齒踰百歲，乞照令甲特賜撫存。」詔補迪功郎致仕。壬午，賜李壇廟名「顯忠」，贈檢校太師。從兩淮制臣李庭芝請也。

閏九月丙午，都省言：「乞遵嘉定舊制，應知縣罪罷，雖經赦不許注緊、望之闕，仍著爲令。」從之。戊申，詔：「紹興府昨因延燎，令倉司給貸居民錢。今經兩年，民貧可憫，可悉蠲之。」辛亥夜，皇太子妃全氏降生皇孫。

十月乙卯，詔蠲四川制總州縣醝酤榷利三年。以都省言，循明禋前例也。丙辰，詔：「蠲諸路州縣折納苗幣，不許陽減陰取，違，坐紹興條例。」庚申，沿江制臣汪立信表進蘄城新城圖。詔獎諭。甲子，以楊棟爲端明殿學士、簽書樞密院事兼權參知政事兼太子賓客，葉夢鼎爲端明殿學士、同簽書樞密院事兼太子賓客。甲戌，廣西經略朱禩孫奏：「知歸化州岑從毅納土，輸賦、獻丁壯爲下臣。」詔改歸化爲來安州。岑從毅進官修武、知州事，許世襲。丙子，詔安豐六合縣陞爲軍使〔八六〕，令沿江制司選辟軍使一次。以其縣里迢遥〔八七〕、邊鄙險要也。

十一月壬辰，詔奪丁大全貴州團練副使，徙新州，以其招集遊手，私立將校，置弓矢舟楫，謀不法也。丞相賈似道諷廣西經略朱禩孫殺之，禩孫遣將官畢遷護送，擠之水。丙申，以徐清叟薨，輟視朝。尋贈少師。戊戌，以夏貴知廬州兼淮西安撫副使〔八八〕。辛丑，詔禱雪未應，出封樁庫十八界楮幣二十五萬賑都民。癸卯，詔免正旦大朝會。

十二月乙卯，詔臨安府屬縣、三衙決繫囚，杖以下釋之。庚申，詔瑞雪應時，出封樁庫十八界楮幣四十萬賑都民、三衙諸軍。戊辰，詔雪寒，再給諸軍薪炭錢。

癸亥景定四年正月壬午朔，御大慶殿，群臣朝賀。詔令侍從、臺諫、給舍、卿監、郎官以上及制、總、監司各舉所知，不拘員限，以待量才擢用。後不如所舉，則連坐之制宜在必行。戊子，詔莆陽布衣林亦之、陳藻特贈初品官，林公遇贈一官。以司農少卿林希逸言三人經明行修，欲表勵後學，故有是命。都省言：「四川駐戍諸軍守禦良勞，合議優恤。」詔令制副給賜衣裝布匹有差。丙午，上諭輔臣曰：「陳堯道言，詞訴改送之弊，民受其害，合與痛革。當自户、刑部始。」似道奏：「謹遵聖訓。」

二月壬子朔，詔：「吴潛、丁大全懷姦誤國，既速天誅，朋附實繁，遷謫亦久，宜示寬恩，令尚書省日下具兩黨人，斟酌輕重。」丙辰，刑部言：「吴潛、丁大全兩黨人内，已量移程沐、胡用存、程垌、石正則、吴泳、汪洵之並自便，永不叙用；倪垕量移信州，張棻饒州，章公權撫州，任伯鳳建寧府，葉隆禮徽州，何子舉押歸本貫，吴衍撫州，翁應弼臨江軍，趙時詁衡州，劉錫瑞州，王立愛信州，程若川建昌軍，袁玠、沈翥、方大猷、徐敏子難以量移。」尋臺臣及給舍疏，乞收回吴衍〔八九〕、翁應弼、趙時詁、葉隆禮、何子舉、劉錫、王立愛、石正則量移之命，遇赦永不放還。内時詁、子舉、衍、應弼、立愛、正則各更奪一秩，錫已追毁出身，仍各於見謫州軍居住。並從之。丁巳，殿中侍御史陳堯道、右正言曹孝慶、監察御史虞慮張晞顔言：「井田，古也，而未易行於後世。限田，近古也，猶足以救今日之急。蓋兼併之患至今亟矣，奈何時異事殊，法出弊生。夫三邊列屯，非食不飽，諸路和糴，非楮不行，既未免於稟兵，則和糴所宜廣圖，既不免於和糴，則楮幣未容縮造。爲今日計，欲便國便民而辦軍食、重楮價者，莫若行祖宗限田之制，以官品計頃，以品格計數，下兩浙、江東西和糴去處，先行歸併詭析，後將官户田産踰限之數抽三分之一回買，以充公田。但得一千萬畝之田，則每可收六七百萬米，於軍餉有餘矣。」詔從之。尋置官田所，以劉良貴爲提領，陳訔兼檢閲〔九〇〕。先是，似道建議：「國計困於造楮，富民困於和糴，請官買公田，免和糴，住造楮。」於是始行公田法，驟民腴田，量户多寡以賤直取之，農民爲官耕者曰官佃，上户爲官督者曰莊官，浙右之人破家失業者甚衆。戊午，詔：「祖宗之制，察官邪之外，點檢所隸簿書，有司稽遲者，赴臺理訴，未嘗許信偏詞，予奪刑名也。兹覽臨安府所勘臺吏案款，違法背理，不一而足，至於刑人、殺人之事，亦復干預。察官失所知聞尚且不可，惟吏是聽，至作訪聞押帖，使善良受害乎。苟不示懲，何以戒後。臺官虞慮、張晞顔並與在外差遣。」癸亥，降詔申飭臺臣。辛未，詔會子庫日增印一十五萬貫，赴封樁庫充買官田。乙亥，都省言：「吕文德浚築鄂、岳、常德、澧州城池訖事。」詔奬之，守臣韓宣特轉遥郡承宣使，蘇劉義吉州刺史，以效勞故也。丙子，上諭輔臣曰：「諸史宜差從官提綱，照舊例於明禋前登進。」尋差徐經孫。

三月辛巳朔，詔：「官買踰限之田，蓋欲永免和糴，倉卒取具，姦弊滋多。可嚴立賞罰，討究歸併，庶幾步畝無私，易於摘買。」丁亥，以吕文德爲寧武保康軍節度使、開府儀同三司。詔：「買踰限田，以免和糴之害，自是良法美意。要當始於浙西，庶他路視以爲則。但所在利病不同，亦難拘以一律。令三省參酌施行。」賈似道丐祠，詔不許。參知政事何夢然等奏：「切見右丞相意在娛親，抗章丐去。臣等固知陛下決不容似道之去。臣等私憂過計，謂丞相非惟不可去，亦不可言去，國勢方定，事會方殷，丞相之不可去，上下通知。但丞相丐去，小人便動彈冠之興。欲乞陛下力賜勉留，曲加勉諭，俾丞相毋更入疏，庶安人心而弭外邪。」從之。己未，權吏部尚書陳昉等奏，乞勉留丞相賈似道。詔從之。庚寅，侍御史陳堯道、右正言曹孝慶奏：「江公望居言路日有云，君臣一體。人君元首也，左右大臣股肱也，諫官、御史耳目也。股肱不留，元首何賴，耳目之官豈容自默。乞陛下申諭勉留，天下幸甚。」詔從之。右丞相賈似道奏：「條陳田制凡九，乞下臣此章，俾議其可，必卿士庶民之皆從，是之謂大同，亦安得獨異哉。」甲辰，上諭輔臣曰：「陳堯道言，鉟銷、僞造，當嚴加禁戢。」似道奏：「不禁鉟銷，則見鏹愈少，不禁僞造，則楮幣愈多。臣等仰遵聖訓。」丁未，詔：「寧國府守臣趙汝謀推行經界，職事修舉，陞直華文閣，因其任。」

四月丙辰，詔今年九月有事於明堂。甲子，詔：「呂文德分閫上游，寬朕西顧。疆場之事〔九二〕，知無不爲，帑府所積，久而愈厚，令其子師夔稟陳，欲備公上取用。朕但聞閫外仰費於朝廷，未聞朝廷取費於閫外。所請既切，難違其意，可於内截撥二百萬充今年制總糴本。」乙丑，皇太子言：「恭聞經筵春秋徹講在邇，乞令陪侍觀禮。」從之。丁卯，以明堂奏告於天地、宗廟、社稷、宮觀。丙子，都省言：「回買六郡公田，視畝租之多寡，爲支價之低昂，乞以官誥、度牒、銀、會四色參酌支給。」詔令封樁庫支撥，付各郡守臣等第給還。

五月辛丑，都省言：「婺州布衣何基、建寧府布衣徐幾，皆得先儒理學之傳，年高德劭，隱居丘園。」詔基、幾各補迪功郎，基特添差婺州教授兼麗澤書院山長，幾建寧府教授兼建安書院山長。壬寅，以經筵進講春秋終篇，賜宰臣、經筵官宴於祕書省。

六月庚午，賈似道等上徽宗皇帝長編、寧宗皇帝實録日曆會要經武要略。乙亥，似道辭免進書恩，凡四奏。詔回贈五世祖進士昱爲太師，祖妣季氏廣國夫人，繼妣徐氏延國夫人。夢然等以辭，詔各進二秩，餘令回授。

七月甲申，詔：「吏部具諸路見闕知縣，不拘常格，限十日許人指射，限滿無人注者，令監司、郡守列銜奏辟一次。」乙酉，詔祕書省，自淳熙至嘉定國朝會要皇朝長編刊梓頒行。壬辰，敕令所進呈寧宗皇帝、今上皇帝寬恤詔令。詔提舉官賈似道等各進二秩。甲辰，皇太子奏：「乞以新除起居郎留夢炎、前江東提刑召赴闕范東叟充講官。」是日，上謂輔臣曰：「皇太子以講官闕員，欲以夢炎、東叟充選。夢炎舊在資善，東叟亦有時望，所奏甚當。」似道等奏：「二人皆時望，此舉於儲德愈有光，臣等不勝贊慶。」尋以夢炎兼諭德，東叟兼舍人。

八月戊申朔，詔户部申嚴諸路州縣苛取苗米之禁。以賈似道爲明堂大禮使，何夢然禮儀使，楊棟儀仗使，葉夢鼎鹵簿使，與芮橋道頓遞使。辛酉，詔皇太子宫滿歲，宫賓、講官各進一秩，使臣以下減年，給犒有差。庚子，都省言：「中外支用粗足，已行減造會子。今置公田，免糴本，又合減造。」詔每日更減五萬。壬申，都省言：「明禋恩霈，例蠲前三年逋賦，而州縣往往有已催在官，吏、幹隱匿在已者，其實百姓不霑毫髮之惠。漢史有除明年田租之令，最爲得宜。今倣而行之，庶幾實惠及民。乞下諸路州縣，蠲前三年逋賦外，更預將景定五年畸零税色與免半輸，載爲赦條。仍令各路漕司榜諭。」從之。甲戌，詔省罷平江府發運司。

九月庚寅，朝饗太廟。辛卯，大饗於明堂，赦天下。甲午，以何夢然知樞密院事兼參知政事，楊棟同知樞密院事權參知政事，葉夢鼎簽書樞密院事。乙未，都省言：「諸路州縣獄訟，率多枝蔓淹延。今遇明禋肆赦，有司所當奉行疏決，以稱寬典。」詔令各路憲臣決所部繫囚，具已結絶名件上尚書省。詔：「吕文德乞以大禮所得京官恩澤，改奏次子師夔〔九二〕，已從其請。朕思文德忠勤，豈在中興功臣之下。師夔已除知閤，且屢典邊郡，但换京官，亦非朕所以待忠臣之意。今特與换朝奉大夫。」尋爲度支郎官。丙申，昌化縣以嘉禾、嘉粟進。時明禋慶成，上謂休瑞應期，一德感通之驗，詠詩賜丞相。詔：

「賈德生去歲不能防閑所使，丞相忠於體國，不私其子，必欲示懲，朕嘉其嚴訓，姑從削秩，天下皆明知大公之意。今已及期，可特叙復元官，予祠。」

十月己酉，詔安吉、嘉興、平江、常州、江陰、鎮江公田諸莊，輸納什優其一。以都省言，納稼之始宜寬恤故也。壬子，車駕詣太乙宫，赴座官賜醴簪花。己未，詔出封椿庫十八界會一百四十萬，下六郡置公田莊屋。乙丑，詔刑部：「應内外文武官因風聞致罪者，許申理於朝，參酌改正。犯贓私者，令監司覈實來上。」癸酉，都省言：「令會子庫造三色零百錢關二千萬，便民旅交易。」從之。乙亥，詔李獻可等精加校正徽宗皇帝長編，刊梓於祕書省。

十一月戊寅朔，詔度支郎官吕師夔往沿江閲視屯兵營屋，招募新軍，仍督未備者，具奏來上。庚辰，詔群臣遵依舊制五日一輪對，如遇恙，則痊日補對，不許推託求免。壬午，軍器監丞方演孫進對，論群臣緘默之弊。上曰：「朕未嘗諱言。」演孫奏：「天下莫不知陛下之能聽言，特臣下不敢言爾。如啓悟發於宸衷，施行見於明詔，天下翕然孰不服陛下之聖。」丙子，詔兩浙運司、臨安府屬縣決繫囚，杖以下釋之。臺臣朱貔孫言：「郡邑主學添教，間有分争，殊失揖遜之風。乞下諸路提舉司分隸職事，立爲定式，庶可養靖共之習。」從之。

十二月丁未朔，詔正旦大朝會權免。詔應官司見監公私逋欠並倚閣一月，繫人釋之。以雪，講行寬恤也。戊申，詔舶務出售榷貨以收弊楮，仍禁乞取。己酉，詔：「皇太子宮詹事以下，講讀外日輪一員辰入酉出，以備咨問，以稱輔導之實。」辛亥，詔兩浙監司將所部州軍縣繫囚杖以下釋之。甲寅，蠲兩浙州軍及建康府見監贓賞茶鹽錢。丙辰，詔諸路憲司索上所部州軍大辟獄案，詳情論決，毋使滯淹，其干連者酌量釋之〔九三〕。丁巳，登聞檢院朱濬進對，論修身之要。上曰：「修身在端本爲上。」濬奏：「誠如聖諭。心者身之本，身者天下萬事萬物之本。先臣朱熹之説正如此。」上然之。己未，詔刑部下諸路憲司，所部州縣刑獄，不許慘酷箠楚，及毀除非法獄具，違者重置於罰。辛酉，詔管景模主管侍衛步軍司〔九四〕。丙寅，詔無爲軍巢縣已陞爲鎮巢軍使，從沿江制司節制。其月收坊場、河渡錢分項起解支遣。以制司申言也。己巳，諫臣陳堯道乞下福建倉司，將景定元年至三年八郡義倉米斗以十七界會兩貫賑糴貧民。從之。庚午，詔瑞雪應期，出封樁庫十八界楮幣四十萬賑在京軍民。詔臨安府、兩浙運司、三衙決繫囚，杖以下釋之。都省言：「知海州張漢英在任浚築壕壕城壁竣事，其子宗仁奉圖來上，具見勞績。」詔張宗仁特與帶行閤門祇候，添差京東路將。餘在役者令兩淮制司類申樞密院。辛未，太白歲星順行。癸酉，詔再給諸軍諸司薪炭錢。丙子，臨安府帥臣吳革奏獄空。

詔奬之。

甲子景定五年正月丁丑朔，御大慶殿，群臣朝賀。詔：「朕粤稽盛帝明王，制治保邦，曷嘗不以人材爲先務。蓋雖堯舜之法度，文武之方策，苟非得人，是迪是懋，則亦徒法而已。故必賴濟濟之賢、藹藹之士，布列中外，道德一而風俗同，然後可望其舉行不悖，相維於長久也。我國家因唐之舊，進士一科，得人爲盛。三百年間，所以保乂王家、垂休億載者，厥功茂哉。弊久蠹滋，邇年尤甚，非無佳士穎出，由此其選，然窮經學古者，或病於詞華，植德礪行者，難究其藴奥，高才大器者，往往局於纖悉繩墨之末。是以官甚冗，而才愈乏，家殊俗，而風益漓，至於冒國法以苟營，假儒冠而挾册，俚言亂雅，勦説趨時〔九五〕，使習之者反賊其良，而取之者莫任其咎。人情至此，咸欲變通。蓋嘗披閲先朝名臣奏議，其論取士之法非一，惟程顥、頤兄弟，深知治道，酌古通今，綱條詳明，用意純切，令三省詳議參酌其可行者條具以聞，務於科舉令甲無大更張，以妥安士心，而於進士舉之外，所以崇尚經術、考察德行、選用材能之道，立爲一代之典，陶成四方之風。庶幾豐芑之仁垂之萬世，顧不美歟！」癸未，給事中常挺言：「乞遵祖宗典故，應文武臣寮封章並許於通進司投進，以達群下之情，毋使伏闕投匭與庶民等。」詔從之。出奉宸庫香珠犀象等珍貨付務場賣易，助收弊楮。辛丑，詔：「沿江、兩浙制、帥、監司，不許差軍功、借補、挾術、遊謁等人權攝害民，如州郡闕員則差曹職官屬，縣闕員則差丞、簿、尉時暫兼權，仍催正官之任。或有違戾，令臺臣覺察以聞。」

二月丙午朔，詔：「昨者，諫疏戒飭百司盡公守法，指緘封事目最爲病源，深中累年積習之弊。邇日劾及都司，具有實狀，所當申嚴禁戢，俾各自愛，毋蹈匪彝，以速厥辜。」丁未，詔禮部貢舉。辛亥，檢正陳昉言：「陛下欲賞信罰必，莫若嚴考課之法，乞明詔有司，下之諸道帥臣、監司歲考郡守，歲考縣，課第其能否、優劣、功過，於次年三月類聚保奏。監司則有互申之法，宜悉遵彝典。」詔從之。是日，雪。丙辰，韓禾、洪天錫並兼侍講，趙景緯兼崇政殿説書。丁卯，詔諸路申嚴州縣斛面之禁。豁除義倉陳腐米數。椿積邊郡三年軍餉。行臺臣之言也。是夜，月犯斗。辛未，雨土。詔梁椿選右正言，程元岳、朱應元並監察御史。

四月丙午，詔：「管景謨屢立戰功〔九六〕，爲時名將，妻孥陷歿，效忠愈堅。聞平時所得俸賜，率以撫恤將士，遂至窮空，此尤可嘉。特賜十七界會三十萬以示旌勸，仍賜金帶，許令服繫。」辛亥，詔禮部下諸路州縣講行鄉飲酒儀，以復古意，仍以已行儀式上於尚書省。癸丑，詔諸道提點刑獄以五月按部理囚徒。乙丑，詔知樞密院事兼參知政事何夢然罷，觀文殿學士、沿海制置使馬天驥罷。行臺臣之言也。己巳，以李曾伯知慶元府、沿海制置使，江萬里爲資政殿學士、知建寧府。庚午，太白歲星合於婁。詔徐宗仁兼崇政殿説書。

五月丙子，詔朱應元除右正言兼侍講，饒應龍除監察御史。己卯，詔何夢然爲資政殿大學士、知建寧府。辛卯，以楊棟參知政事，葉夢鼎同知樞密院事兼權參知政事，姚希得爲端明殿學士、同簽書樞密院事兼太子賓客。乙未，詔安南國表貢方物，其所進象及華靡之物，令有司卻還，仍優賜答之。戊戌，都省言：「公田所諸莊砧基已成，若復以州縣總之，恐害不除，而利不可久。宜選差廉能官分司管幹。」詔平江、嘉興、安吉各一員，常州、江陰、鎮江共一員，未作縣人充幹辦公事，已作縣人充主管文字繫銜。仍令條具合行事宜來上。己亥，太白晝見經天。癸卯，詔學士院，每日學士與講官照舊例詣院宿直，並申嚴六曹郎官入局部宿之制。

六月甲辰朔，詔衢州守臣謝堅奪官三等，褫右文殿修撰，永不收叙。以其寇至不禦，委城而去，故有是命。臺臣朱貔孫等又言：「詹沔之變，皆由謝堅苛征激之，乞行鐫斥。」中書舍人留夢炎又言：「謝堅罪大罰輕，乞更與勒停。」並從之。丙辰，詔王鑰、洪天錫控辭甚力，令各州守臣以禮勉諭，勉其赴闕。詔容州守臣戴應復奪官五等，勒停，羈管惠州。以其苛取，致激妖民聚衆劫掠。尋令經略司追勘具情節。癸亥，都省言，申嚴祖宗戒飭贓吏之制。詔：「百姓爲贓吏患苦，至此已極。朕甚痛之，指揮務在必行，勿復文具。」

七月甲戌，刑部、大理寺言：「朝奉大夫、監行在榷貨務都茶場分司真州周福孫，於鹽鈔茶引正官錢外創增事例錢四十二萬七千有奇入己，係監主詐欺，從自盜法，贓罪抵死。」詔特貸命，追毀，勒停，免真決，不刺面流二千里，追贓。是夜，彗星出柳，長竟天。乙亥，皇太子妃全氏降生皇孫。丁丑，詔：「朕以寡昧，統臨兆民，居多歷年，祇畏天戒如一日，常恐不德，謫見於上。乃七月甲戌，彗出柳宿，譴告孔昭，目所共睹，鑒臨有赫，咎在朕躬。豈朝多闕政，未當人意，吏不宣化，莫安民生，獄訟弗清而多冤，貪酷未除而貽害，遂至乖戾，上干天和〔九七〕。朕將避殿、減膳，應中外臣寮並許直言。其合施行等事，有司條具以聞。」詔出封樁庫十八界會二十萬賑都民，三衙諸軍亦如之。內司宿衛應奉人並特給犒一次，以示優恤。戊寅，詔江萬里知福州、福建安撫。以降生皇孫奏告天地、宗廟、社稷、諸陵。己卯，彗星退於鬼。辛巳，彗星退於井。甲申，行都大火。丁亥，賈似道屢疏乞罷政，詔不許。癸巳，少保、保寧軍節度使、萬壽觀使、祁國公謝奕昌乞休致，詔特除少師，進封魏國公。甲午，以謝奕昌薨，輟視朝。尋贈太保，追封臨海郡王，賜謚莊憲。是夜，填星守畢。詔馬天驥褫觀文殿學士，罷祠，其子馬時楙奪一秩、罷新任。行臺臣之言也。乙未，詔參知政事楊棟罷。行臺臣之言也。尋除職予郡。丙申，詔令侍從、兩省於内外官舉堪充監司、郡守者，疏其實以聞，令中書籍記，遇有闕官，精加審察，取旨擢用。如犯贓私，當正謬舉之罰。丁酉，命從臣、卿監日一員禱雨於天竺山，郎官詣霍山。戊戌，蠲中外茶鹽贓賞錢。彗星退於參。

八月壬寅朔，詔户部申嚴諸路州縣增收、苛取苗米之禁。是夜，熒惑填星合於昴。甲辰，詔：「壬戌別院董試臺臣，縱遊士假手，物論喧嘩。今春銓闈復然，尤爲無忌。秋闈在邇，可令御史臺嚴爲關防，毋踵前弊。」乙巳，詔舒有開左司諫兼侍講。丙午，詔湯舉兼崇政殿説書，朱貔孫兼侍讀，翁合兼侍講。己酉，都省言：「知嘉定府洪濤，迎奉新繁縣太祖皇帝以下六朝御容於本府天慶觀，一時權宜，於禮未備。」詔令守臣選差武臣一員擇日迎奉赴行在所奉安，合行典禮，令有司條具，上於尚書省。庚戌，彗星退於參。丙辰，詔皇太子宫滿歲，宫師、宫賓、詹事以下各進一秩，醫官、使臣減年、支犒有差。戊午，彗星退伏。庚申，群臣奏請御正殿、復常膳，表凡三上，乃從之。甲子，彗星復見於參。彗星不滅，上封者指言公田之咎。臨安府學生葉李、蕭圭〔九八〕等上書詆似道專權、害民誤國。似道怒，嗾士人林德夫詣京尹劉良貴告李等用金飾齋扁不法，捕置之獄，黥竄漳州。乙丑，以姚希得兼權參知政事。己巳，詔：「師在輿陛辭，精神不如昔，蓋郴州溪洞所係，可別與差遣，以優其老。」辛未，彗星化爲霞氣。

謚議曰〔九九〕：昔太祖嘗曰〔一〇〇〕：「宰相須用讀書人。」似道以寵妃之弟，不學無術，處非其據，乏休休有容之量，忌疾之念横於胸中，好諛惡直，進佞退賢，粉飾太平，諱言邊事，殺功臣以失士大夫之心，行公田以斂江浙之怨，主推排以騷動東南之民，覈士籍以鉗制東南之士，庇敗將則將校之心離，吝軍券則軍旅之心叛。日積月累，無一而非失人心之事，卒至滅國覆身，擢髮不足數其罪。

九月己丑，日生格氣。是日，雷。癸巳，詔内侍李忠輔奪二秩罷。己亥，詔程元嶽右正言兼侍講，張桂監察御史。

十月乙巳，朝獻景靈宫。丙午，月犯斗。庚戌，詔冬至朝會權免。辛亥，詔：「十七界會浸輕，並以十八界會易之，限一月止。」乙卯，蠲臨安府税三月。乙丑，詔：「物貴原於楮輕，楮輕原於楮多。今以見錢關子復中興舊法，每百七十七足陌，以一準十八楮三千，革錢楮虧折之弊。其官吏諸軍券請，並以見錢關子全給。」似道請秤提楮幣，改造金銀見錢關子，以一準十八界會子之三，十七界廢不用。關子之制：上黑印如西字，中三紅印相連如目字，其下兩旁各一小長黑印如兩脚，宛然一賈字也。關子行，物價頓踴。

上有疾不視朝。丙寅，命官分禱於天地、宗廟、社稷、宫觀。詔出封椿庫錢關二十萬賑都民，諸軍亦如之。詔：「朕體違和，服藥未效，如草澤有能治療得或痊者，白身除節度使，有官人及願就文資者並與比附推恩。外更支賜錢十萬貫、田五百頃。」三省出榜曉諭，許徑赴麗正門外自陳。差内侍二員收接文字，即時聞奏。内降赦曰：「朕顧畏民嵒，祇膺帝監，朝乾夕惕，迪惟遺大投艱，日邁月征，永念志勤道遠，若臨深而履薄。迄去危而就安，幸國步之小康，乃朕躬之少爽，端由積慮以致愆和。宜特持於刑章，庶助收於藥，喜集於多福，答爾群情，可大赦天下。於戲！人莫不欲生，冀道迎於善氣。天所助者順，永孚祐於丕圖。咨爾多方，體予至意。」丁卯，上崩。遺詔：「皇太子温文夙著，仁孝有聞，陞儲副者五年，久參裁於庶務，宜自春宫而嗣服，允符至道之舊章，可於柩前即皇帝位。皇后佐祐朕躬，章明坤載，可尊皇太后。應軍國事務，並聽皇帝處分。爾其式遵成憲，誕受多方，益奉母儀，恪承慈訓。皇帝成服三日聽政，喪紀以日易月。群臣共爲寬釋，勿過摧傷，百官入臨，並隨地之宜。諸道州府長吏以下三日釋服，在京禁音樂百日，在外一月。無禁祠祀嫁娶。沿邊不用舉哀。山陵制度務從儉約，應内外諸軍支賜及其他不在詔中者，並聽皇帝處分。於戲！人羡久生，奈盈虚之有數。天惟純祐，緊付託之得人。更賴股肱元臣、文武列辟，交修不逮，協贊丕平。咨爾群倫，體予至意。」尋以王倫、麥卿充都大提舉喪事。

謚議曰：丕休哉！四十一年之間，日恒月升〔一〇一〕，謹終如始，美成在久，四方咸仰於垂裳，逍遥與遊，萬乘遽同於脱屣。三靈變色，九有摧心，天不可梯，民之無禄，遠日有期，南郊是請。宜配雅頌，宜襲春秋。謹按謚法，秉德遵業曰烈，經天緯地曰文，施仁服義曰仁，保大定功曰武，聰明文思曰安，協時肇享曰孝，迹夫十有三年之大業是承，四十餘年之治體不變，非秉德遵業乎？宸文睿藻之昭回，龜圖洛書之流布，非經天緯地乎？勤廉恤刑，拔賢去佞，非施仁服義乎？長算遠略，動中事機，内憂外患，迄就底平，非保大定功乎？涉道深而情僞洞察〔一〇二〕，在御久而典則昭明，超然遠覽，惟懷永圖，非聰明文思乎？父天母地，敬事敬享，内則盡志，外則盡物，非協時肇享乎？越廟號之建久矣，道德仁義皆帝王之徽稱也，而未聞有以理爲號者，稽之謚法曰：慈惠有德而已，理之爲義而止於斯也。不既淺乎，太極，理之根源也；二氣五行，理之流布也。天下萬事萬化皆於理乎出，而君師則主張乎是，先儒則講貫乎是也。自我藝祖皇帝開國之初，與韓王趙普發明道理最大之説，由是本朝治體之純，道學之粹，遠同三代。慶曆、嘉祐間，豪傑並出，濂洛之學，上接洙泗，熙寧之用程顥，元祐之起程頤，紹興之聘尹彦明，紹興之召朱熹〔一〇三〕，列聖相傳，皆欲表顯而尊崇之矣。奈之何王安石則邪説誣民也，秦檜、韓侂胄則姦臣擅國也，以新經、字説胥天下，爲黄茅白葦〔一〇四〕，則安石之爲也；反國事讎，率獸食人，謂學爲僞，謂道爲禁，則檜、侂之爲也。理學之廢興，關於世道之消長，可勝言哉。先皇帝自初踐阼，始御講筵，即未嘗以名呼先儒。若周元公頤則曰濂溪，張郿伯載則曰横渠，二程則曰伊川、明道，而尤爲尊用朱文公熹之四書。

自時厥後，或錫之美謚，或贈之封爵。淳祐視學，首詔祀五臣而斥荆舒、熄邪説、正人心，爲去聖繼絶學，爲萬世開太平，製緝熙一記，製道統十三贊，造詣精矣。書無逸一篇，書「思無邪、毋不敬」六字，儆戒備矣。其土苴既足以治天下，其精微又以傳之聖子，資善堂有記，元良有規，道心精一之旨悉在焉。下南宫十有二詔，而未嘗不以義理之學飭有司，擢科目，迎萬人，而未嘗不以義理之文造多士。中庸大學之書，周、程、張、朱、吕之説，家傳而人誦之，士生斯時，争自濯磨，以通經學古爲先務，以窮理盡性爲大原。可以淑群心，可以支世變，雖有搶攘紛紜，而國家基緒屹然不少動摇者，以我之本領端正而功用宏闊故也。嗚呼！往古來今，内聖外王，一正理而已。發揮正理，不在孔孟乎，微關、洛諸儒繼之，則大道之與異端，果孰勝而孰負哉。主張正理不在我朝之列聖乎！微先皇帝繼之，則聖傳之與俗學，果孰顯而孰晦也。會群獻之精藴，訂百家之異指，接二帝三王群聖人統宗會元之粹，而掃秦、漢以來千數百年習浮踵誤之失。謂非有功於是理乎。理也者，天之所爲，而非人之所設也。聖人本天命之性，躬率性之道，而闡修道之教，有功於是理者，即有功於天也。上帝臨汝，無二爾心，忠臣孝子，於此時而稱天作謚也，可以端拜而議矣。尊謚宜天錫之，曰：烈文仁武安孝皇帝，廟號理宗。臣等謹議。

覆謚議曰：巍巍乎，洸洸乎，將欽柴於陽阯，用作鼂於禰宫。觚編毫絡，若爲模繪。夫理，功之基也；功，理之輿也。其來也幾微易簡，其究也廣大堅固，是或一道也，循天下之理之謂道，繼去聖之絶學，昭皇王之大紀，非建乎？得天下之理之謂德，四十年之深積，一太極之渾全，非備乎？道見乎變之謂功，海内之治皆上世所難及，非大乎？道之燦然之謂興，景定之元，號爲天下重開，非復乎？理無所不通也。天運神化，博施濟衆之方，非聖乎？理無乎不燭也。宇定光發，恢廣覽兼聽之公，非明乎？合烈文仁武安孝之號，爲尊明令顯隆盛之稱，萬古在前，億載在後，無一息非天理之流行也。勒之崇鴻，寫之琬琰，薦之上帝，昭我理宗，上配藝祖〔一〇五〕，與天無極，臣謹拜手稽首，請上徽號曰：理宗建道備德大功復興烈文仁武聖明安孝皇帝。

詔以明年正月一日改爲咸淳元年，大赦天下。

校證

〔一〕懌　再造本、文海本均作「擇」。

〔二〕虜　原作「寇」，據再造本、文海本回改。

〔三〕韃犯邕筦　「韃」，原作「蒙古」，「邕」原作「雝」，據再造本、文海本回改、校改。

〔四〕干請　「干」原作「幹」，據再造本、文海本校改。

〔五〕成都　原作「城都」，文海本同，再造本闕文，據宋史卷四四理宗紀校改。

〔六〕虜主　原作「敵人」，再造本闕文，據文海本回改。然「虜主」或當作「韃主」。

〔七〕藺市　宋史卷四四理宗紀作「藺市」。新安文獻志卷六方回論賈似道十罪可斬書亦作「藺市」。似作「藺市」是。下文「涪州藺市」之「藺市」同。

〔八〕狂胡　原作「强敵」，據再造本、文海本回改。

〔九〕疆敵　再造本、文海本均同，然據文意，「疆」應爲「彊」之形近訛。

〔一〇〕賫印授往　「授」，再造本、文海本同，然再造本紅筆改「授」爲「綬」，或有所本，可參。

〔一一〕太白犯權火星　宋史卷四四理宗紀作「太白犯權星、熒惑」。

〔一二〕韃兵　原作「蒙古」，據再造本、文海本回改。

〔一三〕九月　「九月」原脱，再造本、文海本同，據宋史卷四四理宗紀補。

〔一四〕寇　「寇」，再造本爲空鉛，文海本作「虜」。

〔一五〕五萬　原作「五百」，再造本、文海本均同，然宣司數不當比副司數少，今據宋史卷四四理宗紀校改。

〔一六〕史岩之　原作「史崖之」，據再造本、文海本校改。

〔一七〕樞密使　李校：原作「樞密院使」，據宋史理宗紀四删「院」字。汪按：再造本、文海本均作「樞密院使」，然依宋制，删「院」是，今從李校。

〔一八〕將仕　李校改「將事」爲「將士」，謂：原作「將事」，據文意改。汪按：再造本、文海本均作「將仕」，「將仕」、「將士」義近，今暫從古本。

〔一九〕韃　原作「蒙古」，再造本作「達」，顯爲「韃」之訛，文海本作「韃」，據回改。

〔二〇〕事功　原作「秉功」，不文，據再造本、文海本校改。

〔二一〕黄在鄂下流　「下」原誤「中」，再造本、文海本均同，作「中流」不文，據宋季三朝政要卷三、錢塘遺事卷四校改。又下句兩書作「中間乃韃騎往來之衝」，較本書多「中間」兩字，另「北」作「韃」。可參。

〔二二〕白　原作「曰」，再造本、文海本均同，據宋季三朝政要卷三、劉一清錢塘遺事卷四校改。

〔二三〕急政　原作「急致」，據再造本、文海本校改。

〔二四〕葉再遇　「葉」原作「棄」，據再造本、文海本校改。

〔二五〕良田萬頃　再造本、文海本均同，然宋代從無賜田萬頃事例，宋史卷四五理宗紀作賜「浙西良田百頃」，近是。

〔二六〕彊敵　再造本、文海本均同，然「彊敵」疑爲「彊敵」之訛。

〔二七〕本軍都監張興宗　再造本、文海本均同，宋史卷四五理宗紀作「河湖砦都監、權巡檢張興宗」，宋史卷四五四忠義傳作「河湖砦巡檢張興宗」。

〔二八〕右武大夫　再造本、文海本均同，宋史卷四五理宗紀作「左武大夫」。

〔二九〕鴻宿州　再造本、文海本、宋史卷四五理宗紀均同，然明彭大翼山堂肆考卷二四地理鴻宿洲：「鴻宿洲，在黄州府蘄州西大江中，秋冬有鴻集於此。」則「州」似當作「洲」。

〔三〇〕患　文海本同，再造本爲空鉛。

〔三一〕左右金吾衛上將軍　再造本、文海本均同，宋史卷四五理宗紀作「左金吾衛上將軍」，似是。
〔三二〕機括　再造本、文海本作「機栝」。
〔三三〕睿旨　原作「眷旨」，不文，文海本字不規範，似「睿旨」，據再造本校改。
〔三四〕吕文信統兵在㭊林夾白鹿磯吕輔周　再造本、文海本、宋史卷四五理宗紀均同，然宋史卷四五四忠義傳載：吕文信「德祐初，帥舟師次南康斛林夾白鹿磯，與北兵遇，戰死。」繫時異，且「㭊林夾」作「斛林夾」。待詳考。
〔三五〕特以　文海本同，再造本作「持以」，景定嚴州續志卷一御筆立忠王爲皇太子作「將以一忱」。
〔三六〕今後有許移易窠名輒行獻羨者　再造本、文海本均作「今敢不許移易窠名輒行獻羨者」，句子均不通，清欽定續文獻通考卷二八土貢考作「今後移易窠名輒行獻羨者」，句子通順，然不知所本。
〔三七〕封培滋久　再造本、文海本、潛説友咸淳臨安志卷一一行在所録學校均作「豊（豐）培滋久」。
〔三八〕隳家敗業　再造本、文海本均同，咸淳臨安志卷一一行在所録學校作「隳窳敗業」。
〔三九〕不能遏　再造本、文海本均同，咸淳臨安志卷一一行在所録學校作「不能退」。
〔四〇〕批付學官以更學法來上　再造本、文海本均同，咸淳臨安志卷一一行在所録學校作「時學官以更定學法來上」。

〔四一〕前者更法　再造本、文海本均同，咸淳臨安志卷一一行在所録學校作「前是所定之法」。

〔四二〕獨進取一途　再造本、文海本均同，咸淳臨安志卷一一行在所録學校「獨」後有「以」字。

〔四三〕飛躍之道　再造本、文海本均同，咸淳臨安志卷一一行在所録學校作「飛躍之適」。

〔四四〕講議　原作「謚議」，據再造本、文海本校改。

〔四五〕莫知過　再造本、文海本均同，清欽定續文獻通考卷三八選舉考孝廉宋理宗景定元年七月詔舉孝廉作「莫之懲」，不知所本。

〔四六〕田里　原作「田裏」，據再造本、文海本校改。

〔四七〕沈固　「沈」，文海本字難辨，再造本作「忱固」，似誤不取。

〔四八〕凡爲臣子　再造本、文海本均作「爲之臣子」。

〔四九〕未之廢　再造本、文海本同，明馮琦馮瑗經濟類編卷四七學校作「未嘗廢」。

〔五〇〕春正月　三字原脱，再造本、文海本均同，據宋史卷四五理宗紀補。

〔五一〕厭極　再造本、文海本均同，周應合景定建康志卷四留都録御製御書、咸淳臨安志卷四行在所録「詔令御製御書石刻」均作「盈厭」。

〔五二〕田里　原作「田裏」，據再造本、文海本校改。

〔五三〕淒然人情惻怛甚至自愧　再造本、文海本均同，周應合景定建康志卷四留都録御製御書、咸淳臨安志卷四行在所録「詔令御製御書石刻」均作「淒砭人眼，惻怛以還，又甚自愧」。

〔五四〕充斥　原作「充斤」，文海本同，據再造本、景定建康志卷四留都録御製御書、咸淳臨安志卷四行在所録「詔令御製御書石刻」校改。

〔五五〕失察之罪　此四字與下文不聯，景定建康志卷四留都録御製御書、咸淳臨安志卷四行在所録「詔令御製御書石刻」下接「凛乎其甚嚴……」，或係删節不當之失。

〔五六〕因而　再造本、文海本同，咸淳臨安志卷一一太學作「固有」。

〔五七〕文明　再造本、文海本同，咸淳臨安志卷一一太學作「之明」。

〔五八〕續夫　再造本、文海本同，咸淳臨安志卷一一太學作「纘夫」。

〔五九〕奮興　再造本、文海本同，咸淳臨安志卷一一太學作「龍興」。

〔六〇〕罷黜詖邪　再造本、文海本同，咸淳臨安志卷一一太學作「罷斥邪詖」。

〔六一〕淵源　再造本、文海本同，咸淳臨安志卷一一太學作「河洛」。

〔六二〕宜用升祀例　再造本、文海本同，咸淳臨安志卷一一太學作「宜同陞體例」。

〔六三〕三十　文海本同，再造本作「二十」。

〔六四〕進呈　再造本、文海本均作「進程」，似誤，不取。

〔六五〕帶行　原作「帶往」，文海本同，據再造本校改。

〔六六〕陰　文海本同，再造本作「黔」。

〔六七〕逆雛　原作「逆鄒」，據再造本、文海本校改。

〔六八〕謚議　再造本作「講議」，文海本字模糊難辨。

〔六九〕寇船　「寇」，再造本爲空鉛，文海本作「虜」，宋季三朝政要卷三作「賊」。

〔七〇〕龐伸等四人　李校：原作「同龐伸等四人」，義未通，兹據宋季三朝政要卷三删「同」字。汪按：李校是，今從之。

〔七一〕團練使　再造本、文海本、宋史卷四五理宗紀卷四一九吴潛傳、宋季三朝政要卷三均同，然宋被貶黜者例授團練副使，存疑待考。

〔七二〕違年　再造本、文海本均同，然「違年」不文，疑爲「連年」之形近訛。

〔七三〕上户　原作「民户」，據再造本、文海本校改。

〔七四〕廣米平糴　「糴」，再造本作「雖」，從下讀。文海本字殘不辨。

〔七五〕尤　再造本、文海本均作「猶」。

〔七六〕及　再造本、文海本均作「踰」。

〔七七〕己亥　原作「乙亥」，再造本、文海本均同，不合干支時序，據宋史卷四五理宗紀校改。

〔七八〕戊午朔　再造本、文海本均同，宋史卷四五理宗紀作「戊子朔」，「戊子」不合干支時序，誤。

〔七九〕雛　原作「鄒」，據再造本、文海本校改。

〔八〇〕名公鉅卿胥此塗出　再造本、文海本均同，咸淳臨安志卷一二行在所録貢院「御札御製石刻」「景定三年付楊棟已下」作：「名公卿項背相望，胥此途出」。

〔八一〕咸淳臨安志卷一二行在所録貢院「御札御製石刻」「景定三年付楊棟已下」此處有「公之至則明所從生」一句。本書諸本均無。

〔八二〕命陸贄而得韓愈命歐陽脩而得鞏軾　再造本、文海本均同，咸淳臨安志卷一二行在所録貢院「御札御製石刻」「景定三年付楊棟已下」作「命陸贄可得韓愈，命歐陽脩可致鞏、軾」。

〔八三〕邕　原作「雝」，據再造本、文海本校改。

〔八四〕西城　原作「四城」，據再造本、文海本校改。

〔八五〕八月　原脱，再造本、文海本均脱，據宋史卷四五理宗紀補。

〔八六〕安豐六合縣陞爲軍使　原作「安豐六縣陞爲軍」，再造本、文海本均同，然安豐六縣不可能同時陞爲軍，宋史卷四五理宗紀作「安豐六合縣陞爲軍使」，與下文相符，據補「合」、「使」二字。

〔八七〕以其縣里迢遥　再造本、文海本均同，然疑「縣」後遺一「地」字或「道」字。

〔八八〕廬州　李校：原作「瀘州」，據宋史理宗紀五改。汪按：再造本、文海本均誤作「瀘州」，李校是，今從之。元陳桱通鑑續編卷二三可爲佐證。

〔八九〕收　原作「取」，文海本同，據再造本校改。

〔九〇〕陳岦兼檢閲　再造本、文海本均同，宋史卷四五理宗紀作「陳岦爲檢閲」。

〔九一〕疆場　原作「疆場」，「場」、「埸」兩字，再造本、文海本因字不規範而難辨，此據文意當作

「埸」。

〔九二〕師夔　李校：原脱「師」字，據本條下文補。汪按：再造本、文海本亦脱「師」字，李校是，今從之。

〔九三〕干連　原作「幹連」，據再造本、文海本校改。

〔九四〕管景模　參見景定五年夏四月丙午「管景謨」校。

〔九五〕勦説　原作「剿説」，「勦」、「剿」有時可互通，但「勦説」爲成語，不能作「剿説」，據再造本、文海本校改。

〔九六〕管景謨　再造本、文海本同，管景謨文獻中記載不一，宋史卷四五理宗紀、卷四七度宗紀、卷四五一忠義傳并作「管景模」，佚名昭忠録、元劉敏中平宋録卷上同，佚名宋季三朝政要卷五作「管景謨」，錢塘遺事卷七作「管京模」。本書前文亦作「管景模」。

〔九七〕上干天和　「干」原作「幹」，據再造本、文海本校改。

〔九八〕學生葉李蕭圭　「學生」，原作「學士」，文海本闕文，據再造本、通鑑續編卷二三校改。又「蕭圭」，再造本、文海本均同，通鑑續編卷二三、宋史卷一七三食貨志卷四七四姦臣賈似道傳、周密齊東野語卷一七景定彗星等處作「蕭規」。

〔九九〕謚議　再造本、文海本均作「講議」。

〔一〇〇〕昔太祖　再造本、文海本均作「宋太祖」。

〔一〇一〕恒　再造本、文海本均作「常」。

〔一〇二〕涉　原作「步」，據再造本、文海本校改。

〔一〇三〕紹興　再造本、文海本均同，然似應作「紹熙」。

〔一〇四〕白葦　原作「白葺」，據再造本、文海本校改。

〔一〇五〕藝祖　原作「藝相」，再造本作「藝租」，據文海本校改。

試論宋史全文（理宗部分）的史料價值

宋史全文或稱宋史全文續資治通鑑，作者不明，是成書年代較早的一部編年體貫通北南兩宋的史書。由於它的北宋部分與李燾續資治通鑑長編記載的時間範圍重合，南宋高宗、孝宗部分與佚名皇宋中興兩朝聖政和李心傳建炎以來繫年要録記載的時間範圍重合，南宋光宗、寧宗部分則與佚名續編兩朝綱目備要和李心傳建炎以來朝野雜記記載的時間範圍重合，而南宋理宗部分與佚名宋季三朝政要及宋史理宗本紀記載的時間範圍重合，所以人們往往不甚重視此書。實際上，此書是有重要史料價值的，本文擬特别强調的是宋史全文理宗部分的史料價值，這同本書其他部分相比，更具特殊的意義。

一 全文非本紀初稿

筆者用了數月時間，將宋史全文理宗部分（以下簡稱全文）同宋史理宗本紀（以下簡稱本紀）進行了逐字逐句地比讀，順帶考察了宋史有關志傳及宋季三朝政要等書的相關記載，有如下的體會。

1　全文比本紀粗糙

首先，全文的文字較爲粗糙，時時可見不甚規範的用語或令人費解的辭語。最明顯的是，全文繫月闕誤嚴重。據筆者初步考察，全文中漏書、重出的「月」有：卷三一寶慶元年條失書「八月」。紹定二年條失書「三月」、「四月」、「十一月」。紹定三年條失書「閏二月」、「三月」、「五月」。卷三二紹定四年條失書「十月」。紹定六年條失書「十二月」。端平元年條重出「二月」、「四月」，其中一個「四月」在「三月」之前，失書「六月」。端平二年條失書「三月」。卷三三淳祐三年條失書「五月」。卷三四淳祐五年條失書「二月」、「三月」。淳祐六年條失書「十月」、「十一月」，重書「十二月」。淳祐七年條重書「二月」、「四月」，失書三月。淳祐八年條重書「二月」、「八月」，失書「六月」、「七月」。淳祐九年條失書「十月」、「十一月」。淳祐十年條失書「三月」、「十一月」。淳祐十一年條重書「三月」。淳祐十二年條失書「三月」、「四月」、「九月」。寶祐元年條失書「六月」。卷三六開慶元年條失書「九月」。景定二年條失書「十月」。景定三年條失書「八月」。大約還有不少失書「月」的，須進一步細緻考察才能一一查實。這種情況在本紀中未見。

其次，本紀的文字精煉，在同量文字中包含信息量相對較大。能抓住要點，對於一些例行公事性的、常規性的事一般不予記載。這些方面，全文作得相對較差。

再次，全文本紀所載重大歷史事件相同的較多，但各有遺漏，相比較而言，本紀遺漏稍少，全文遺漏稍多。以下列舉一些本紀記載而全文失載的重要史事：

宋史卷四一：嘉定十七年十一月戊子條載葛洪爲端明殿學士、同簽書樞密院事。

寶慶三年年末，蒙元兵破關外諸隘，四川制置鄭損棄三關。

紹定三年五月，宋授李全官爵。

紹定四年八月，蒙元兵破武休，入興元，攻仙人關事。

紹定五年末，金主奔蔡，及蒙元與宋謀合攻金事。

端平元年正月，趙范、史嵩之等任命及金朝滅亡事。

卷四二：端平三年三月，襄陽宋軍降蒙事。十月淮西宋軍數萬叛變事。成都失陷事。

卷四三：淳祐九年閏二月，史宅之同知樞密院事。

淳祐十年正月，應𢇲乞歸與祠禄。

淳祐十一年二月，游似致仕。

卷四四：開慶元年八月，蒙古主死於軍中。九月，合州圍解，王堅升興元都統制。

卷四五：景定五年九月，謝枋得發策言奸臣誤國趙氏必亡事。

全文的粗糙是不争的事實，但是否這就能説明它的史料價值不高呢？筆者的體會是相反的，因爲全文的粗糙，是與它成書較早直接相關的。

2　全文成書早於本紀

全文成書早於宋史，這是筆者將全文與本紀比讀後的一個體會。這一點可以通過如下的分析得到證明。

首先，全文稱蒙元軍隊多稱之爲「韃」、「虜」，或稱「北哨」、「北騎」，有時稱蒙元「蒙古」（較少，一般在外交場合）。如：

全文卷三二端平元年五月丁未，「金滅韃興」（四庫本漏未改）；七月辛亥，「韃人委河南於不争」。端平二年十一月甲戌，「虜犯蜀境」。卷三三嘉熙元年四月甲申，「議者乃謂韃兵祖之進……」。卷三三淳祐三年四月「江東路鈐李秀實二年七月丁未，上諭輔臣：『昨觀雲南韃……』」。寶祐三年九月，「雲南果有韃兵」。寶祐五年九月戊辰，「蒲擇之奏韃侵羅氏鬼國」。卷三六開慶元年正月乙巳，「虜犯忠涪」；同年月庚申，「韃虜犯邕管」。同年月丁卯，「虜主傾國舉起兵南伐」。四庫本將「韃」、「虜」分別改爲「蒙古」、「敵」等。本紀則均稱「大元」（儘管其中多數時處蒙古尚未改號爲元之時）。這説明全文的作者對蒙元當局尚無臣服的觀念。

其次，全文保留了較多的宋代官修史書的痕迹，而本紀相對較少。如全文中載有大量君臣對話，顯然直接源於官修日曆、實録、時政記等，本紀中很少採録，有的則改寫爲非對話形式。二書收録的宋理宗詔敕不同，全文收録詔敕數量明顯地比宋史多，且保留了較多原始風貌，有時引録多達數百字，很可能即是詔敕原貌。宋史只收録了那些較有針對性的，且對其内容也作了加工、改寫和删節。全文中保留了較多的對宋理宗歌功頌德的文字，特別是在細文中尤多。本紀中相對要少。

全文既比宋史成書早，則它相對宋史稍多的粗糙和疏漏就容易得到解釋，因爲較遲撰成的書可能比較早撰成的書要有所改進。宋史在修撰過程中甚至可能曾參考過全文。當然也必須指出，如曾參考，則並不認真細緻，這一點將在下文予以説明。

3　全文不是本紀的初稿

過去學術界存在一種未形成文字的猜測，即認爲全文是爲修本紀而撰寫的，認爲前者是後者的初稿，這種認識似迄未得到足够的證據支持。此次筆者進行比讀，更感覺此種推斷與實際不符。

首先，全文雖比本紀粗糙且多遺誤，但有些全文中記載的重要史事本紀卻失載。例如：

全文卷三一：紹定二年十二月，鄭清之簽書樞密院事。

卷三二：端平元年十二（一？）月，宰相兼制國用、參政同知。端平二年九月，履畝征會。

卷三三：嘉熙三年十月，執政大臣許應龍、林略被罷。淳祐四年正月，罷免參知政事李鳴復、同知樞密院事杜範。十月，任范鍾爲參知政事、劉伯正爲簽書樞密院事。執政大臣金淵被劾罷。

卷三四：淳祐五年正月，執政大臣劉伯正被罷免。十一月，任命陳韡爲同簽書樞密院事，同知樞密院事李性傳被罷免。

卷三六：景定五年八月，臨安學生葉李、蕭圭上書指賈似道害民誤國，姚希得兼權參知政事。

其次，二書大事多同，小事多異，特別是在史事取棄上，二書差異頗大，有些月份二書所記事竟無一對應者，如紹定三年正月、七月；紹定四年十二月；淳祐五年五月等。另有不少年份、月份其不對應記事超過半數。

再次，二書對同一史事（包括重大史事）的記述，其内容取捨、文字、風格也頗多差異。如二書景定二年正月癸亥朔條同載治理貪贓的詔書，全文所載詔書内容爲：「朕於贓吏無所貸，以其惟威惟虐，大爲吾民仇。民吾赤子，而仇之是與寇賊奸宄同科，而何以爲天子之命吏。古人喻貪以狼以碩鼠，目以物類之惡者，蓋不得復言人矣。惟彼貪夫，憯莫之懲，侵牟矯虔，罔知厭極。朕夙興夜寐，憂苦萬民，封培本根，每懼弗蒇。郡國之吏乃淫縱其欲，以蠹厥生。間聞田里凄然人情惻怛，甚至自愧。朕惟民生寡遂，由於貪官之肆誅求。貪官充斥，由於監司之不按察。率以外臺耳目，不當蔽塞失察之罪。兹當歲首，咸與維新。」另載「上曰」：「我朝以仁厚立國，聖聖相承，惟以愛養元元培植根本爲第一義。今中外之吏，貪黷成風，甚失祖宗初意。」（卷三六）本紀所載詔書内容卻爲：「監司率半歲具劾去贓吏之數來上，視多寡爲殿最，行賞罰。守臣助監司所不及，以一歲爲殿最，定賞罰。本路、州無所劾，而臺諫論列，則監司守臣皆以殿定罰。有治狀廉聲者，摭實以聞。」（宋史卷四五）二書所載要點雖都是反貪，但具體内容卻少有相同之處，除文字繁簡相差較大外，一是重在説理，一是重在實施辦法。這甚至使人懷疑二書此事記述的材料來源可能也是不同的。

如果全文是本紀的初稿，類似情況就令人難以理解。在通常的情況下，修改者對於底稿中可改可不改的内容，多采取保留的處置辦法，上述情況表明，全文不大像本紀的初稿，當然，由於找不到直接記載，這裏只能是推論。

二 全文明顯優於宋史等書的幾個方面

講全文具有特殊的史料價值，首先是因爲宋會要輯稿、文獻通考等全無宋理宗在位時期的情況記載，而將此部分全文同記述此時期歷史的其他史書（包括宋史、宋季三朝政要、錢塘遺事等）進行比讀，全文有幾方面的記載比宋史宋季三朝政要等書明顯更優。

1 全文保留了較多的歷史文獻及其原始風貌

如前所述，全文保留了比本紀更多的詔敕、御筆和其他一些歷史文獻。有些詔敕等文獻全文與宋史等同有載録，但宋史的本紀依照修本紀應簡練的原則，文字被大大簡化，而在宋史的其他部分又没有載録這些詔敕的詳細内容，這使得全文所載録的這些詔敕文字更凸顯出其珍貴，當宋史對詔敕删簡失當時，其史料價值就更爲突出。

例如，全文卷三四載：「［淳祐十一年］十二月丙辰朔，輔臣謝方叔等謝新命，上降御筆曰：『朕觀比年以來，朝綱浸弛，時事日乖，所以並命二相，夾輔王室。正賴開明公道，振起治功，肅紀綱以尊朝廷，用正人以强國勢，通楮幣以紓邦計，卻哨騎以固邊陲，清吏道使無貪黷之風，淑士類使無囂浮之習，軍馬當足則飭戒閫帥以去虛挂之籍，人心當結則嘉予守令以行寬恤之恩。此皆今日切要之務。昨來並命，往往各分朋黨，互持己見，交相擺闔，陰肆傾排，是以猜忌成風，衆弊膠轕。今朕用搢紳之公言，從中外之人望，登庸碩輔，參運化權，繼自今勿牽人情，勿徇私意，以玄齡、如晦爲法，以趙鼎、張浚爲戒，務爲正大之規，以副倚毗之意。』上又曰：『自來並命二相，本欲協濟，緣各任己見，且因賓客交鬬，遂成黨與，不可不戒。卿等宜同心輔政，深矯前人之失。』」宋史卷四三理宗紀於同年月僅載：「戊辰，詔以八事訓飭在廷，曰肅紀綱、用正人、救楮幣、固邊陲、清吏道、淑士氣、定軍制、結人心。」顯然，全文的記載要比本紀詳細得多，不但提供了降御筆的背景資料，而且引録的御筆文字比本紀要完整得多。而宋史除本紀外，其他處又找不到關於此事的記載，所以，當我們想瞭解謝方叔入相之初的情況時，全文的上引記載就顯得十分重要。

又例如，全文卷三六載有關於處置所謂吴潛、丁大全黨人的「御筆」和詔書各一（原文過長，不便引録），從御筆中可知：吴潛的遭遇同宋理宗有直接關係，因爲御筆是直接出自宋理宗的，這份御筆詳列了吴潛的「罪狀」。以往人們從宋史中得出一種認識，即吴潛的被罷免、受迫害都是賈似道一手策畫的，同宋理宗没有多少聯係。此御筆使此種認識得到糾正。通過上述詔書，我們則可瞭解到所謂吴潛黨人的大致構成，這對於研究晚宋政治顯然十分重要。這二份文獻宋史等書均不載，其史料價值自不待言。

除詔敕外，全文還引録了其他一些歷史文獻，如，宋理宗的敬天法祖事親齊家四十八條、緝熙殿榜、紀夢昌陵詩、訓廉銘、謹刑銘、字民訓等，宋史等對這些文獻，或僅記標題，或全不言及。這些文獻對於研究宋理宗時期歷史及宋理宗這一歷史人物無疑都是很有助益的。

2　全文收録了大量君臣對話

全文保留了宋代實録等書的較多痕迹，因而收録了數量可觀的君臣對話。這些對話内容多樣，涉及治國、軍事、理財、理學等等，有些語言生動而能説明當時君臣的心態，對於瞭解當時史情頗具重要性，而對此宋史很少收載，故全文收録的這些對話就很珍貴。

例如，全文卷三二紹定六年十一（二？）月條，用六百多字的篇幅，記述了宋理宗與趙范、趙葵兄弟二人的一番對話。趙氏兄弟在南宋後期軍事史上頗有建樹，從上述對話中，我們可以瞭解當時有關軍事的許多情況。如，趙范對理宗講話中言及：「國家之兵，聚則不少，散則不多，若能散能聚，可守可戰，使江淮表裏皆有可恃之勢，則戎馬侵突足以禦之矣。」這實際上批評了當時宋理宗消極防禦、處處佈防的軍事方略。消極防禦、處處佈防，使宋朝兵力分散，儘管朝廷努力增加軍隊人數，仍然遠遠不能滿足需要，其根源就在於統治者懼怕兵權的相對集中。對話中雖然理宗表示對趙氏兄弟完全信任，但趙葵仍然不無顧忌地講：「昨奉聖旨，許臣緩急便宜行事。東淮去天密邇，事無大小，皆合稟聽廟謨，微臣不敢專擅。」廖廖數語，活畫出一位統兵者在宋代「事爲之防」體制下惟恐犯忌的神態。從對話中，我們還可體察出宋理宗始終對議和心存幻想等情況。

又如，全文卷三三載：「［淳祐二年］六月甲寅，倉部郎官李鋂進對，乞廣求備禦之方。上曰：『秋風已近，去歲蜀事大壞，今當如何爲策？』鋂奏：『陳隆之因成都城故基增築，未爲非是，第功力苟且，且識者逆知其難守。臣嘗問其方略，但云誓與城存亡而已，未幾爲田世顯所賣，城門夜開，隆之虭焉。』上顰蹙久之。」這段對話透露出四川制置使陳隆之兵敗被殺的背景及經過，宋史忠義傳陳隆之的小傳僅一百五十字，此引記載可以補充宋史記載之闕。

再如，蒙古軍進入雲南後，宋朝處於三面受敵的險境，宋朝君臣將蒙古軍自西南迂迴進攻江浙腹心地帶的圖謀稱爲「斡腹」，全文有七處記載了宋朝君臣關於「斡腹」的對話，説明了對此事的憂慮，也提供了宋、蒙古雙方軍事舉措的一些細節，對於瞭解當時軍事形勢很有幫助。

另外，全文記述了不少君臣間關於理學的議論，在當時社會矛盾尖鋭、軍事形勢危急的情况下，君臣間奢談心性，這使人頗覺滑稽，本紀很少載録自然不無道理。但是，從另外的角度來看，例如要論證南宋理學怎樣誤國，這些卻是極好的實證。

3　全文記載此時期貨幣發行情況詳細而準確

全文對此時期貨幣發行特别是紙幣發行的記載特别詳細，其中包括此時期君臣對貨幣問題的關注及採取的各種措施，總字數達六七千字。宋史本紀對此較少記載。這可以理解，在紀傳體史書中，這類内容是可以放入食貨志的，但其中絶大部分内容食貨志也没有收録。例如：全文卷三三載：

〔端平二年〕九月己巳，都省言：「兩界會子數多，監司郡守奉行秤提不虔，欲下諸路州縣，令有官之家、簪纓之後及寺觀僧道，並按版籍每畝輸十六界會子一貫，願納十七界者並從。各州截角類解，赴封樁庫交納。其將相勛貴之家、御前寺觀曾被受指揮特免科役去處，毋得寅緣規免，仍不許敷及佃户。違，許越訴。」從之。

此段文字較詳細地記載了宋朝爲挽救會子的一次重要努力，即所謂「履畝征會」事件，此事在宋人文集中可以找到不少時人的相關奏疏，如袁甫、吴潛、魏了翁等都曾對此事發表議論。但是，在本紀中卻完然不載此事，儘管在此書袁甫傳中言及此事，也是一筆帶過，連確切時間也没有提供。所以，上引全文的文字，是關於此事最詳細的記載。再如，全文卷三三又載：

〔嘉熙四年九月〕丙戌，都省言：比奉御筆：楮幣折閱雖自於民，奸倖多生於守令。今措置十八界會子收换十六界，將十七界以五準十八界一券行用。如民間輒行減落，或官司自有違戾，許經臺省越訴，必置於罰。上從之。

引文記載了發行第十八界會子兑收第十六界會子的情況，記載了官方關於第十七、十八兩界會子比價的規定，因而很具重要性。但宋史對此卻未加記載。宋季三朝政要卷二雖有載，但文字過簡，且有重要錯訛，即記「史嵩之以五折二」，其「二」當爲「一」之訛。

此處應特別指出，宋史關於理宗朝貨幣問題記述的闕疏（即將許多於國計民生關係甚大的史事不予記載），可能同撰史者貨幣方面的學識不够有關。除了記載疏漏外，還可見到其他因撰史者缺乏對貨幣問題深入瞭解造成的失誤（撰史者因對貨幣問題學識不够而致誤在歷代正史食貨志中屢見不鮮）。如本紀多次把「十七界會」「十八界會」

表述爲「緡錢」，即屬此類（參見寶祐二年二月、開慶元年二月、景定元年二月、景定五年四月等條）。有人可能會爲撰史者辯解說，南宋後期已大量使用楮幣，把「楮幣」記爲「緡錢」反映了人們觀念的變化。然而實際情況是，當時二界會子並行，不同界的會子價值是不同的（有時相差懸殊）。同時，儘管楮幣已成爲主要交換媒介，但銅錢也仍舊廣泛被應用，當時人在議論貨幣時，將不同界「會子」、「楮幣」同「緡錢」（「見錢」）區分得很清楚。造成這種失誤，倒是同元代紙幣發行不再分界的情況有關。

4　全文較詳細地記載了此時期科舉情況

全文記載此時期歷次科舉考試的情況也相當詳細。從任命知貢舉、殿試官，到每次宋理宗關於如何選録所發表的議論、詔令，再到録取情況，録取後宋理宗檢閱被録取者射等均有記載。而本紀一般只記載各次正式録取的人數，非正式録取即特奏名人數全文是幾乎每次都載的，而本紀則不予記載。如全文卷三三載：

［淳祐四年二月］丙寅，以吏部尚書兼給事中金淵知貢舉，吏部侍郎兼中書舍人濮斗南、禮部侍郎兼直學士院鄭起潛同知，侍御史劉晉之監試。二月壬申朔，御筆：「朕妙簡儒英，俾司文柄，冀得髦俊，以亮天工學術，必究其淵源，毋以涉獵爲能，詞章必主於典實，毋以浮靡爲尚，毋滋蹈襲，毋取雷同。昔人典貢，多能以程文

占器識，卿等其精意考校，以副朕側席之意。」付金淵以下。引文表明，此時期又恢復了「監試」的設置，這是宋史失載的。又所引御筆中，宋理宗對科舉録取原則作了指示。這對於研究科舉史無疑都是有重要意義的。

5 全文詳細記載了此時期反貪贓情況

全文較詳細地記載了宋理宗在反貪贓方面的各種舉措，這些舉措不甚得力，效果不佳，本紀只録載其中很小一部分，這是可以理解的。但是，宋理宗時期，官方在此方面作了很大的努力，採取了不少措施，卻是事實。全文的有關記載也多達五六千字。在我們今天研究古代反貪史、總結正反兩方面的經驗教訓時，全文有載而宋史不載的內容就顯示出其寶貴。

6 全文詳細地記載了宋理宗的「畏天」

全文較詳細地記載了宋理宗歷次遇到天變後的舉措，據這些記述，各次遇到天變後，往往要避正殿、減常膳，下詔自責並徵求直言，有時則進行重大人事調整。其中一些舉措是各次雷同的。本紀中雖也有關於應對天變的記載，但比全文要少得多、簡略得多。全文中關於釋繫囚的記載相當多，多數同天變聯繫，有時則另有政治需要，這些記載在本紀中大抵很少見到。與天變、恩赦相聯繫，全文中有相當多的關於蠲免「贓賞錢」的記載，共出現二十九次。全文詳載了歷次天變後的官方種種應對，這在今人看來，頗爲絮煩，但人們恰好可以從這近乎絮煩的記述中，瞭解到宋朝「畏天」的祖宗家法在現實政治生活中怎樣發揮作用，也可以透過這些記載追尋一些重大政治鬬爭的綫索（須知不少政治權利争鬬都是在「畏天」的煙霧中進行的）。

三　全文的其他特殊史料價值

除了上述几個特殊方面以外，全文還有一些方面的史料價值應當予以關注。

1　全文可補宋史疏漏的内容是多方面的

前文已列舉了全文可補宋史疏漏的不少方面，事實上，全文可補宋史疏漏的遠不止此。如全文中關於宋理宗時期刑法方面的一些舉措，也有不少不見於宋史，它們對研究此時期刑法有重要參考價值。又如，全文關於宋蒙戰争的許多記載，也是宋史失載的，將二書關於宋蒙戰争的記載綜合起來，就能使我們對此時期戰争史的瞭解大進一步。這裏尤應强調的是，全文中有些看來繁瑣冗贅的記述，甚至可能是被撰史者有意揚棄的一些内容，在今天看來，或許另有其不可替代的史料價值。如全文相當詳細地記載了歷次明堂大禮的籌備情況，這從政治史的角度看無疑意義不大，但如果從研究古代禮制的角度看，則卻有重要史料價值。再如，全文記載了理宗時期拖欠小官俸禄的情況，這在當時社會矛盾尖鋭、軍事形勢緊張的背景下，實屬小事，但這一小事卻生動真切地反映出當時財政拮据的窘狀。

2　全文有些内容可修正宋史記載中的失誤

如本紀誤記淳祐八年任命徐鹿卿爲樞密使兼參知政事，這一誤記即可通過考察全文的記載得到糾正。又如本紀記載一些人的官名，把「大使」的「大」字删去。如全文載，寶祐三年吴淵任京湖制置大使，寶祐五年正月趙葵任京湖宣撫大使，二月賈似道任兩淮安撫大使，寶祐六年賈似道任兩淮宣撫大使，閏十一月吕文德任江西湖北安撫大使等，本紀在相應處一概無「大」字，這也是不妥的。宋史的此種失誤也可通過全文得到修正。

3　全文的某些内容有助於對宋史的理解

全文的詳有時對於理解本紀也有幫助。如本紀載：「〔寶慶元年十月〕甲寅，詔：會稽欑宫所在，税賦盡免折科，山陰縣權免三年。」（宋史卷四一）文字很令人費解。查全文對應處文字爲：「知紹興府汪綱奏：會稽欑宫所在，税賦盡免折科。山陰同應辦之勞，乞照會稽除免。詔權免三年。」再讀上引本紀，乃豁然明朗。

現存的宋會要輯稿中没有宋理宗時期的内容，有些學者因此認爲宋理宗在位時期僅修過前朝（宋寧宗時期及此前各皇帝在位時期）的會要，没有修過本朝（宋理宗一朝）的會要。宋史理宗本紀於淳祐十一年二月、寶祐五年閏四月、景定二年三月，都有關於宰相進獻修成的會要的記載，但記載簡略，我們無法斷定進獻的是哪一時期的會要。如果考察全文中這三個時間的記載，就會發現各有比宋史更詳的記載，而且明確説明所進獻的會要是「今上皇帝」的會要，前述問題就迎刃而解了。

本紀記載執政大臣和一些重要官員任命時，多將原官、帖職省略，而全文多保留，這對於瞭解宋史記載的政治和人事變動情況無疑是有益的。

總之，全文（理宗部分）是研究南宋晚期歷史的最重要的文獻之一，具有重要的、不容忽視的史料價值。

宋史全文插引史論文獻研究

一　插引史論文獻總體研究

在編年體史書中插入本朝人的史論，是本書的重要特色。在編年體史中插入史論，本書並非創始者。本書高宗、孝宗部分大量摘録的皇宋中興兩朝聖政就插入了相當多的史論，但這些史論中大多是「臣留正等曰」，其他不但數量較少，而且涉及的作者也不多。而本書的史論不但涉及文獻的品種數量比皇宋中興兩朝聖政多，而且較少有撰者直接發議論的情況。在編年史中大量插入他人史論文字，就流傳至今的史著中，或許它是最早的。當然，毋庸諱言，本書在徵引史論文字方面，也存在明顯問題和不足，包括體例不够規範，標注來源或用人名，或用書名；用書名也往往不用全稱，而用簡稱。特别是存在一种文獻標注不同名目及雖有標注仍令人不明是何種文獻的情況。故於此略加討論，以期給閲讀者提供方便。

本書徵引的史論文字來源之廣，令人讚歎。據筆者不完全統計，涉及三十八種文獻（有分合，故有出入）。

1　徵引次數最多的是「呂中曰」，爲97次，其中有「又曰」1次，合計98次，但集中於前13卷中。

2　講義分佈較廣，北宋36次，南宋寧宗及以前24次，共60次。另有1次「講議曰」（卷一一）。

3　大事記分佈較廣，北宋15次，南宋29次，共44次（或45次）。

4　「龜鑑曰」分佈較廣，其中北宋13次，南宋高宗孝宗部分40次，理宗部分11次，共63次。

5　「臣留正等曰」共63次。全集中在南宋高宗、孝宗兩朝，説明全部出自皇宋中興兩朝聖政，這一點大致可從今存此書殘卷中得到證實。

6　「富弼曰」15次，「富弼等釋曰」4次。詳下文。

7　「呂源曰」13次，增釋1次。詳下文。

8　「朱勝非曰」1次，「朱勝非云」4次。「（朱勝非）閒居録曰」5次。陳振孫直齋書録解題卷一一小説家類：「秀水閒居録三卷，丞相汝南朱勝非藏一撰。寓居宜春時作。秀水者，袁州水名也。」朱子語類卷一三一本朝：「朱丞相秀水閒居録自誇其功太過，以復辟之事皆由他做，不公道。」周煇清波雜志卷五：「雪川朱魯公丞相著秀水閒居録，一編之内，於南渡諸公行事貶駁殆無全人，其公論耶，私意耶，必有能辨之者。」徐夢莘三朝北盟會編徵引18次。

9 「趙甡之曰」3次。引自趙甡之中興遺史。

10 「李心傳曰」共6次。北宋時期未出現，全在南宋高宗至寧宗時段。其中1次來自建炎以來朝野雜記甲集卷一五財賦身丁錢；2次來自建炎以來朝野雜記乙集卷四典禮高廟配享議及元豐至嘉定宣聖配享議。另三次未查見，懷疑爲建炎以來朝野雜記、舊聞證誤之佚文。其中一條似轉引自中興聖政卷八。

11 「蔡條云」1次，「蔡條曰」2次，今本鐵圍山叢談中均未查見，疑出自其國史補（已佚）。

12 「蔡條史補」1次。

13 「陳瓘尊帝餘言」1次。

14 「[陳]瓘嘗自序云」1次。引文又見於宋宰輔編年録卷十二引丁未録。

15 「陳瓘論曰」2次。可能出自陳瓘所撰合浦尊堯集或四明遵堯集。引文又見於長編卷三三二、卷三三三注。

16「陳瑩中曰」1次。似轉引自類編皇朝大事記講義卷七。陳瑩中即陳瓘。

17「吕夷簡曰」2次,「吕夷簡釋」1次。

18「朱文公曰」2次。「朱熹封事」1次。

19 宋賢年譜(長編引作朱熹年譜實爲朱熹程頤年譜)1次。

20「國是論」4次。作者不詳。

21「陳平甫曰」2次。均出自陳均皇朝編年綱目備要。陳均字平甫。但本書似轉引自類編皇朝大事記講義卷三。

22「史臣李沆曰」2次。疑出自李沆太祖實録。

23「揮麈録」2次,王明清著,今存。所引分見揮麈後録卷一一、揮麈餘話卷二。

24「曾鞏政要」1次。見曾鞏元豐類藁卷四九本朝政要策禘祭。

25「眉山蘇軾曰」1次。文集中查未見。引文又見長編卷一注及宋趙順孫孟子纂疏卷一梁惠王章句上引蘇氏曰。吕祖謙大事記解題卷四引潁濱蘇氏曰,蘇轍古史卷三四孟子孫卿列傳第十一中有相似内容的文字。

26「黄魯直瑞芝亭記云」1次。見黄庭堅山谷集卷一七筠州新昌縣瑞芝亭記引文似係轉録自呂中類編皇朝大事記講義卷四。

27 「范仲淹曰」1次。文集查未見，似轉引自呂中宋大事記講義卷七。

28 「(夢溪)筆談」1次。實轉引自呂中宋大事記講義卷一一。

29 「胡安國春秋傳序」1次。今存胡安國胡氏春秋傳序未見引文。

30 「邵伯温論曰」1次。引文原始出處不明，呂中宋大事記講義卷一九、徐自明宋宰輔編年録卷九、陳均皇朝編年綱目備要卷二三均有載，疑本書轉録呂中文。

31 「黄榦曰」1次。似源自黄榦勉齋集卷三六朝奉大夫文華閣待制贈寶謨閣直學士通議大夫謚文朱先生行狀，文字有節選刪改。

32 「呂本中雜説」1次。呂本中，字居仁，南宋初期大臣呂好問之子。著述頗豐。

33 「勤(幼)老春秋」1次。撰者不詳。引文似轉録中興聖政卷二一。三朝北盟會編徵引此書凡十次。但不見他書徵引，此書似流行不廣。

34 「張匯進論曰」1次。詳下文。

35 「林泉記曰」1次。詳下文。

36 「喻樗曰」1次。似轉録自中興聖政卷十七。

37 「謚議」10次，僅存在於宋理宗時段。

38　「覆謚議」1次。

39　「史臣曰」共21次。北宋3次，南宋高宗、孝宗時期17次，寧宗朝1次。經查，似非源自一人一書。其中有采自李燾長編正文者，則所引或爲李燾撰，或爲李燾以前人撰。其中七則係轉引自中興聖政。而議論寧宗朝史事的「史臣曰」，其中言及「寧宗皇帝」，則撰文時間必在理宗即位以後。另「史臣記曰」1次。

40　司馬光「進五規」1段（卷九下），格式與史論相同。但内容不是史論。

41　「論曰」2次。其一（宋史全文卷一）見於吕中宋大事記講義卷三，有删簡。其二也與吕中宋大事記講義卷八一段文字頗相近，請看下引：

論曰：前輩多謂大臣功高權盛，禍患之來，有非智慮之所能防。如曹利用襄陽之死是矣。切以爲不然，殺人者必見殺，賊人者還自賊。昔者李斯讒韓非於秦，非死之後，斯亦不免，而斯之遇禍尤慘於非。鮑高譖穰苴於齊，苴死之後，鮑高之徒亦不免，而高之遇禍尤慘於苴。利用與丁謂譖寇萊公有不臣議，準既南遷，而二公相繼貶黜，丁有朱崖之行，曹有襄陽之禍，天之報應有甚影響，非其自取與。古人有言好謀之士敗於謀，好辯之士窮於辯，道德正直之士爲無所窮，斯言得之。（宋史全文卷七上）

前輩謂李斯讒韓非於秦，非死之後，斯亦不免，而斯之遇禍尤慘於非。鮑高譖穰且於齊，且死之後，鮑高之徒亦不免，而高之遇禍尤慘於且。利用與丁謂譖寇萊公有不臣議，準既南遷，而二子相繼貶黜，丁有朱崖之行，曹有襄陽之禍，天之報應有甚於影響，非自取與。古人有言，好謀之士敗於謀，好辨之士窮於辨，道德正直之士爲無窮，斯言得之。（文淵閣四庫全書本宋大事記講義卷八）

可知除首句不同外，其他略同。這或許是由於版本不同所致。則二次「論曰」也是轉引自呂中宋大事記講義。

42　未標出處9次，分見卷三、卷一四（2次）、卷一五、卷二二上（2次）、卷三一（2次）、卷三二。其中大多是内容非史論，但格式卻與史論相同的文字。

如前所述，宋史全文徵引的史論部分較全書更爲突出地顯露出粗糙和不嚴謹的問題。首先是體例不够統一，最突出的是來源的標注上，存在相當的混亂。其次是内容上也不劃一。有些段文字嚴格講不應算是史論，而只是對正文的補充。再次，本書大抵是尊崇理學的，但在史論的選取上，卻没有把以程、朱、陸爲代表的理學家的言論放在特别突出的位置上，倒是頗給人一種兼收並蓄的印象。因此，存在史學觀點上的彼此矛盾。最後，史論的來源複雜，有些可能是直接轉録長編、皇宋中興兩朝聖政等書的，最明顯的是「臣留正等曰」，它們無疑是直接録自皇宋中興兩朝聖政。

二　關於吕中、大事記、講義

1　「吕中曰」、「大事記」、「講義曰」都源於大事記講義、中興大事記講義

在史論部分，徵引最多的似是吕中的言論。當我正看自己整理的宋史全文的校様時，張其凡先生惠贈的類編皇朝大事記講義、類編皇朝中興大事記講義（張其凡、白曉霞整理，上海人民出版社二〇一四年一月第一版，下文簡稱「張本」）寄達，我如獲至寶。我早就聽説有類編皇朝中興大事記講義（以下簡作中興大事記講義）一書，卻無緣得見，而張其凡、白曉霞整理類編皇朝大事記講義（以下簡作大事記講義）所用善本，也爲我所未見。於是趕忙用它來核校宋史全文中的引文，修正書稿中的失誤，還據它糾正了一些統計數字。

宋史全文中徵引次數最多的是「吕中曰」，爲97次，其中有「又曰」1次，合計98次，但集中於前13卷中。講義分佈也較廣，北宋36次，南宋寧宗及寧宗以前24次，共60次。另有1次「講議曰」（卷一一），可能是「講議曰」者3處（詳下文）。大事記分佈也較廣，北宋15次，南宋29次，共44次（或45次）光宗、寧宗、理宗部分没有。

看到如上情況，我給自己提出的第一個問題是：它們是否都源自吕中類編皇朝大事記講義（此書四庫本稱宋大事記講義）及類編皇朝中興大事記講義（我原以爲此書卷帙不大，後得張其凡先生賜書，方知此書卷數、字數竟比論述北宋史事的類編皇朝大事記講義還多）？經過一一核查，最終得到的結論是：很可能引文全部源自此二書，只是有些源自這二書的不同版本（詳下文）。接下來的問題是：既然源於同二書，爲什麽會有「吕中曰」、「講義」、「大事記」三種標注？它們是否有特定的含義？經核查，答案是否定的。三種標注後面的文字不但都是源於上引二書，而且絶大多數都源於二書的議論文字，而源自叙述史實的文字極少。之所以出現上述不同的標注，可能是由於轉引自不同的書，即是説，它們當中相當一部分可能不是直接引自原書，而是間接地引自他書，宋史全文的作者（或編輯出版者）未能將標注加工統一，就造成了一書多種標注的現象。

據上文，宋史全文共徵引「吕中曰」、「講義曰」、大事記204次（含有疑問者）。其中大事記講義150次，中興大事記講義54次）。然而如前文已述，與四庫本、張本大事記講義、中興大事記講義比對，發現還有一些未標注出自「吕中曰」、「講義曰」、大事記，而實際也可能出自此二書者。如宋史全文卷一：

陳平甫曰：差役，古法也。國初循舊制，衙前以主官物，里正、户長、鄉手以課督賦税……蓋自保正長、承帖人雇錢并起發，而充役如故，民力於是困矣。此其大略也。而其患皆起於以保甲代役户，寬狹不均，重爲民病。

陳平甫曰：按祥符天聖編敕：諸郡自騎射至牢城，凡名額二百二十三，總爲本城……五年，始排立就糧禁軍之下，元豐兵今悉以雄節之類升同禁軍，由是禁軍遍天下矣。

這二段文字分别在張本大事記講義卷三第79頁至80頁，第74頁找到，四庫本亦有。

又宋史全文卷七上：

筆談曰：「舊傳茶有三説，見錢爲一説，犀角、香藥爲一説，茶爲一説，此乃三説法。予在三司，求爲三説，乃是博糴、便糴、直便爲三説。博糴者，極邊糧草，便糴者沿邊糧草，直便者商人取便於沿邊入納見錢，於京師請領。」自虚估之利入於商賈，而後行貼射之法……又其後也，茶租猶故，榷法復生，此楊中(心)[立]所以痛心於崇寧之變法也。

此段文字在大事記卷一一第228頁至229頁找到，四庫本亦有。

又宋史全文卷一三中：

邵伯温論曰：公卿大夫當知國體，以蔡確奸邪，投之死地何足惜。然嘗爲宰相，當以宰相待之。范忠宣公有文正公餘風，知國體者也，故欲薄確之罪。言既不用，退而行確詞命，然後求去，君子長者仁人用心也。確死南荒，豈獨有傷國體哉。劉摯、梁燾、王巖叟、劉安世忠直有餘，然疾惡已甚，不知國體，以貽後日搢紳之禍，不能無過也。一吴處厚以前宰相詩爲譏謗，非所以厚風俗，罪之可也。蔡確故大臣，不問以愧其心可也。朝廷當治確及其黨妄貪定策之功，使誣罔之迹曉然以詔天下，後世罪其造謀者可也。詩不當罪也。嗚呼，紹聖初亦賢者可以有爲之時也，而用章惇之凶，暴蔡卞之奸邪，一時輕躁險薄之徒皆進，使宣仁被謗，哲宗致疑，離間骨肉，禍患幾五十年不解，卒致邊境之亂，悲夫。

此段文字在大事記卷一九第344頁找到。四庫本亦有。

另外，宋史全文卷一九下宋高宗十：

史臣記曰：建炎元年如揚州，二年幸杭州，此汪、黄爲之也。然未幾，而航海幸越，幸平江，亦汪、黄爲之乎？又自紹興八年定都[闕]都，此秦檜爲之也。六年，浚獨相，乃有建康之幸。四年，鼎獨相，早有駐蹕臨安之議，亦檜爲之乎？胡寅有言：「陛下父兄在北方，朝夕南望，曰吾有子弟爲中國帝王，吾之歸有日矣。

痛惟愁苦艱危之中發此念,爲此言,於今三年,日迫日切,而獻謀奉慮之人,方欲陛下南狩,日遠日忘,遂無復國之心,別求建都之地,臣所未諭。不得已則如張浚所謂都建康,則北望中原,常懷憤惕可也。今乃立心於一隅,何義乎?

繫年要録卷一〇六紹興六年冬十月癸亥注文稱,與此相同的文字引自吕中大事記,而張本及四庫本中興大事記講義卷一也有近似内容(都在叙述史實文字中),只是文字有些差異。

類似者還有「陳瑩中曰」、「黄魯直……」、「范仲淹曰」、「論曰」等,宋史全文徵引吕中文字(含吕中轉引他人的)可能總計210次(含有疑問者)以上。其中類編皇朝大事記講義153次以上,類編皇朝中興大事記講義57次以上),本書作者(或編輯出版者)受吕中影響之大,可以想見。

2 關於吕中

宋史全文中徵引吕中的文字如此多,有必要對吕中其人及其學術傾向略作討論。關於吕中,張其凡先生綜合清李清馥閩中理學淵源考卷三三秘書吕時可先生中(轉録明何喬遠閩書)、乾隆泉州府志卷四一宋列傳三等處記載,謂其「生平事迹大致如下」:

淳祐七年(一二四七年)中進士,廷對第六人,授肇慶府教授。在肇慶府教授任上,呂中曾在府學修建包拯與周敦頤二先生的祠堂。除國史實録院檢閲，歷沂靖惠王府諸王宫大小學教授。遷國子監丞兼崇政殿説書，以兄卒歸。寶祐六年（一二五八），以祕書郎召，徙汀州，在汀期年。景定（一二六〇—一二六四）中，復舊官，主管成都玉局觀，卒。據宋史卷四二〇朱熠傳，呂中在當時與徐清叟、尤焴、馬廷鸞等人被同稱爲「一時名士」。（見類編皇朝大事記講義類編皇朝中興大事記講義附録，第877頁。按：原書「徐清叟」誤作「徐清雯」，「尤焴」誤作「尤館」，「馬廷鸞」誤作「馬廷鶯」。）

此所作歸納大抵正確，但所據史料成書較遲，另也可作些補充。

呂午左史諫草左史呂公家傳

泉州人洪天錫，外師呂中而外客於［董］宋臣，中在史館，屢與天錫言事，歎息無由得對，可一吐所藴，如宋臣、謝堂、厲文公近習戚里之横，莫敢言者。中不知天錫實鑽刺宋臣得班六院。忽一日，天錫除監察御史，宋臣力也。請於中，當言何事，當劾何人，僞也。中歷教之。天錫之進又陰與謝脩深交，以干方叔，遂謂且借宋臣徑入言路，叛而劾之，可以得名，黨謝脩，扶方叔，入臺第一疏劾宋臣等。理廟駭愕不行。一再疏，宣諭不行。天錫去，以此天下敬之，而狡險矯詐世不悉也。

這一記載説明呂中曾參預謀畫彈劾大宦官董宋臣。董宋臣歷來被認爲是南宋末年朝廷的一個禍害，敢於謀畫彈劾董宋臣，無疑是既正派又勇敢的一個舉動。

陶宗儀説郛卷四七下録李有古杭雜記（明陸楫古今説海卷一〇五録宋李有古杭雜記同）：

温陵吕中作國史要略，謂南渡之後，一壞於紹興之檜，再壞於開禧之韓，三壞於嘉定之史。愚亦謂理宗四十年在御，一壞於嵩之，再壞於大全，三壞於似道也。相之壞國如此哉。

引文既稱吕中为「温陵吕中」，説明吕中是泉州人。文中所言國史要略，較大可能是指國朝治迹要略（宋史卷二〇三藝文志：吕中國朝治迹要略十四卷），而不是大事記講義。故清李清馥閩中理學淵源考卷三三秘書吕時可先生中（轉録明何喬遠閩書）講吕中「著皇朝大事記、治迹要略、論語講義」，或許是可信的。

又宋方逢辰蛟峰文集卷一再乞假劄子：

……或照監丞吕中例，特急假三月，容某急歸以承父命，以赴祖葬，實拜公朝錫類無邊之仁。某干冒鈞嚴，下情無任俯伏俟命之至。

同卷出關後乞假：

……國子丞吕中、考功郎中洪勳近以弟赴兄葬，兄赴弟葬，俱蒙朝旨或給假，或補外，況某嫡長孫之於祖乎。今緣卜期既迫，難以稽留，除已於十月十三日冒急出關以俟朝旨外，欲乞公朝檢會某前後所陳，及照監丞吕中、考功洪勳近例，特賜敷奏或給假，或予祠，實拜陶鑄之賜。

其中言及吕中時任國子監丞，因兄喪請急假三個月。

在文海影印本類編皇朝大事記講義目録後有一段按語，提供了關於吕中的一些情況：

吕府教授舊游庠序，慣熟國史，因作監本資治通鑑，摘其切於大綱者，分爲門類，集爲講義，場屋中用之，如庖丁解牛，不勞余刃。昨已刊行，取信於天下學者有年矣。今來舊板漫滅，有妨披閲，是用重加整頓……

這顯然是書商的廣告辭，應撰寫於南宋滅亡以前（因稱宋朝史爲「國史」）。其中對瞭解吕中最有價值者，是稱吕中爲「府教授」，另外表明宋大事記講義很受舉子們的重視，其書在宋末已經再版，吕中本人自然也應有相當知名度。

又張其凡先生言及，他在幾種版本的宋大事記講義及目録書中都見到本書的如下題署：

黄甲省元肇慶府學教授温陵吕中講義，省元國學前進士三山繆烈、蘭皐蔡柄編校。

如果這一題署可信，則再次證明吕中是泉州（温陵）人，某年科舉的省元，中第後曾任「肇慶府學教授」。關於「蘭皋蔡柄」找不到相關記載。但關於繆烈，文獻中卻頗有記載。梁克家淳熙三山志卷三二人物類七科名「宋朝嘉定十三年至淳祐七年」（此段文字顯係後人添加，此書成書時間是淳熙初年，不應有嘉定至淳祐年間的記事。至於何時何人添加，則無法考知）載：「繆烈，省元，字允成，貫開封府，居長溪。」元馬端臨文獻通考卷三二選舉考載：「嘉熙二年，進士四百二十二人，省元繆烈、狀元周坦。」清福建通志卷五一文苑有繆烈小傳：「繆烈，字允成，福安人。入國子上舍，省試第一，授福州教授。四方從游者衆，遷正字。著春秋講義十卷、仲山集數卷。」同書卷六三古迹福寧府載：「侍郎繆烈墓在穆洋。」同書卷七六藝文收録繆烈獅子岩詩一首。清李清馥閩中理學淵源考卷四〇福寧陳石堂先生普學派列有「撫漕繆允成先生烈」。稱：「繆烈，字允成，福安人。嗜學孝親，上舍、省試皆第一，舉進士，添差福州教授。日率子弟講明正學，遷正字，授撫漕、侍郎。著春秋講義、仲山集（閩書）。」但是，我們從上引關於繆烈行迹的記載中，卻找不到任何他與吕中交往的記述。

對了解吕中有助益的另一些情況是：除本書外，劉時舉續宋編年資治通鑑引「吕中曰」達23次。王應麟玉海卷四七藝文言及呂中皇朝大事記。元陳櫟歷代通略卷三卷四宋徵引13次。這表明呂中在宋末元初的史學界有相當影響。又南宋趙希弁撰郡齋讀書志卷五上附志經類載：「綱目論斷二十卷。右江珪、呂中論大書，以提要正變例而爲之斷云。其間所載徐清叟跋，有以知端平初元，通鑑綱目上塵乙覽之因。」如其中所言呂中與我們關注的呂中是同一人的話，則説明呂中有研究通鑑綱目的著述。

關於呂中生平，成文早於閩書、較爲可信的應言及明淩迪知撰萬姓統譜卷七五上聲呂的如下記載：

> 呂中，字時可，晉江人。淳祐中登進士，遷國子監丞兼崇政殿説書。奏乞晚輪二員説書、夜輪講官直宿以備顧問。又言進講經史乞依正文進讀，不宜節帖避忌，不惟可察古今治亂，亦以革臣下諂諛之習。當路忌其直，徙汀州。在汀期年，演易爲十圖。

其中言及呂中在經筵的言行及其對易的研究。

關於呂中的學術、思想傾向。張其凡先生正確地批駁了四庫題要及劉實甫序的錯誤説法，指出呂中此書是以理學思想作爲指導思想的，其人亦非「止齋、水心之徒」。但是，也須指明的是，呂中也非「純正」的程朱理學傳人，最突出的是對三蘇的態度上，書中多有推崇之辭，且多次徵引蘇軾的言論。限於篇幅，這裏就不展開論述了。

3　宋史全文徵引的吕中文字與張本大事記講義、中興大事記講義比對所得到的啓示

筆者將宋史全文徵引的吕中文字與張本大事記講義、中興大事記講義進行了逐段逐字地比對，感想良多。如前所述，宋史全文北宋部分共徵引「吕中曰」、講義、大事記153則，經過核查，今本類編皇朝大事記講義（宋大事記講義）中只有其中的144則（含文字差異較大者），另有9則此二書今本中找不到。在已找到的144則中，有的文字差異較大。如宋史全文卷八（四庫本卷八上）引有下文：

大事記曰：自李沆抑四方利害之奏，所以積而爲慶曆之緩勢。自范仲淹天章閣一疏不盡行，所以激而爲熙寧之急政。吾觀范仲淹之于慶曆，亦猶安石之于熙寧也。十事之奏，慶曆三年九月也，始於明黜陟，終於重命令，當時之言一一見用，明黜陟之法則以十月壬戌行，擇守長之法則以十月丙午行，任子之法則以十一月丁亥行，館職之法則以癸未行，均公田之法以壬戌行，貢舉之法以明年三月行，減徭役之法以五月行，其餘厚農桑、覃恩信、重命令悉用其説，或著爲令，然行之未及一年，而僥倖者多不悦矣。

我們只在張本類編皇朝大事記講義第38頁找到如下文字(爲了便於比較,標點有改變):

蓋自李文靖抑四方利害之奏,所以積而爲慶曆、嘉祐之緩勢。自范文正天章閣一疏不盡行,所以激而爲熙寧之急政。吾觀范文正之于慶曆,亦猶安石之于熙寧也。十事之奏,實慶曆三年九月也,始於明黜陟,終於重命令,當時之言稍稍見用:明黜陟之法則以十月壬戌行,擇官長之法以癸未行,均公田之法以十二月壬戌行,貢舉之法以明年三月行,減徭役之法以明年五月行。其餘厚農桑、覃恩信、重命令,皆悉用其説,或著爲令,行之未及一年,而陳執中之徒已不悦矣。

二者相較,文字頗有出入。最突出者,是前者少了「嘉祐」年號,「陳執中」换成了泛指的「僥倖者」者。且比後者多「則以十月丙午行,任子之法則以十一月丁亥行,館職之法則」24字。

當然,最令人頭疼的還是宋史全文卷一五引録的一大段文字,共計一千五六百字,其中某些部分,可以分别在張本類編皇朝大事記講義第386至392頁中找到相似文字,但前後順序卻不相合。而另一些文字在張本類編皇朝大事記講義卻找不到相似文字。

再將宋史全文及繫年要録注、中興聖政徵引的呂中文字與張本類編皇朝中興大事記講義作比對，發現差異更大，主要表現在高宗、孝宗部分。以高宗部分比對，繫年要録注文引吕中大事記曰、講義曰共54則（其中紹興十三年以前者大都見於中興聖政殘卷。内26則宋史全文引録），其中有23則在類編皇朝中興大事記講義基本找不到對應文字，23則中，有13則被張其凡等輯補入今本（張其凡等輯補入今本者實有16則，其中有三則係將繫年要録引的一則分解，又有二則是重複補入）。另有10則未被輯入。這些未被輯入者中，有相當一部分大約是找不到落腳處。如下引二則：

宋史全文卷二一下（繫年要録卷一五九注文引）：

講義曰：秦檜之取三大將兵權也，剛中阿於檜曰：「前所共憂者，一日變爲安平之道，廟堂不動聲色，而三大將惟恐奉上兵籍之不先。彼曲士不通世務、挾口舌以議政者，亦皆言塞意順。」謂此非常之舉，因爲檜陳善後之策凡七事，非不忠於檜也。一旦積怒，貶死遐荒，將吏賓客無得免者。則世之附麗非人以媒進取者，亦可以爲商鑑矣。

宋史全文卷二二上（繫年要録卷一六三注文引）：

講義曰：巫伋術士之對，蓋恐輒及時事，以觸檜之怒，故舉泛然不切之事，聊以塞責云爾。而檜勃然變色，遽嗾使言路逐之，惟恐他人攘己之位。雖檜之猜狠忌克、不近人情，然亦可以爲依阿取容、諂事權貴者之戒矣。

從引文可知，前者是針對鄭剛中發議論，後者是針對巫伋發議論。而在今本類編皇朝中興大事記講義中，根本找不到叙述鄭剛中、巫伋事迹特别是講他們下場的文字。所以，我們如果現在想把它們插入今本類編皇朝中興大事記講義中，也找不到合適位置。

通過對關鍵事件的議論文字比較，也可看出其差異。如岳飛被害，宋史全文卷二一（繫年要録卷一四二注引）的文字如下：

大事記曰：飛之死尤不厭衆心。飛忠孝出於天性，自結髮從戎，凡歷數百戰，内平劇盜，外抗强胡。其用兵也，尤善以寡勝衆。其從杜充也，以八百人，破群盜五十萬衆于南薰門外。其破曹成也，以八千人，破其十萬衆于桂嶺。其戰兀朮也，於潁昌則以背嵬八百、於朱仙鎮則以背嵬五百，皆破其衆十餘萬。虜人所畏服，不敢以名稱，至以父呼之。自兀朮有必殺飛而後可和之言，檜之心與虜合，而張俊之心又與檜合，媒孽横生，不置之死地不止。万俟卨以願備鍛煉自諫議而得中丞，王俊以希旨誣告自防禦而得廉車，姚政、龎榮、傅選之徒，亦以阿附並沐累遷之寵，附會其事，無所不至。而「莫須有」三字，世忠終以爲無以服天下。飛死，世忠罷，中外大權盡歸於檜，於是盡逐君子，盡用小人矣。

而今本類編皇朝中興大事記講義在岳飛被害處的議論文字如下（爲了便於比較，特將張其凡等據繫年要録輯補的文字删除）：

飛忠孝出於天性。初兀朮有鐵浮屠、拐子馬者，郾城之役，飛命部人以大刀入其陣，勿仰視，第斫馬足，一馬蹎，則餘皆蹎。其出奇制勝如此。獄之成，韓世忠以問，檜曰：「飛子雲與憲書雖不明，其事莫須有。」世忠曰：「相公『莫須』二字，何以服天下乎？」……然岳飛之心雖與天合，而秦檜之心則與虜合，飛之心在於恢復中原，而檜之心以爲不殺飛則和不可成矣。加以俊之心又與檜合，媒孽旋生，讒謗横出，不置之死地不止也。當時附會之徒，如万俟卨，則以頤備鍛煉，自諫議而得中丞。王俊則以希旨誣告，自遥防而得廉車。姚政、龐榮、傅選之徒，亦以阿附並沐累遷之寵。（另引文前叙述文字有：「洪皓在虜，奏以爲虜所大畏服、不敢以名爲虜稱者惟飛，至以父呼之。」）

二相比較，内容雖有相同、相近之處，但文字（包括前後順序）的差别之大是顯而易見的。

再如，宋史全文卷二一、繫年要録卷一五四注均引録了吕中大事記的如下文字：

我高宗之待檜，既賜之相第，又賜之家廟祭器，既賜之畫像贊，又賜之「一德格天之閣」六字，而孫二人，尚在繈保，並賜之三品服，果何負於其臣，而檜忍於負其君如此。此檜之罪，所爲上通于天，萬死而不可贖也。

依照類編皇朝中興大事記講義目録，此段議論應在「一六六、幸秦檜第」目下。而此目下的議論文字卻是：

國家待士大夫以禮，而禮大臣尤其厚者也。太祖之于普，真宗之於沆，仁宗之於文、富，其任之專，職之重，信之深，可謂兩盡其道矣。至於神宗，最敬信安石者也（張校：此下有闕誤）。而卒爲秦檜所誤，豈非臣有負於其君耶？

除最後一句外，其他幾乎無相似之處。議論文字雖不同，前面敘述文字卻與宋史全文所引有幾分相像：

紹興十五年六月，幸秦檜第。上所賜第新成也。後八日，降制檜妻，並加封孫塤。塤、堪、坦並直秘閣，三品服。時塤年九歲。尋書「一德格天之閣」六字賜之。又賜畫像贊曰：……又詔立家廟，賜祭器……

這些敘述文字頗與前引宋史全文、繫年要録注的議論文字内容相合，但二者文字卻大不相同，語氣各異。

種種迹象表明，宋史全文、繫年要録高宗、孝宗二段引録的「呂中曰」、講義、大事記的文字與張本類編皇朝中興大事記講義文字差異較大，最大的可能是源自此書的不同版本，而這二種版本之間，又有作者曾作重大修改的痕迹。值得注意的是，此種情況並没有發生在光宗、寧宗二部分，宋史全文在這二個時間段引録的「呂中曰」、講義、大事記與張本類編皇朝中興大事記講義彼此差異較小。這使人懷疑：皇宋中興兩朝聖政及宋史全文高宗、孝宗部分徵引的類編皇朝中興大事記講義是與張本類編皇朝中興大事記講義差異相當大的另一種版本，而宋史全文光宗、寧宗部分徵引的，則是與上張本類編皇朝中興大事記講義差異較小的、或者是同一版本的文字。

上述情況表明：宋史全文引録的呂中大事記講義、中興大事記講義，很可能是與張本類編皇朝大事記講義、類編皇朝中興大事記講義底本不同的另一種版本。這使人聯想到前面引文中述及的情況，即大事記講義、中興大事記講義在南宋末已有再版情況，而入元以後至宋史全文刻版前，還有可能再版。張其凡先生利用宋史全文引録的呂中文字對類編皇朝大事記講義類編皇朝中興大事記講義作了輯補，這一輯補似並不成功。首先，有不少文字被有意無意地遺漏了。其次，有些則補入後造成了内容的不和諧或重複。如張本第575頁輯入一段文字，其中「雖出於范宗尹之造膝、岳飛之密疏、張浚之建請、趙鼎之贊决，然以藝祖之後爲嗣，必本於選人婁寅亮之一言，適有以契乎高宗之心，藝祖在天之靈可以慰矣。」一段，就與第574頁本書原有的文字重複。所以，似不如將全部「佚文」、「疑文」另附於書後更妥。

4　全文作者與插入史論者是否爲同一人？

筆者原來認爲在宋史全文插入史論的就是本書作者本人，或者説作者與插入史論者肯定是同一人。但是，一個現象改變了筆者的看法，那就是皇宋中興兩朝聖政的作者與插入史論者肯定不是同一個人。因爲此書徵引了相當數量的吕中的話。而留正等人徵引吕中文字的可能性是幾乎不存在的。这一現象表明，我们今天看到的皇宋中興兩朝聖政殘卷（清影宋本）所依據的古本，是南宋末年刻本，而并不是留正等撰成此書後不久的刻本，刻書者在原書撰者留正等并不知情的情況下插入了一些史論性文字。皇宋中興兩朝聖政既如此，宋史全文難保不出現類似情況。然而，宋史全文最後成書時間在元代，與再造本底本（元刻本）的出版時間間隔較短，且史論文字與叙述性文字彼此配合較好，這無疑都增加了作者與插入史論者爲同一人的可能性，儘管如此，這一疑問尚有待將來解决。

5　最後的疑問

最後的問題是，宋史全文中有一次徵引「講議曰」，有三次可能是徵引「講議曰」（因各版本不一致，故存疑）。徵引「講議曰」者在第十一卷，原文爲：

昔邵康節聞杜鵑聲于天津橋上，曰：「朝廷將用南人爲相，天下自此多事矣。」夫王欽若當國亦南人也。豈獨自安石始邪。蓋天禧、天聖之時，南方之氣未盛，所用者欽若一人耳。自安石爲相，所引者惠卿之憸巧，升之之輕易，宰相、參政皆用南人，此固温公之所慮而康節之所先知也。

引文見於張本、四庫本呂中宋大事記講義卷一六，說明「講議」即代指宋大事記講義，「議」當爲「義」之訛。

三次可能是徵引「講議曰」者分見宋史全文卷三二和卷三六，現引録如下：

講義曰：彌遠自開禧丁卯爲禮部侍郎，白楊太后謀誅韓侂胄，而寧宗不知。數日，寧宗問侂胄安在，左右乃以實對，寧宗深悼之。凡相寧宗十七年，帝崩，廢濟王立理宗，又獨相九年。用余天錫、梁成大、李知孝等列布於朝，最用事者薛極、胡榘、聶子述、趙汝述，時號四犬。彌遠出入禁苑，擅權用事，臺諫學舍争言其非，上以其定策功，終始保全之。（卷三二）

按：「講義」，四庫本作「講詩」，再造本作「講義」，文海本作「講詩」，本書校改爲「講義」。

講議曰：己未、庚申，北軍過江，東南之危如一髮引千鈞矣。似道在鄂，爲城下之盟，許納歲幣，而北師始歸。似道乃欺理宗，詭曰戰勝，而所許歲幣又食前言，是外則負大國，内則欺其君。以致大國遣使責償，似道乃拘留於真州，惟恐上下知之。未幾而大元再遣使京湖，而似道又留之漢陽之沌口。始則請盟，終則背盟，似道知之，天下知之，獨朝廷不知耳。（卷三六）

按：「講議」，原作「謚議」，據再造本、文海本校改。

謚議曰：昔太祖（再造本、文海本均作「宋太祖」）嘗曰：「宰相須用讀書人。」似道以寵妃之弟，不學無術，處非其據，乏休休有容之量，忌疾之念横於胸中，好諛惡直，進佞退賢，粉飾太平，諱言邊事，殺功臣以失士大夫之心，行公田以斂江浙之怨，主推排以騷動東南之民，覈士籍以鉗制東南之士，庇敗將則將校之心離，吝軍券則軍旅之心叛。日積月累，無一而非失人心之事，卒至滅國覆身，擢髮不足數其罪。（卷三六）

按：「謚議」，再造本、文海本均作「講議」，本書存疑未改。

這三段文字全都涉及宋理宗，張本類編皇朝中興大事記講義下限爲寧宗朝，似不應有上引文字，事實上今本也的確没有此三段文字。筆者反復思量，仍然不敢作決斷。前引文字講，吕中卒於南宋末年，未活到元朝（從他考中科舉的時間看，他本應是能活到元滅南宋以後的），而上引第二段文字中有「大元」，第三段文字中有「滅國」，應是已入元人的口氣。所以，後二段文字應非吕中所撰，不是類編皇朝大事記講義、類編皇朝中興大事記講義中文字。然而，三則文字的出處、作者是誰呢？我們仍無法準確回答。而且，前引關於吕中卒年的記載是否可靠，也不是毫無疑問的，所以，還有許多問題留待以後討論。

三　關於龜鑑

本書徵引「龜鑑曰」次數也較多，分佈也較廣，其中北宋13次，南宋高宗朝35次，孝宗朝5次，理宗部分11次，共64次。

繫年要録注文徵引，大多數稱何俌龜鑑，這很容易給人一種錯覺，即認爲龜鑑就是何俌中興龜鑑。但宋史全文所引龜鑑是否爲何俌龜鑑，是否全都出自何俌龜鑑，實均有疑問。

首先，何俌所著爲中興龜鑑，而「中興」一般指南宋高宗、孝宗二朝，不應包括北宋，而宋史全文北宋部分多次徵引龜鑑。

其次，繫年要録卷一四九載：紹興十有三年五月「丁卯，左迪功郎何俌獻中興龜鑑十卷，詔遷一官。」則此中興龜鑑内容應僅限於南宋初至紹興十三年五月。此後何俌是否續寫龜鑑，史文不載。宋史全文於南宋初至紹興十三年何俌獻書前徵引龜鑑18次，此後至紹興三十二年末共徵引龜鑑17次。本書所引涉及紹興十三年五月以後史事的17則龜鑑文字，是否屬於何俌中興龜鑑，實存疑問。

最後，紹興十有三年五月何俌獻中興龜鑑時，年齡應在25歲以上，由此推算，何俌應出生在北宋後期。何俌受到朝廷重用，大抵在秦檜死以後。紹興二十六年八月，何俌被任命爲國子監發解試的點檢試卷官，當時他的官職是太學博士（宋會要輯稿選舉二〇之一二）。同年九月，他以太學博士的身份上書抨擊官員中借饋贈行賄的現象（宋會要輯稿刑法二之一五四）。紹興三十一年，何俌被任命爲吏部員外郎（通考卷五二職官考、宋史卷一六三職官志）。紹興三十二年八九月間，置皇子位説書，何俌任鄧王府直講（王應麟玉海卷一二九、卷一三〇官制）。隆興元年十一月，時任宗正少卿的何俌與時任權中書舍人的胡銓「兩易其官」（周必大文忠集卷三〇資政殿學士贈通奉大夫胡忠簡公神道碑)。隆興二年正月,時任權中書舍人的何俌受命參加編修三省條法(宋會要輯稿刑法一之四七)。同年十一月,陳康伯拜相,何俌因同陳有親戚關係請求回避,時任起居郎、權中書舍人(宋會要輯稿職官六三之一五)。何俌「乾道元年(一一六五)正月以權工部侍郎兼權直院」(洪遵翰苑群書卷一一翰苑題名)。不久,陳康伯去世,何俌受命爲其護喪回鄉(宋史卷三八四陳康伯傳)。同年三月三日,「詔權尚書工部侍郎何俌除集英殿修撰、知衢州」(宋會要輯稿選舉三四之一六)。次年十二月二十九日,「左朝散郎、集英殿修撰何俌乞守本官致仕。詔除敷文閣待制致仕」(宋會要輯稿職官七七之七八)。此後,何俌不再見於記載,估計他去世的時間應距此不甚遠,或在孝宗退位以前。據此,宋史全文理宗部分徵引的11則龜鑑,可以肯定不是何俌所撰。因爲何俌不大可能活到理宗在位時期,即便何俌在理宗即位時尚在人世,則他已是一百多歲,早已喪失了寫作能力。

所以,我們可以肯定:宋史全文徵引的龜鑑,至少有一部分不是何俌中興龜鑑。

另外,明董斯張吴興備志卷七官師徵載:

時和好初成,俌裒少康、宣王、光武、元帝事可施行者,爲評議,號中興龜鑑上之。(清浙江通志卷一八二引明徐象梅兩浙名賢録同)

如果此則記載屬實，則何俌中興龜鑑的内容是以「評議」前代「少康、宣王、光武、元帝」中興史事爲主的，議論本朝史事的内容不應太多。而宋史全文徵引的卻全是議論本朝史事的。這又給我們提出了新的疑問，甚至有理由懷疑，宋史全文徵引的龜鑑，或許根本就不是何俌中興龜鑑，而是理宗時期人撰寫的另一部龜鑑。四庫館臣曾議論要録的注文説：

又於本注外，載有留正中興聖政、吕中大事記、何俌龜鑑諸書，當亦修永樂大典時所附入者。今既無别本可證，姑依文録存，間加駁正。

可知四庫館臣已確認注文中有些是明代「修永樂大典時所附入」，既是明代人附入，將龜鑑的作者搞錯，把不是何俌的著作歸入何俌名下的可能性就大大增加了。

宋理宗時期會不會有人另撰有龜鑑呢？我們曾沿著這一思路進行查找，結果只找到柴望的丙丁龜鑑。此書四庫全書總目提要中雖有提及，文淵閣四庫全書卻没有收入此書（筆者也未得閲此書）。館臣提要謂：

丙丁龜鑑五卷續録二卷，兩江總督採進本。宋柴望撰。望字仲山，江山人。嘉定、紹定間爲太學上舍，除中書特奏名。淳祐六年，歲在丙午，正旦日食，望因上此書，逮下詔獄。尋放歸。景炎二年，薦授迪功郎、史館國史編校。宋亡後不仕而終。爲柴氏四隱之一。是書大旨以丙午、丁未爲國家厄會，因歷摭秦莊襄王以後至晉天福十二年，凡值丙午丁未者二十有一，皆有事變應之，而歸本於修省戒懼，以人勝天。通考著録作十卷，此本止五卷。然首尾完具。蓋明人所合併也。續録二卷，一爲元人所撰，記宋真宗景德三年至理宗淳祐七年，值丙午丁未者五。一爲明人所續，記元世祖大德十年至順帝至正二十七年，值丙午丁未者二，亦各舉時事實之，如望書之例，均不著姓名。考陽九百六元二之説，自漢以來即有之，丙丁之説則倡於望。元人續録，序引陰陽家之言曰丙丁屬火，遇午未而盛。故陰極必戰亢而有悔也。又曰丙禄在巳午爲刃煞丁禄居午未爲刃煞。其説純用術數家言，不出經典。夫王者敬天勤民，無時可懈，豈待六十年一逢厄會始議修省。且史傳所書，亂多治少，亦不必盡繫於丙丁。望徒見靖康之變適在是二年中，故附會其文，冀以悚聽。實則所列事迹多涉牽就，宜其言之不行也。且論涉機祥，易熒民聽。輟耕録所載龍蛇跨馬之妖言，豈非至正二十七年適當丙午，遂借是説以惑衆歟。後世重其節義，又立言出於忠愛之誠，故論雖不經，至今傳録，實則不可以爲訓也。

看來本書内容更加受局限，即它集中關注丙午、丁未發生的史事，另外其指導思想也近於荒誕不經。很難講它就是宋史全文徵引的龜鑑。

總之，宋史全文徵引的龜鑑，對於我們來説還是一個未解之謎。但可以肯定的是，我們決不能將宋史全文徵引的龜鑑等同於何俌中興龜鑑。

四　富弼三朝政要與吕源增釋

宋史全文引録「富弼曰」15次，「富弼等釋」4次，大約都是源於富弼主撰的三朝政要。宋史全文引録「吕源曰」13次，引録「增釋」1次，大約都是徵引吕源的三朝政要增釋。吕源的三朝政要增釋是在富弼主撰的三朝政要基礎上撰成的，二者關係較密切，三朝政要、三朝政要增釋均已亡佚，故在此一併作些探考研究。

（一）關于富弼三朝政要

富弼是北宋著名政治家、外交家，早已爲人們所熟悉。但由他主撰的三朝政要，對一般人來説，卻較爲陌生。造成這種情況的原因，除了此書早已亡佚外，還同此書一書多名的情況有關。關於三朝政要的不同名稱，我們將有關記載臚列如下：

1　三朝政要

陳振孫直齋書録解題卷五典故類：

三朝政要二十卷，宰相河南富弼彦國撰。慶曆三年，弼爲樞副，上言選官置局，以三朝典故分門類聚，編成一書，以爲模範。命王洙、余靖、孫甫、歐陽脩同共編纂。四年，書成，名太平故事，凡九十六門，每事之後，各釋其意。至紹興八年，右朝議大夫吕源得舊印本刊正增廣，名政要釋明策備上之於朝。館閣書目指政要爲寶訓非也。

同書又載：

三朝寶訓三十卷，翰林學士李淑等撰。天聖五年，監修國史青社王曾孝先奏，乞用唐吴兢貞觀政要故事，取三朝聖語、政事及臣僚奏對不入正史者，别爲一書，與國史實録並行。至十年書成，詔以寶訓爲名。其後進讀於邇英延義。今館閣書目以爲二十卷，富弼所上者，非也，乃政要爾。

陳氏特别指出，三朝政要與三朝寶訓是二部名稱、卷數、作者、内容都不相同的書。當時已有人將二部書混爲一談。

2　三朝政録

晁公武郡齋讀書志卷二上雜史類：

三朝政録二十卷。右皇朝富弼上言，欲選官置局，將三朝典故編成一書。即命王洙、余靖、孫甫、歐陽脩編修，分別事類，成九十六門。

3　三朝聖政録

文獻通考卷二百一經籍考二十八：

三朝聖政録十卷。晁氏曰：皇朝富弼上言，乞選官置局將三朝典故編成一書。即命王洙、余靖、孫甫、歐陽脩編修，分別事類，成九十六門。陳氏曰其書初名太平故事，凡九十六門。每事之後，各釋其意。至紹興八年，右朝議大夫吕源得舊印本，刊正增廣，名政要釋明策備上之於朝。館閣書目指政要爲寶訓，非也。

通考引録的「晁氏曰」，與前引晁公武郡齋讀書志頗不同，書名多一「聖」字，卷數卻少了十卷，内容、作者卻大略相同。

4　太平政要

章如愚群書考索卷一七正史門國史類：

太平政要：皇朝樞密使富弼等撰。初，弼請以三朝典故及諸司可用之文，類聚成書，使兩府遵守。詔命史官校勘王洙、集賢校理余靖、祕閣校理孫甫、集賢校理歐陽脩等同修，弼領焉。慶曆四年書成上之，分別書類，起賞罰，止延諫臣，凡九十六門，爲二十卷。每事之後，各釋其意，相類者止釋一事，理明者不復釋云。

章氏所記作者、内容、卷數等與前均同，惟書名異。

5　祖宗故事

李燾長編卷一四三：

［慶曆三年九月］丙戌，命史館檢討王洙、集賢校理余靖、祕閣校理孫甫、集賢校理歐陽脩同編修祖宗故事。先是，樞密副使富弼言：「臣歷觀自古帝王理天下，未有不以法制爲首務。法制立，然後萬事有經，而治道可必。宋有天下九十餘年，太祖始革五代之弊，創立法度。太宗克紹前烈，紀綱益明。真宗承兩朝太平之基，謹守成憲。近年紀綱甚紊，隨事變更，兩府執守，便爲成例，施於天下，咸以爲非。而朝廷安然奉行，不思剗革，至使民力殫竭，國家乏匱，吏員冗而率未得人，政道缺而將及於亂。賞罰無準，邪正未分，外域交侵，寇盜充斥，師出無律而戰必敗，令下無信而民不從。如此百端，不可悉數。其所以然者，蓋法制不立而淪胥至此也。臣今欲選官置局，將三朝典故及討尋久來諸司所行可用文字，分門類聚，編成一書，置在西庫，俾爲模範。庶幾頽綱稍振，敝法漸除，此守基圖救禍亂之本也。」上納其言，故命靖等編修，弼總領之。明年九月，書成，分别事類，凡九十六門，二十卷。其間典法深大，今世不能遵守者，於逐事之後各釋其意。意相類者止釋一事，

事理明白者更不復釋。

李燾所述成書過程最爲詳細，與前比對，顯然所言即是三朝政要，然而卻始終未言及三朝政要這一書名，只講所撰爲祖宗故事。

6 太平故事

羅從彦豫章文集卷五遵堯録：

慶曆三年，樞密副使富弼言：「臣歷觀古帝王理天下，未有不以法制爲首務。法制立，然後萬事有經，而治道可濟也。宋有天下，八十餘年，太祖始革五代之弊，創立制度。太宗克紹前烈，紀綱益明。真宗承兩朝太平之基，謹守成憲。近年紀綱頗紊，隨事變更，兩府執政便爲成例，施行於天下，咸以爲非。而朝廷安然奉行，不思剗革，至使民力殫竭，國用空匱，吏員冗而政道缺，賞罰無準，夷狄外侵，寇盜充斥。如此百端，不可悉數。其所以然者，蓋法制不立，淪胥以至於此也。臣今欲選官置局，將三朝典故及尋計將來諸司所行可用文字，分門類聚，編成一書，置在兩府，俾爲模範。庶幾元綱稍振弊法漸除。此守基圖救禍亂之根本也。」帝嘉其奏，命歐陽脩等四人同共編修，詔弼總領之。分別事類凡若干門，於逐事之後，各釋其[意]，意之相類者，止釋一事。書成，今所謂太平故事是也。（按鄭樵通志卷六五藝文略亦載「太平故事二十卷」。)

羅氏所言,特别是所引富弼語,與李燾長編略同,然最後點明書名,卻是太平故事,而非祖宗故事。

7　慶曆三朝太平寶訓

王應麟玉海卷四九藝文政要寶訓聖政列有一小標題:「慶曆三朝太平寶訓(亦曰祖宗故事亦曰太平故事)」,其述:

中興書目:三朝太平寶訓二十卷(三朝政要釋明策備)門類始於賞罰,終於延諫臣(一云納直諫)。其間典法深大,今世不能遵守者,於逐事之後,各釋其意。意相類者,止釋一事,明白者不復釋。紹興八年七月,吕源爲增釋上之。慶曆三年九月,樞密副使富弼請考祖宗故事可行者爲書。言欲選官置局,將三朝典故及久來諸司所行可用文字,分門類聚,編成一書,置在二府,俾爲模範,得以遵守。上嘉其奏。丙戌,命史館檢討王洙、集賢校理余靖歐陽脩、祕閣校理孫甫等同編,命弼領之,名曰太平故事。四年九月上之,凡九十六門,二十卷。弼爲序。凡三朝賞罰之權、威德之本、責任將帥之術、升黜官吏之法、息費强兵之制、禦戎平寇之略、寬民恤災之惠、睦親立教之本、御臣防患之機察、納諫諍之道,率編録焉。紹聖三年九月四日，太僕寺簿龔夬請詔儒臣自仁宗至元豐之末，續加編類。令人不解的是，王應麟生活的時代比陳振孫遲許多年，王氏居然完全無視陳氏的辨析，仍然沿用中興書目的説法，講三朝太平寶訓即是富弼所撰三朝政要。這至少可以説明一個情況，即是儘管陳振孫作了辨析，但南宋時仍然有不少人認爲三朝太平寶訓與三朝政要是同一書。王應麟還明確地講三朝太平寶訓、祖宗故事、太平故事三者也是同書異名。

至此，我們可知，三朝政要另有三朝政録、三朝聖政録、太平政要、祖宗故事、太平故事五個名稱，連同慶曆三朝太平寶訓，此書共有七個名稱，如此奇特的現象，實屬罕見。

(二)吕源事迹

吕源，字子原，泉州晉江人，吕惠卿侄，吕升卿子。吕惠卿、吕升卿兄弟均爲王安石新黨骨幹。吕升卿熙寧三年中進士第，熙寧六年由王安石推薦，任詳定修撰經義所檢討。權發遣京東路轉運判官、淮東路轉運判官。次年擢崇政殿説書、同管勾國子監。王安石、吕惠卿交惡，吕升卿參預其中，落職降授太常寺太祝、監無爲軍酒税。後得叙復，累遷太常寺丞。元祐年間受到舊黨壓制。紹聖年間任京東路轉運副使。章惇殘酷迫害舊党大臣，呂升卿積極參預。關於呂源在北宋後期的行迹，我們似乎只能從汪藻的奏疏中獲取，其謂：

謹按：呂源，升卿之子。家富於財，專以包苴交結權倖爲進身之資。初自常調結林靈素、孟昌齡而得監司。未幾罷黜。復結王黼而得舊物。黼敗，人爲源危之。方是時，李邦彦當國，知趙子崧者邦彦所厚之客也，遽以女妻子崧之子，厚其奩具。即除軍器少監。意猶未已，遂傾貲結梁師成。無何，除職帥廣西。及賜對便朝，一日而獲恩數者八，進職、進官、進賜名、錫章服，父贈待制，所生母封夫人，諸弟補官之類，皆人臣非常之恩。蓋師成極力薦援，稱其所賂而爲之報也。比者，源被召赴闕，士大夫謂朝廷必深知其所爲，且斥而不用矣。曾未閱月，爲兩浙轉運使。夫兩浙名郡也，轉運使崇資也。平時進擢能臣，不過爲副使而已。呂源何人，輒當此選。（汪藻浮溪集卷一奏論呂源除兩浙轉運使姜仲謙除轉運副使不當狀。）

按史書中的其他類似記載，似都以此爲本）

據李心傳記，汪藻此奏應上於建炎二年，呂源被任命爲兩浙轉運使是在此年春正月癸巳日（建炎以來繫年要録卷一二）。因汪藻等反對，當年二月辛酉，呂源被改任爲知揚州（繫年要録卷一三）。然而三個月後，吕源又被「添差江淮等路制置發運副使」（繫年要録卷一五）。建炎三年初，金軍南下，吕源「擁兵而遁」，三月因被彈劾，「秘閣修撰、江淮發運副使吕源除名邵武軍羈管」（繫年要録卷二一）。吕源被罷黜前，發生了逼迫宋高宗退位的「苗劉之變」，當聽到張浚起兵反政變的消息，有記載説：「發運副使吕源覽之泣下，曰：國有人焉，可無憂矣。」（周應合景定建康志卷四三風土志注引李處全文）這則記載是極少數吕源作爲正面形象中的一則。次年，吕源因赦復官，被任命爲知吉州。隨後不久，他又因修城擾民被彈劾，受到落職處分（胡寅斐然集卷一一論衡州修城劄子卷一四吕源落職，參莊綽雞肋編卷下、王明清投轄録）。紹興二年九月癸酉，朝廷下令：「右朝請大夫吕源爲浙東福建沿海制置使，置司定海縣」。隨後他被「復右朝議大夫、直龍圖閣」的舊官職（繫年要録卷五八、宋史卷二七高宗紀）。紹興二年底，宋廷下令撤銷浙東福建沿海制置使司，（繫年要録卷六一）吕源處理了撤銷事務後，於紹興三年春回到行都。隨後，他因面見皇帝不恰當地談論私事遭到彈劾（繫年要録卷六三、熊克中興小紀卷一四）。此後一段時間吕源的情況失載。紹興十一年，發生了時任廣西轉運使的吕源與廣西經略安撫使兼知静江府的胡舜陟的衝突。胡舜陟指控吕源在討伐郴州叛亂時供應軍須不力，吕源則指責胡舜陟包庇知邕州俞儋貪贓。因吕源與宰相秦檜關係密切，胡舜陟於紹興十二年被撤職。隨後吕源又指控胡舜陟「受金盜馬非訕朝政」，而「檜素惡舜陟」，於是「奏遣大理寺官袁柟、燕仰之往推劾」。胡舜陟不堪迫害，於紹興十三年六月，「死獄中」（繫年要録卷一四七、卷一四八，熊克中興小紀卷三一，宋史卷二〇〇刑法志、卷三七八胡舜陟傳）。據此，吕源對胡舜陟被迫害致死，實負有不可推卸的責任。

據上所引，吕源及其父吕升卿，在有關的記載中，大多是負面形象。所以在清人陸心源的宋史翼中，父子雙雙被列入奸臣傳。除了前述在苗劉之變中吕源表現出對宋高宗的忠之外，另有一則關於吕源的記載也屬正面的，那就是據記載，吕源是一位出色的畫家。元夏文彦圖繪寶鑑卷四宋南渡後述：「吕源，畫花禽。」

（三）關於三朝政要、增釋的内容及「釋」

以上我們討論了三朝政要的書名、吕源的行迹及人品，以下擬着重討論三朝政要、增釋的内容。順帶討論徵引富弼、吕源的文字爲什麽稱「釋」。

關於三朝政要的撰寫宗旨及内容，前引李燾長編卷一四三有詳細的論述，爲了説明問題，現重引如下：

〔慶曆三年九月〕丙戌，命史館檢討王洙、集賢校理余靖、祕閣校理孫甫、集賢校理歐陽脩同編修祖宗故事。先是，樞密副使富弼言：「臣歷觀自古帝王理天下，未有不以法制爲首務。法制立，然後萬事有經，而治道可必。宋有天下九十餘年，太祖始革五代之弊，創立法度。太宗克紹前烈，紀綱益明。真宗承兩朝太平之基，謹守成憲。近年紀綱甚紊，隨事變更，兩府執守，便爲成例，施於天下，咸以爲非。而朝廷安然奉行，不思劾革，至使民力殫竭，國家乏匱，吏員冗而率未得人，政道缺而將及於亂。賞罰無準，邪正未分，外域交侵，寇盜充斥，師出無律而戰必敗，令下無信而民不從。如此百端，不可悉數。其所以然者，蓋法制不立而淪胥至此也。臣今欲選官置局，將三朝典故及討尋久來諸司所行可用文字，分門類聚，編成一書，置在西庫，俾爲模範。庶幾頹綱稍振，敝法漸除，此守基圖救禍亂之本也。」上納其言，故命靖等編修，弼總領之。明年九月，書成，分別事類，凡九十六門，二十卷。其間典法深大，今世不能遵守者，於逐事之後各釋其意。意相類者止釋一事，事理明白者更不復釋。

據李燾所述，富弼主撰的三朝政要内容有三部分：一是三朝「典故」，二是各官司所行法規文字，三是富弼等人的「釋」。宋人所稱「典故」與今人有所不同，它主要指经典範例，包括帝王的經典言論、經典處置政事的方法等。編撰此書的目的是使後人有法可依，有例可仿效，即起「模範」作用。李燾又述，此書「分門類聚」，「凡九十六門」，可見門類區分很細緻，内容應很豐富。王應麟的描述頗精彩，即言「凡三朝賞罰之權、威德之本、責任將帥之術、升黜官吏之法、息費强兵之制、禦戎平寇之略、寬民恤災之惠、睦親立教之本、御臣防患之機、察納諫諍之道，率編録焉。」（王應麟玉海卷四九藝文政要寶訓聖政）

關於最能體現富弼等人主觀理念，也是全書最有活力的部分是「釋」的部分。但李燾對此的描述卻有些令人費解，即何謂「典法深大，今世不能遵守者」？既是「今世不能遵守」，爲什麼會在前三朝出現？既是「今世不能遵守」，編入此書其意義又何在？此處可能李燾的措辭有所失當。人們或許注意到，羅從彦、章如愚論及此書的「釋」時，就都捨棄了「其間典法深大，今世不能遵守者」這一限定語，而保留了「於逐事之後各釋其意。意相類者止釋一事，事理明白者更不復釋」等語。（羅從彦豫章文集卷五遵堯録、章如愚群書考索卷一七正史門國史類）從宋元各書所徵引的三朝政要釋文看，大抵都是對重要制度的闡述和議論，未見有「今世不能遵守」的情況。或許是記載重要史事、重要制度的文字之後，都分别有富弼等人的「釋」。

由於此書早已失傳，我們對三朝政要的瞭解受到很大限制。爲了使讀者對三朝政要及其「釋」有具體的、感性的認識，現將搜集到的三朝政要二則佚文轉録如下：

黄履翁古今源流至論别集卷八將權：

政要：乾德中，責授節度使王全斌、崔彦進爲留後，左衛上將王仁贍爲右衛大將軍，制授内客省使曹彬、宣徽南院使侍衛都指揮使劉義允節度使，皆收蜀將帥也。初，孟昶降，全斌等不能正身率下，争取珠玉及取人婦女。太祖聞蜀復亂，及全斌歸闕，太祖召王仁贍詰之。仁贍遍指諸將過失，求欲自解。太祖曰：「納李廷珪妓女，開德豐庫取珠貝，亦全斌等耶？」

富弼釋曰：賞罰，人主之權衡。用其權，無他，賞當功、罰當罪而已。全斌雖有平蜀之功，貪恣不法，復致蜀亂，故不可不貶降。曹彬有功無過，故當顯用也。賞罰如是之明，宜乎將相盡力。

樓鑰攻媿集卷五〇進故事三朝政要：

太宗淳化七年六月，以左諫議大夫魏庠、司封郎中知制誥柴成務同知給事中事。凡制敕之有所不便，許依故事封駁以聞。八月，命樞密直學士向敏中、張詠同知銀臺通進司，凡天下章奏案牘必由二司然後進御。先是，中外奏報，但由尚書内省籍以下有司，有司或行或否，得緣而爲姦，禁中不得知，外司無糾察之職。至是，始命敏中等謹視其出入而鈎稽焉。事無大小，不敢有所留滯矣。九月，以給事中封駁隸銀臺通進司應詔敕並令樞密直學士向敏中、張詠詳酌可否然後行下。

富弼等釋曰：古者詔令，皆中書奉行，門下省審封駁改正，厥有司存，太宗親選向敏中、張詠同判通進司等，以察稽失。二府奉行之過，皆得改駁，關防之意，謹之於始也。今之群臣多不舉職，官有封還之名，未聞駁正之實，所以命令不由此司十有六七，蓋因循之蔽也。臣竊惟唐給事中之職，凡百司奏鈔，侍中既審則駁正違失，詔敕不便者塗竄而奏還，謂之塗歸。李藩爲給事中，制有不便，就敕尾批卻之，吏驚，請聯他紙。藩曰聯紙是牒，豈曰批敕耶。唐制之嚴如此，中更五季，寖失其職，太宗皇帝深究治亂之源，特振其職業，妙選名臣爲之，曰：凡制敕有所不便，許依故事封駁曰：應詔敕並令詳酌可否，然後行下則是事無輕重，政無大小，官無尊卑，封駁詳酌是其職也。近者，給事中論奏除目，或謂止當駁論，横恩不當及，此臣深恐此論有誤宸聰，使後省寖失其職，紀綱廢紊，所關者大，是敢仰稽太宗致治之要，爲陛下言之，庶使後省臣僚得舉其職，言聽計行，以裨聖治，臣不勝惓惓。

在上引兩文字中，「典故」、法規與「釋」文之間的關係都很明瞭，前者偏重記述史事，後者是闡發前者所述君臣言行的典範意義，之所以稱「釋」不稱「論」，除了表示所述史事的「模範」價值外，也是爲了表示富弼對前代帝王及賢臣的尊崇。

關於吕源的增釋，王應麟玉海卷四九藝文政要寶訓聖政慶曆三朝太平寶訓述：

中興書目：三朝太平寶訓二十卷（三朝政要釋明策備）門類始於賞罰，終於延諫臣（一云納直諫）……紹興八年七月，吕源爲增釋上之。

陳振孫直齋書録解題卷五典故類述：

……至紹興八年，右朝議大夫吕源得舊印本刊正增廣，名政要釋明策備上之於朝。（文獻通考卷二〇一經籍考引録）

據此，吕源增釋是對富弼三朝政要的補充增廣，由於二書均已亡佚，我們無從知曉吕源是否增加了史事，但史論即「釋」的部分肯定是增加了。

宋會要輯稿帝系一一之二載：

紹興四年八月，權吏部侍郎胡交修等奏……慶曆三年，富弼謂：……吕源增釋總論謂：「景祐親政，小大之臣不能丕變。朝廷命令之地，刑賞之施，合取進止，率皆引例，以決重輕。往往出於堂吏之手，則天子威權悉制於例，非祖宗獨斷之意也。由是言之，守法不謹而牽於用例非一日矣。」

可知吕源的增釋正文前還有一個「總論」，其中應涉及增釋的編撰宗旨，但我們卻無法知曉其内容了。（前幾年，我曾讓我的碩士研究生郝玲玲作有關吕源三朝政要增釋的學位論文，以上論述可能包括了一些郝玲玲的研究成果，特此説明。）

五　趙甡之中興遺史、張匯進論與林泉記

（一）趙甡之中興遺史

宋史全文引「趙甡之曰」三次（「甡」原均誤作「性」），所引應均爲中興遺史中的文字。

中興遺史有著作權的争議，較早見於王明清揮麈後録卷一一：

……俾趙甡之竊婦翁張鑑書以爲己有者，聞之，不慙惶無地耶。

王明清在這裏未言明趙甡之所竊何書，陳振孫直齋書録解題卷四正史類則謂：

中興遺史六十卷，從義郎趙甡之撰。慶元中上進其書，大抵記軍中事爲詳，而朝政則甚略，意必當時遊士往來邊陲出入幕府者之所爲。及觀其記張浚攻濠州一

段，自稱姓名曰開封張鑑。然則此書鑑爲之，而甡之竊以爲己有也。或曰鑑即甡之婦翁，未知信否。（文獻通考卷一九三經籍考引録）

當然，陳氏也講「未知信否」，即不敢肯定確有其事。陳氏講了此書的成書時間，即宋寧宗慶元年間或稍早於此。其特點是詳於軍事略於政治。上引二書提出了本書作者有可能是「開封張鑑」的觀點。但是，卻没有提供關於「開封張鑑」的其他信息。我們在文獻中也未能找到關於「開封張鑑」的有價值的綫索（宋史卷二七七張鑑傳之張鑑是宋初文人，與此無關）。不但「開封張鑑」，我們對有可能是竊取其婦翁著作權的趙甡之，也找不到有關其行迹的記載。但是中興遺史一書，在南宋中後期史壇上還是産生了相當影響。徐夢莘三朝北盟會編引録凡11次。徐自明宋宰輔編年録徵引達69次。朱熹與學生們曾議論及此書，朱子語類卷一二七本朝述：

曾光祖論及中興遺史載孟后過贛州時事，與鄉老所傳甚合。

時人羅大經鶴林玉露卷一五講：「檜之初歸一節，中興遺史説得尤詳。」岳珂在他的金佗稡編卷二四籲天辨誣四、桯史卷九中均徵引了此書。尤爲引人注意的是，建炎以來繫年要録一書注文徵引此書多達三百多次，注文後或有「今不取」，「今並附此以備參考」等，説明至少其中一部分是李心傳的原注。這些情況都表明中興遺史是一部史料價值頗高的史書，可惜此書今已亡佚。

「趙甡之」三字，文獻中頗不一，主要是「甡」字，或作「牲」，或作「性」，同是道光本徐夢莘三朝北盟會編，或作「甡」，或作「性」。建炎以來繫年要録一書注文徵引也有作「甡」和作「牲」二種情況。岳珂的二部著作中則都作「牲」。大約陳振孫直齋書録解題、王明清揮麈後録所記「趙甡之」較爲可靠，故用之。

（二）張匯進論

宋史全文引張匯進論僅一次，約二百餘字。説到張匯進論，不能不提及四庫提要中建炎以來繫年要録「提要」中的一句話，即言：「……原本所載秦熺、張匯諸論，是非顛倒，是不待再計而删者。」這裏將張匯與秦熺相提並論，且謂二人所論都是「是非顛倒，是不待再計而删者」，其實是不妥的。

關於張匯，李心傳繫年要録卷一三四記：

「紹興十年春正月歲次庚申，金熙宗亶天眷三年乙酉」初，兖人張匯從父行正守官保州，陷敵不能歸。至是，聞元帥府主管漢兒文字蔡松年言敵有渝盟意，遂與燕人王暉、開封劉炎謀，夜自新鄉渡河赴行在。上疏言敵情利害，大略以爲：「敵主儒將驕，兵寡而怯，又且離心。民怨而困，咸有異意。鄰國延頸以窺隙，臣下側目以觀變。親戚内亂，寇盜外起。加之昔之名王良將如尼瑪哈、達蘭之徒，非被誅則病死。故子胥戮則吴滅，孔明没則蜀亡。争戰之際，古今不易之理。今敵内有羽毛零落之憂，外失劉豫藩籬之援，譬之有人自截其手足而復剖其腹心，欲求生也，不亦難乎。此乃皇天悔禍，眷我聖宋，復假敵手以去群凶，特以良時付之陛下，周宣、漢光中興之業也。曩者蓋敵未當殄滅之時，臣雖早歸朝廷，亦無補於聖德。故臣隱身敵中，甘處貧賤十五年者，伺今日之隙也。又況當時河北人心未安，然河南廢齊之後，人心亦且摇動，王師先渡河則弊歸河北而不在中原，設若烏珠先侵河南，則弊歸中原而不在河北。但能先渡河者，則得天下之勢，誠當日勝負之機，在於渡河之先後爾。而烏珠已有先侵之意，臣恐朝廷或失此時，反被敵乘而先之。」（松年，靖子，已見紹興四年十一月疏奏。）匯等皆授初品文資（匯等補官日曆不載，林待聘外制集有制詞）。既而淮西宣撫使張俊因奏匯充本司準備差遣。（文字依四庫本，館臣篡改未作回改。）

據此，張匯是兖州人。南宋初陷於金朝境内，紹興十年冒險歸宋，給宋朝統治者提供了金朝内部的很多重要情況，且積極主張抗金。他的這一傾向與秦檜父子的立場是截然對立的。今本李心傳繫年要録卷三〇轉録張匯進論約一千五百餘字，與體例不合，且與前後有重複，如館臣和注文所指出，很可能是後人「妄加入」者。但這一「妄加」，卻使得張匯進論這一珍貴文獻的相當部分（不知是否全部）得以保留，是令人慶幸的。宋史全文徵引的文字也包含其中。通讀這部分文字，我們可以强烈地感受到張匯的愛國熱情。其中對金朝内部情況作了深入分析，對宋朝與金朝的鬭争形勢作了全面考量，他的觀點未必都正確，但至少此後的歷史發展、宋金戰争的情況，都證明其中不少看法都屬真知灼見。特别是在當時朝廷上主和派已占了上風，主戰有很大的政治風險的情況下，提出這樣一篇力主抗戰的進論，其勇氣也是十分值得稱道的。

張匯此後行迹基本失載，我們只知道他還撰有金國（虜）節要，是一部很有價值的記述金朝早期歷史的著作。此書已佚，但頗見後人徵引、著録。南宋最著名的兩位目録學家晁公武、陳振孫都在各自的著作中著録此書：

金人節要一卷。右陷金人所上也。記金人初内侮，止紹興十年，共十六年事頗詳實。（晁公武郡齋讀書志卷二下僞史類，馬端臨文獻通考卷二〇〇經籍考引録）

金國節要三卷。右從事郎、兖人張匯東卿撰。宣和中，隨父官保州，陷金十五年，至紹興十年歸朝。（陳振孫直齋書録解題卷五，馬端臨文獻通考卷二〇〇經籍考引録）書名待與點校本校定。

熊克中興小紀、李心傳繫年要録的撰寫都參考了此書（繫年要録注引張匯節要凡38次），並在自注中作了説明（參見中興小紀卷四、卷八，繫年要録卷一、卷六、卷九的注文）。徐夢莘三朝北盟會編、謝采伯密齋筆記等也引録了此書的文字。

這裏我們應當瞭解與之同時代的另一張匯，因爲二人姓名相同，時代接近，很容易相混。此張匯是河南（今河南洛陽）人。建炎四年六月，任江南路（東西二路合一）轉運判官。（繫年要録卷三四）紹興六年六月時，時任大理少卿的張匯因獄空受嘉獎。（繫年要録卷一〇二）同年，改任兩浙轉運副使。（繫年要録卷一〇五）紹興十年八月，改任知臨安府。次月，復任直秘閣、兩浙轉運副使。（並繫年要録卷一三七）紹興十有二年夏四月，「以樞密行府結局及般運楚州大軍錢糧有勞」，陞直敷文閣。（繫年要録卷一四五）此後八九年間，其行迹不見記載。紹興二十一年，他第三次出任兩浙路轉運副使。（潛説友咸淳臨安志卷五〇秩官兩浙轉運）紹興二十六年三月丙寅，時任直徽猷閣、兩浙轉運副使的張匯上奏，請求加强對州郡諸色上供錢物的管理。（繫年要録卷一七二）紹興二十有六年六月，劾罷錢端禮。（繫年要録卷一七三）紹興二十有六年八月辛巳」直徽猷閣、兩浙轉運副使張匯……進職二等，與在外宫觀。以引疾有請也。（繫年要録卷一七四）此後其行迹又不見記載。從現有記載看，此張匯既無大善亦無大惡，他長時間擔任具有相當重要性的兩浙路轉運副使，大抵是個有一定辦事能力的普通官僚。他雖與進論作者張匯同名又時代接近，但籍貫不同，經歷迥異。特别是進論作者張匯紹興十年以前不在宋境，而此張匯在紹興初年已擔任宋朝高官。所以，二張匯還是不難區分的。

（三）林泉（野）記

宋史全文徵引林泉記僅1次。林泉記疑即是林泉野記。林泉野記已佚。林泉野記較多地見於二種書，即徐夢莘三朝北盟會編正文及李心傳繫年要録注文（其中至少一部分爲自注）中，在二書中各被徵引多達數十次。在其他書中雖也偶有出現，但均爲個别現象。從諸書徵引的林泉野記的文字内容看，其所記述的多是南宋初期政治、軍事等方面的重要史事，作者應與宋高宗及當時重要大臣有較密切的聯繫。

然而令人始料不及的是，在有關的幾種重要目録書中，如郡齋讀書志、直齋書録解題、遂初堂書目、文獻通考、宋史藝文志、黄虞稷千頃堂書目、四庫全書總目等中，都未見此書的踪迹。使我們無法知道此書的概貌、成書時間、卷數等基本情況。我們甚至也不能得到關於此書撰者的任何具體信息。

本書徵引文字，與三朝北盟會編卷二二〇徵引的中興姓氏録文字彼此接近，故存在一种可能，即二書爲同一人所撰。不過，中興姓氏録的作者我們也同樣未尋到確爲何人，只好有待高人指點了。

四庫全書提要

宋史全文三十六卷，内府藏本。

不著撰人名氏。原本題曰：續通鑑長編，而以李燾進長編表冠之於前，是直以爲燾之長編矣。案燾成書在孝宗時，所録止及北宋，此本實載南宋一代之事，其非出燾手明甚。檢勘此書，每卷標題皆有「宋史全文」四字，而永樂大典「宋」字韻内，亦多載宋史全文，與長編截然二書。又此本目録前有坊間原題，稱本堂得宋鑑善本，乃名公所編，前宋已盛行，再付諸梓云云。蓋本元人所編，而坊賈假託燾名，詭稱前宋盛行耳。惟永樂大典所收之書，皆載入文淵閣書目，乃宋鑑多至六部，獨不見宋史全文之名，或亦楊士奇等編輯時，因標題而致誤歟。又别本之末，有商丘宋犖跋曰：宋李燾有通鑑長編百六十八卷，續長編集要六十八卷，續宋編年十八卷。今世藏書家往往求之甚渴。此三十六卷是元人所刻，卷首割去著書人姓名，卷末割去大元字，其爲元胡宏續通鑑長編無疑云云，則又臆斷之語，未見其有確證也。其書自建隆以迄咸淳，用編年之體以次排纂，其靖康以前亦本於燾之長編而頗加删節。高、孝二代則取諸留正之中興聖政草。今以永樂大典所載聖政草相與參校，其文大同小異。留正等所附案語亦援引甚多。至光、寧以後，則別無藍本可據，爲編書者所自綴輯。故永樂大典於光、寧二宗下亦全收此書之文，勘對並合。其於諸家議論採録尤富，如吕中講義、何俌龜鑑、李沆太祖實録論足國論、富弼等釋、吕源等增釋、陳瓘論大事記諸書。雖其立説不盡精醇，而原書世多失傳，亦足以資參考也。惟原本第三十六卷内度宗、少帝及益王、廣王事迹俱有録無書。永樂大典亦未採。今姑仍其闕焉。

乾隆四十六年十一月恭校上總纂官臣紀昀，臣陸錫熊，臣孫士毅，總校官臣陸費墀。

附：四庫全書簡明目録提要

宋史全文三十六卷，不著撰人名氏。其書自建隆迄咸淳，編年排纂，大抵北宋删掇李燾長編，高、孝兩朝删掇留正中興聖政草，光、寧以後則不知其藍本於何書矣。叙述頗有條理，所採宋人議論尤爲賅博。

校勘用書（書中未徵引者不收）

李燾續資治通鑑長編，中華書局一九七九年至一九九五年第一版。本書校勘記内簡稱長編。

留正等皇宋中興兩朝聖政，臺灣文海出版社宋史資料萃編一九六七年影印本。本書校勘記内簡稱中興聖政。

脱脱宋史，中華書局點校本一九七七年。

佚名續編兩朝綱目備要，汝企和點校，中華書局一九九五年。本書校勘記内簡稱兩朝綱目。

劉時舉續宋編年資治通鑑，臺北商務印書館影印文淵閣四庫全書本。

徐松宋會要輯稿，中華書局一九五七年影印本。

李心傳建炎以來繫年要録，文淵閣四庫全書本（參中華書局一九八五年新一版叢書集成初編本）。本書校勘記内簡稱繫年要録。

錢若水等宋太宗實録，燕永成點校本，甘肅人民出版社二〇〇五年。

陳均皇朝編年綱目備要，許沛藻等點校本，中華書局二〇〇六年。

彭百川太平治迹統類，文淵閣四庫全書本。

熊克中興小紀，臺灣文海出版社宋史資料萃編一九八〇年影印本。

佚名宋季三朝政要，王瑞來箋證本，中華書局二〇一〇年。

徐夢莘三朝北盟會編，上海古籍出版社一九八七年影印道光許涵度本。

王稱東都事略，臺灣文海出版社宋史資料萃編一九八〇年影印本。

曾鞏隆平集，臺灣文海出版社宋史資料萃編一九八〇年影印本。

楊仲良通鑑長編紀事本末，北京圖書館出版社二〇〇三年影印本。

陳桱通鑑續編，臺北商務印書館影印文淵閣四庫全書本。

李心傳建炎以來朝野雜記，徐規點校本，中華書局二〇〇〇年。本書校勘記内簡稱朝野雜記。

岳珂金佗稡編金佗續編，王曾瑜點校本，中華書局版一九八九年。

宇文懋昭大金國志，崔文印校證本，中華書局一九八六年。

李攸宋朝事實，中華書局一九八五年新一版叢書集成初編本。

佚名靖康要録，中華書局一九八五年新一版叢書集成初編本

曹彦約經幄管見，臺北商務印書館影印文淵閣四庫全書本。
吕中宋大事記講義，臺北商務印書館影印文淵閣四庫全書本。
吕中類編皇朝大事記講義，類編皇朝中興大事記講義，張其凡、白曉霞整理本，上海人民出版社二〇一四年。
八朝名臣言行录（宋名臣言行録之一部分），朱子全書，上海古籍出版社、安徽教育出版社二〇〇二年。
李幼武宋名臣言行録續集、别集、外集，臺北商務印書館影印文淵閣四庫全書本。
徐自明宋宰輔編年録，王瑞來校補本，中華書局一九八六年。
佚名宋大詔令集，中華書局一九六二年排印本。
謝深甫等慶元條法事類，中國書店一九九〇年影印陳鴻舜本。
范祖禹帝學，臺北商務印書館影印文淵閣四庫全書本。
杜大珪名臣碑傳琬琰之集，臺北商務印書館影印文淵閣四庫全書本。
陳騤南宋館閣録，佚名續録，張富祥點校本，中華書局一九九八年。
佚名京口耆舊傳，中華書局一九八五年新一版叢書集成初編本。
佚名慶元黨禁，中華書局一九八五年新一版叢書集成初編本。

丁度等貢舉條式，臺北商務印書館影印文淵閣四庫全書本。
陳模東宮備覽，臺北商務印書館影印文淵閣四庫全書本。
黎崱安南志略，臺北商務印書館影印文淵閣四庫全書本。
王存等元豐九域志，王文楚等點校本，中華書局一九八四年。
羅願新安志，中華書局宋元方志叢刊一九九〇年影印本。
施宿等嘉泰會稽志，中華書局宋元方志叢刊一九九〇年影印本。
梁克家淳熙三山志，中華書局宋元方志叢刊一九九〇年影印本。
羅濬寶慶四明志，中華書局宋元方志叢刊一九九〇年影印本。
梅應發、劉錫同撰四明續志，中華書局宋元方志叢刊一九九〇年影印本。
周淙乾道臨安志，中華書局宋元方志叢刊一九九〇年影印本。
潛説友咸淳臨安志，中華書局宋元方志叢刊一九九〇年影印本。
周應合景定建康志，中華書局宋元方志叢刊一九九〇年影印本。
方仕榮、鄭瑶景定嚴州續志，中華書局宋元方志叢刊一九九〇年影印本。
陳耆卿赤城志，中華書局宋元方志叢刊一九九〇年影印本。
章如愚群書考索，書目文獻出版社一九九二年影印明正德本。

馬端臨文獻通考，商務印書館萬有文庫十通本。
王應麟玉海，江蘇古籍出版社、上海書店一九八八年影印光緒九年浙江書局本。
佚名群書會元截江網，上海古籍出版社一九九一年影印本。
孫逢吉職官分紀，中華書局一九八八年影印本。
潘自牧記纂淵海，中華書局一九八八年影印本。
祝穆古今事文類聚，臺北商務印書館影印文淵閣四庫全書本。
江少虞事實類苑，上海古籍出版社一九八一年點校本。
佚名錦繡萬花谷，上海古籍出版社一九九一年影印本。
林駉古今源流至論，臺北商務印書館影印文淵閣四庫全書本。
王欽臣王氏談録，夏廣興點校本，大象出版社二〇〇三年。
司馬光涑水紀聞，鄧廣銘等點校本，中華書局一九八九年。
沈括夢溪筆談，胡道静點校本，上海古籍出版社一九八七年。
蘇轍龍川別志，俞宗憲點校本，中華書局一九八二年。
魏泰東軒筆録，李裕民點校本，中華書局一九八三年。
王鞏隨手雜録，中華書局一九八五年新一版叢書集成初編本。

洪皓松漠紀聞，學津討源本。
邵博邵氏聞見後録，劉德權等點校本，中華書局一九八三年。
朱弁曲洧舊聞，孔凡禮點校本，中華書局二〇〇二年。
朱彧萍洲可談，李偉國點校本，中華書局二〇〇七年。
吴曾能改齋漫録，上海古籍出版社一九七九年。
蔡絛鐵圍山叢談，馮惠民等點校本，中華書局二〇〇七年。
費袞梁谿漫志，臺北商務印書館影印文淵閣四庫全書本。
洪邁容齋三筆，孔凡禮點校本，中華書局二〇〇五年。
張鎡仕學規範，臺北商務印書館影印文淵閣四庫全書本。
袁褧楓窗小牘，臺北商務印書館影印文淵閣四庫全書本。
馬純陶朱新録，臺北商務印書館影印文淵閣四庫全書本。
岳珂愧郯録，中華書局一九八五年新一版叢書集成初編本。
岳珂桯史，吴企明點校本，中華書局一九八一年。
王林燕翼詒謀録，誠剛點校本，中華書局一九八一年。
周煇清波雜志，劉永祥校注本，中華書局一九九四年。

王明清揮麈前録、揮麈後録，上海書店出版社二〇〇一年點校本。
龔明之中吴紀聞，臺北商務印書館影印文淵閣四庫全書本。
張世南游宦紀聞，張茂鵬點校本，中華書局一九八一年。
羅大經鶴林玉露，王瑞來點校本，中華書局一九八三年。
周去非嶺外代答，楊武泉校注本，中華書局一九九九年。
趙善璙自警編，臺北商務印書館影印文淵閣四庫全書本。
徐度卻掃編，臺北商務印書館影印文淵閣四庫全書本。
韓淲澗泉日記，臺北商務印書館影印文淵閣四庫全書本。
程大昌演繁露，中華書局一九八五年新一版叢書集成初編本。
葉紹翁四朝聞見録，沈錫麟等點校本，中華書局一九八九年。
魏了翁經外雜鈔，臺北商務印書館影印文淵閣四庫全書本。
俞文豹吹劍録外集，中華書局一九八五年新一版叢書集成初編本。
李心傳舊聞證誤，崔文印點校本，中華書局一九八一年。
周密齊東野語，張茂鵬點校本，中華書局一九八一年。
周密癸辛雜識，吴企明點校本，中華書局一九八八年。

劉一清錢塘遺事，臺北商務印書館影印文淵閣四庫全書本。
劉壎隱居通議，臺北商務印書館影印文淵閣四庫全書本。
朱熹、吕祖謙近思録，斯彦莉點校本，中華書局二〇一一年。
蔡正孫詩林廣記，中華書局一九八二年。
胡仔苕溪漁隱叢話，人民文學出版社一九六二年。
胡瑗皇祐新樂圖記，臺北商務印書館影印文淵閣四庫全書本。
政和五禮新儀，臺北商務印書館影印文淵閣四庫全書本。
晁公武郡齋讀書志，上海古籍出版社一九九〇年。
陳振孫直齋書録解題，上海古籍出版社一九八七年。
趙希弁郡齋讀書附志，上海古籍出版社一九九〇年。
陳旉農書，萬國鼎校注本，農業出版社一九六五年。
胡宿文恭集，臺北商務印書館影印文淵閣四庫全書本。
宋祁景文集，臺北商務印書館影印文淵閣四庫全書本。
范仲淹范文正公集，四部叢刊本。
韓琦安陽集，臺北商務印書館影印文淵閣四庫全書本。

余靖武溪集，臺北商務印書館影印文淵閣四庫全書本。
歐陽脩文忠集，李逸安點校本（歐陽脩全集），中華書局二〇〇一年。
劉攽彭城集，臺北商務印書館影印文淵閣四庫全書本。
趙抃清獻集，臺北商務印書館影印文淵閣四庫全書本。
劉敞公是集，臺北商務印書館影印文淵閣四庫全書本。
蘇洵嘉祐集，曾棗莊等點校本，上海古籍出版社。
王珪華陽集，臺北商務印書館影印文淵閣四庫全書本。
王安石臨川文集，四部叢刊本。
司馬光傳家集，臺北商務印書館影印文淵閣四庫全書本。
韓維南陽集，臺北商務印書館影印文淵閣四庫全書本。
蘇頌蘇魏公文集，王同策等點校本，中華書局一九八八年。
曾鞏元豐類稿，陳杏珍等點校本（曾鞏集），中華書局一九八四年。
蘇軾東坡全集，中國書店一九八六年影印明成化本。
程顥程頤二程文集，王孝魚點校本，中華書局一九八一年。
鄭獬鄖溪集，臺北商務印書館影印文淵閣四庫全書本。

蘇轍欒城集，陳宏天等點校本，中華書局一九九〇年。

曾肇曲阜集，臺北商務印書館影印文淵閣四庫全書本。

劉安世盡言集，中華書局一九八五年新一版叢書集成初編本。

劉摯忠肅集，裴汝誠等點校本，中華書局二〇〇二年。

范祖禹范太史集，臺北商務印書館影印文淵閣四庫全書本。

黄庭堅山谷别集，劉琳等點校本，四川大學出版社二〇〇一年。

陸佃陶山集，臺北商務印書館影印文淵閣四庫全書本。

鄒浩道鄉集，臺北商務印書館影印文淵閣四庫全書本。

綦崇禮北海集，臺北商務印書館影印文淵閣四庫全書本。

李綱梁谿集，臺北商務印書館影印文淵閣四庫全書本。

陳東少陽集，臺北商務印書館影印文淵閣四庫全書本。

宗澤宗忠簡集，臺北商務印書館影印文淵閣四庫全書本。

尹焞和靖集，臺北商務印書館影印文淵閣四庫全書本。

胡寅斐然集，容肇祖點校本，中華書局一九九三年。

朱松韋齋集，臺北商務印書館影印文淵閣四庫全書本。

劉才邵𣂺溪居士集，臺北商務印書館影印文淵閣四庫全書本。
洪适盤洲文集，臺北商務印書館影印文淵閣四庫全書本。
王十朋梅溪集，梅溪集重刊委員會整理本，上海古籍出版社一九九八年。
胡銓澹庵文集，臺北商務印書館影印文淵閣四庫全書本。
張栻南軒集，臺北商務印書館影印文淵閣四庫全書本。
吕祖謙東萊集，臺北商務印書館影印文淵閣四庫全書本。
劉一止苕溪集，臺北商務印書館影印文淵閣四庫全書本。
羅從彦豫章文集，臺北商務印書館影印文淵閣四庫全書本。
周必大文忠集，臺北商務印書館影印文淵閣四庫全書本。
葉適水心文集，劉公純等點校本，中華書局一九六一年。
楊萬里誠齋集，楊萬里集箋校，辛更儒點校本，中華書局二〇〇七年。
李彌遜筠谿集，臺北商務印書館影印文淵閣四庫全書本。
孫夢觀雪窗集，臺北商務印書館影印文淵閣四庫全書本。
張綱華陽集，臺北商務印書館影印文淵閣四庫全書本。
鄭興裔鄭忠肅奏議遺集，臺北商務印書館影印文淵閣四庫全書本。

蔡戡定齋集，臺北商務印書館影印文淵閣四庫全書本。
李石方舟集，臺北商務印書館影印文淵閣四庫全書本。
彭龜年止堂集，臺北商務印書館影印文淵閣四庫全書本。
尤袤梁谿遺稿，臺北商務印書館影印文淵閣四庫全書本。
樓鑰攻媿集，中華書局一九八五年新一版叢書集成初編本。
陳傅良止齋集，周夢江點校本，浙江大學出版社一九九九年。
朱熹晦庵集，朱子全書，上海古籍出版社、安徽教育出版社二〇〇二年晦庵先生朱文公文集。
薛季宣浪語集，臺北商務印書館影印文淵閣四庫全書本。
張守毗陵集，臺北商務印書館影印文淵閣四庫全書本。
員興宗九華集，臺北商務印書館影印文淵閣四庫全書本。
黃榦勉齋集，中華書局一九八五年新一版叢書集成初編本。
程珌洺水集，臺北商務印書館影印文淵閣四庫全書本。
方大琮鐵庵集，臺北商務印書館影印文淵閣四庫全書本。
洪咨夔平齋集，四部叢刊本。

真德秀西山文集，四部叢刊本。
魏了翁鶴山集，四部叢刊本。
度正性善堂稿，臺北商務印書館影印文淵閣四庫全書本。
趙汝騰庸齋集，臺北商務印書館影印文淵閣四庫全書本。
許應龍東澗集，臺北商務印書館影印文淵閣四庫全書本。
劉克莊後村先生大全集，四部叢刊本。
吴潛履齋遺稿，臺北商務印書館影印文淵閣四庫全書本。
吴潛許國公奏議，中華書局一九八五年新一版叢書集成初編本。
吴泳鶴林集，臺北商務印書館影印文淵閣四庫全書本。
包恢敝帚稿略，臺北商務印書館影印文淵閣四庫全書本。
李曾伯可齋續稿，臺北商務印書館影印文淵閣四庫全書本。
高斯得耻堂存稿，中華書局一九八五年新一版叢書集成初編本。
黄震黄氏日抄，臺北商務印書館影印文淵閣四庫全書本。
吕祖謙宋文鑑，中華書局一九九二年。
趙汝愚宋朝諸臣奏議，北京大學中國中古史研究中心點校本，上海古籍出版社一九九九九年。
陳思編、陳世隆補兩宋名賢小集，臺北商務印書館影印文淵閣四庫全書本。
劉元高三劉家集，臺北商務印書館影印文淵閣四庫全書本。
楊士奇等歷代名臣奏議，上海古籍出版社一九八九年影印永樂本。
程敏政新安文獻志，何慶善等點校本，黄山書社二〇〇四年。
解縉等永樂大典，中華書局一九八六年。
王昶金石萃編，中國書店一九八五年影印本。
彭大翼山堂肆考，臺北商務印書館影印文淵閣四庫全書本。
馮琦、馮瑗經濟類編，臺北商務印書館影印文淵閣四庫全書本。
馮琦原編、陳邦瞻增輯宋史紀事本末，中華書局一九七七年。
徐乾學資治通鑑後編，臺北商務印書館影印文淵閣四庫全書本。
畢沅續資治通鑑，中華書局二〇〇八年。
欽定續文獻通考，臺北商務印書館影印文淵閣四庫全書本。

後記

當我完成了宋史全文的點校之後，不禁慶幸：我又給這個社會做成了一件事。人生如梭，能做成幾件事是很不容易的。這除了個人的努力之外，還要有機遇，而有些機遇是轉瞬即逝的。這次抓住了機會，是值得慶幸的。眼下高校的科研考核制度是急功近利的，它客觀上鼓勵「短平快」的項目，而宋史全文耗用了我四五年時間，不屬於這種項目，做這件事是要付出代價的，那就是要頂住壓力，捨棄部分「工分」和獎金。用四五年時間專力作一件事，又有些像馬拉松長跑，在某種程度上，也是對毅力的一種考驗。現在終於跑完了全程，也是值得慶幸的。這樣一項艱苦的工作，周圍人的幫助是不可缺少的。這裏要特别感謝中華書局編輯部李静同志始終如一的支持，感謝責任編輯胡珂及本書校對爲本書付出的勞動，這種勞動在相當程度上彌補了我的疏漏與失誤。感謝河北大學宋史研究中心資料室柏麗娜同志的支持。感謝我的學生周立志在核校上付出的勞動。感謝家人對我的支持。另外還想説明一點，我原想將汪伯琴在大陸雜誌史學叢書第五輯第三册宋元明研究論集上發表的宋史全文在宋代史籍之價值全文附録於書末，曾託香港、臺灣的同行幫助尋找汪伯琴先生，希望能同他聯繫，得到他的允許。但是最終没能聯絡上。很遺憾，只能在這裏向讀者推薦。儘管我用了不小的力氣，但能力有限，條件有限，肯定本書内還有不少失當之處，期待專家學者的批評指正。

汪聖鐸

本書爲全國高等院校古籍整理研究工作委員會規劃項目，項目編號：2004/0425

中國史學基本典籍叢刊　書目

穆天子傳匯校集釋
國語集解
吴越春秋輯校彙考
越絶書校釋
西漢年紀
兩漢紀
漢官六種
東觀漢記校注
校補襄陽耆舊記（附南雍州記）
十六國春秋輯補
洛陽伽藍記校箋
建康實録
荆楚歲時記
大唐創業起居注箋證（附壺關録）
貞觀政要集校（修訂本）
唐六典
蠻書校注
十國春秋
皇朝編年綱目備要
皇宋十朝綱要校正
隆平集校證
宋史全文
宋太宗皇帝實録校注
金石録校證
靖康稗史箋證
中興遺史輯校
鄂國金佗稡編續編校注
皇宋中興兩朝聖政輯校
續宋中興編年資治通鑑
續編兩朝綱目備要
宋季三朝政要箋證
宋代官箴書五種

契丹國志
西夏書校補
大金弔伐録校補
大金國志校證
聖武親征録（新校本）
元朝名臣事略
明本紀校注
皇明通紀
明季北略
明季南略
國初群雄事略
小腆紀年附考
小腆紀傳
廿二史劄記校證